北京市教育科学"十三五"规划一般课题（CDDB18243）结项成果

阅读素养是这样培养的

九年一贯制阶梯阅读实践

陈红　周爱民　主编

人民东方出版传媒
东方出版社
The Oriental Press

图书在版编目（CIP）数据

阅读素养是这样培养的：九年一贯制阶梯阅读实践 / 陈红，周爱民主编. —北京：东方出版社，2024.6
ISBN 978-7-5207-2793-8

Ⅰ.①阅… Ⅱ.①陈…②周… Ⅲ.①阅读课—教学研究—中小学 Ⅳ.① G633.332

中国版本图书馆 CIP 数据核字（2022）第 079356 号

阅读素养是这样培养的：九年一贯制阶梯阅读实践
（YUEDU SUYANG SHI ZHEYANG PEIYANG DE JIUNIAN YIGUANZHI JIETI YUEDU SHIJIAN）

主　　编	陈　红　周爱民
责任编辑	邓　翎
出　　版	東方出版社
发　　行	人民东方出版传媒有限公司
地　　址	北京市东城区朝阳门内大街 166 号
邮政编码	100010
印　　刷	鸿博昊天科技有限公司
版　　次	2024 年 6 月第 1 版
印　　次	2024 年 6 月北京第 1 次印刷
开　　本	710 毫米 ×1000 毫米　1/16
印　　张	23.5
字　　数	360 千字
书　　号	ISBN 978-7-5207-2793-8
定　　价	79.80 元

发行电话：（010）85924663　85924644　85924641

版权所有，违者必究
如有印装质量问题，请拨打电话：（010）85924725

编 委 会

荣誉主编 方 妍

主　　编 陈 红　周爱民

副 主 编 王 峰　于艳丽　任 丽　王 霞

执行主编 张珍娟

编　　委（初中）贾 军　李 杰　李 琛　史 行
　　　　　　　　　赵艳芬　陈玉艳　孙 非　冷 冰
　　　　　　　　　邓睿思
　　　　　　（小学）王佳妮　田晨露　刘 敬　刘学敏
　　　　　　　　　张艳辉　张爱新　曹洪坤　谢增丽

绪论　九年一贯制阶梯阅读：清华附中丰台学校的时代答卷 / 001

第一章　九年一贯制阶梯阅读实践研究概说 / 005

第一节　何为九年一贯制阶梯阅读 / 006

第二节　阶梯阅读视角下的小学课堂阅读 / 007

　　一、实践策略 / 007

　　二、教学方法 / 008

第三节　小学阶梯课外拓展阅读 / 010

　　一、分阶梯进行课外拓展，挖掘课内资源 / 010

　　二、分阶梯进行国学诵读，读出激情 / 012

　　三、分阶梯进行阅读分享，学以致用 / 013

　　四、实践效果的评价 / 014

第四节　阶梯阅读视角下的中国寓言教学 / 015

　　一、阶梯阅读是传承中华优秀传统文化的有效手段 / 015

　　二、阶梯阅读视角下中国寓言教学的内容与价值 / 017

三、阶梯阅读视角下中国寓言文化教学的重点 / 018

四、阶梯阅读视角下中国寓言文化研究的教学策略 / 018

第五节　阶梯阅读视角下的语文综合实践课 / 035

一、语文综合实践课的重要性 / 035

二、语文综合实践课存在的问题及原因分析 / 036

三、清华附中丰台学校的语文综合实践课方案 / 037

第二章　腹有诗书气自华——古诗文阶梯阅读实践 / 041

第一节　古诗文阶梯阅读篇目 / 043

第二节　古诗文阶梯阅读方法 / 048

一、德育助力，家校合作 / 048

二、让诗情行走于意境中 / 050

三、以诗引诗，深入意境 / 058

四、从背诵走向深入感知和理解 / 060

五、鉴赏诗歌形象，感悟诗人情怀 / 063

第三节　古诗文阶梯阅读课堂指导 / 069

一、低年级古诗文教学需要注重应用 / 069

二、低年级古诗文积累，诗画不分家 / 072

三、入情入境，感悟诗情——《回乡偶书》教学设计 / 078

四、比较阅读，使用历史资料——《学弈》教学设计 / 085

五、同主题比较——"秋之韵"研讨课 / 089

六、《天净沙·秋思》教学设计 / 093

七、雁过留声听燕语——诗词意象教学设计 / 096

八、感悟古诗文情境与形象的教学设计 / 100

九、古诗词阅读答题技巧的教学设计 / 103

目 录

第三章　书中自有黄金屋——整本书阶梯阅读实践 / 107

第一节　整本书阶梯阅读书目 / 108
一、小学生阶梯阅读书目 / 108

二、初中生阶梯阅读书目 / 108

第二节　整本书阅读指导分阶梯 / 110
一、绘本阅读的实践与研究 / 110

二、小学低年级语文以朗读促阅读 / 112

三、以传统文化为契机，提高学生课堂学习效果 / 116

四、开展好小学名著阅读的心得 / 120

五、挖掘散文美质，提升审美情趣 / 123

六、初中名著阅读方法及策略指导 / 127

第三节　教案中的整本书阅读指导 / 134
一、课内阅读《小马过河》及课外阅读拓展 / 134

二、《龟兔赛跑》教学设计 / 136

三、《西游记》阅读交流活动 / 138

四、家国情怀：阶梯式阅读名家名篇 / 141

五、《一棵小桃树》《丑石》《一只贝》群文阅读教学案 / 144

六、《骆驼祥子》情节梳理和主题探究 / 148

七、《海底两万里》教学设计 / 153

八、探究生命的意义——《永久的生命》《我为什么活着》教学设计 / 156

九、从《在烈日暴雨下》到《骆驼祥子》的教学设计 / 163

十、《艾青诗歌》品读会教学设计 / 170

第四节　丰富多彩的阅读校本课 / 172
一、"经典剧目我来秀"活动教学 / 172

二、《红岩》课本剧课程 / 175

三、《探秘〈西游记〉》校本课程 / 177

第五节　交流展示分阶梯 / 182

一、《走进经典　润泽心灵》展示活动 / 182

二、砥砺奋进新时代，青春同梦绘书香——《西游记》阅读展演活动 / 202

三、《重温红色经典　感悟民族精神》展示活动 / 227

第四章　绝知此事要躬行——阶梯式语文综合实践活动 / 241

第一节　阶梯阅读视角下的语文综合实践 / 242

一、"成语大王"综合实践活动 / 242

二、聚焦阅读策略，提升阅读质量——《三字经》国学实践活动设计 / 243

三、《中华成语故事》实践活动设计 / 248

四、由《将相和》引发的人物传记学习热潮 / 252

五、《红星照耀中国》阅读实践活动 / 256

第二节　探索大自然的语文综合实践 / 257

一、"爱上博物馆"跨学科实践活动设计方案 / 257

二、以"秋"为主题整合教材实践活动 / 260

三、以"春"为主题整合教材实践活动 / 265

第三节　传统民俗艺术活动中的语文综合实践 / 267

一、"佳节话中秋"主题活动设计 / 267

二、"冬至送福"主题活动设计 / 271

三、昌平传统民俗文化实践活动设计 / 272

四、"四时国粹之京剧"教学设计 / 273

第四节　实地探访中的语文综合实践 / 279

一、走进清华园和圆明园 / 279

二、走进园博园综合实践活动 / 280

三、走进北京名人故居 / 284

四、探访北京中轴线 / 285

五、语文综合实践课的思考与实践 / 297

第五节　传统文化视角下深入开展的语文综合实践 / 300

一、"子曰狮云"综合实践课程总述 / 300

二、狮文化的内涵与意义教学设计 / 301

三、小学段狮文化综合实践教学设计 / 303

四、"子曰狮云"跨学科、跨学段展示课 / 309

五、初识"卢沟桥",发现桥之美 / 316

六、"走进卢沟桥"之"月"文化 / 326

七、八年级再探"卢沟桥""河"文化 / 329

附录一　清华附中丰台学校小学部个人阅读情况调查 / 331

附录二　清华附中丰台学校小学部学生阅读后的变化反馈 / 338

附录三　清华附中丰台学校初中部读书情况个人调查 / 342

附录四　清华附中丰台学校初中部学生阅读后的变化反馈 / 350

绪论

九年一贯制阶梯阅读：
清华附中丰台学校的时代答卷

2022年4月23日,在首届全民阅读大会上,中国新闻出版研究院发布了第19次全国国民阅读调查结果。报告指出,2021年,我国成年国民的人均纸质图书阅读量为4.76本,电子书阅读量为3.3本。

根据海外的一份调查资料,全世界平均每年每人读书最多的民族是犹太人,为64本;其次是俄罗斯人,为55本。美国现在正在开展平均每年每人读书达50本的计划。

我国《义务教育语文课程标准》规定,9年期间学生课外读书量要达到400万字,假设每本书是10万字,9年阅读量只有40本,平均每人每年读书不足5本。根据中国新闻出版研究院发布的第19次全国国民阅读调查结果,2021年,我国0—17周岁未成年人人均图书阅读量为10.93本。

从数据上看,我国成年国民和未成年人图书阅读量与西方发达国家存在差距。阅读是民族精神培育、文明传承的重要途径,是人类获取知识、增长智慧的重要方式。第十四届全国政协常委兼副秘书长朱永新曾指出,一个人的精神发育史实质上就是他的阅读史;一个民族的精神境界,在很大程度上取决于全民族的阅读水平。2022年4月23日,习近平总书记致信祝贺首届全民阅读大会举办时强调:"阅读是人类获取知识、启智增慧、培养道德的重要途径,可以让人得到思想启发,树立崇高理想,涵养浩然之气。中华民族自古提倡阅读,讲究格物致知、诚意正心,传承中华民族生生不息的精神,塑造中国人民自信自强的品格。希望广大党员、干部带头读书学习,修身养志,增长才干;希望孩子们养成阅读习惯,快乐阅读,健康成长;希望全社会都参与到阅读中来,形成爱读书、读好书、善读书的浓厚氛围。"[①]

阅读可以净化心灵,开阔视野,让人对自己和未来充满希望,提升一个人的勇气和战胜困难的力量。

[①] 《希望全社会都参与到阅读中来 形成爱读书读好书善读书的浓厚氛围》,《人民日报》2022年4月24日。

绪论　九年一贯制阶梯阅读：清华附中丰台学校的时代答卷

读书贵在坚持，让阅读成为一种生活方式，是一个长期的过程。习近平同志2009年5月13日在中央党校2009年春季学期第二批进修班暨专题研讨班开学典礼上发表题为《领导干部要爱读书读好书善读书》的讲话强调："读书最可贵的是终身坚持，无论处于哪个年龄段都孜孜不倦地读书。'少而好学，如日出之阳；壮而好学，如日中之光；老而好学，如秉烛之明'。年轻的时候，记忆力好、接受力强，应该抓紧读一些对自己终身成长具有关键性作用和决定性影响的好书。中年的时候，精力旺盛、视野开阔，应该努力拓展读书的广度和深度，打牢一生的学问基础。年老的时候，时间充裕、阅历丰富，要有锲而不舍的精神、常读常新的态度、百读不厌的劲头，在读书世界里感悟人生、乐以忘忧。"[①]

自2014年6月我校更名为清华大学附属中学丰台学校以来，在办学理念和实践中秉承清华大学"自强不息、厚德载物"的校训，以"为未来幸福人生奠基"为目标，注重在不同学段培养学生的"四大良好习惯"，即良好品德行为习惯、学习习惯、运动习惯、生活习惯。学习习惯，即读书的习惯。"最是书香能致远"，读书恰是清华大学百年文化精髓之一。

我校以区级课题"学生读书实践行动研究"为突破口，创造良好氛围，建立机制，保障读书活动的开展，带动师生的读书热情。

学校创造学生阅读的物质条件，添置图书，建立图书角、读书屋，营造"学与书相伴，行与文相随"的浓郁读书氛围；设定固定阅读时段，教师指导阅读，师生自然结对，共读一本书，激发学生阅读兴趣；"亲子共读"，拓展与延续读书活动，营造家庭读书氛围，促进学生养成读书习惯。

我校还以北京市"十三五"规划课题"九年一贯制阶梯阅读实践研究"为提升点，深入推进阅读实践，养成阅读习惯，培养阅读素养。

坚持各学段贯通、学科整合，统筹选择安排阅读内容和阅读策略。两个学部的语文教师根据学生年龄、阅读能力的不同，设计不同的内容，开展适合不同年龄的阅读实践活动，进行持续的、有系统的阅读指导，螺旋式地提升学生的阅读能力，培养自主的阅读习惯。根据不同年龄学生的认知、阅读

[①] 习近平：《领导干部要爱读书读好书善读书》，《学习时报》2009年5月18日。

阅读素养是这样培养的：九年一贯制阶梯阅读实践

水平以及课内内容，向学生推荐不同的阅读篇目或书籍，进行针对性的阅读指导、策略梳理；通过校本教材开发，阅读实践、体验活动的开展，探索出行之有效的策略；通过9年的阅读内容和能力的层级推进，构建了一套适合我校学生实际情况的阅读模式。

在古诗文积累方面，我校整合课内外的古诗文素材，统一确定必读和选读内容，根据课程标准和学校确定的校本选读书目，培养学生对古诗文的兴趣，在内容和方法上也逐步推进。

在整本书阅读方面，我校整合课内外的阅读素材，统一确定必读和选读内容，根据课程标准和清华大学附属中学确定的必读和选读书目以及相关策略，指导学生掌握读书的方法；拟定共同的读书任务单、课堂进行方法指导提升、课外组织到名人故居和清华园等地进行情境体验，了解作者的身世、所处的时代，延伸和拓展到作者的心态，激发学生读书的兴趣，培养学生对整本书阅读的习惯。

在读书实践活动方面，我校开展了"走名人故居，悟家国情怀"等活动。从阅读《朝花夕拾》、参观鲁迅博物馆，到读《骆驼祥子》、走老舍故居，再到读朱自清作品、去清华园观看朱自清塑像，通过读书、游览名人故居、悟家国情怀的读书实践活动，学生读名人展览介绍，写心得，做手抄报、展板，比较作者所处的环境不同，理解作品含义，体悟家国情怀，启迪学生在新时代珍惜幸福生活。

可以说，经过不断的努力、持续的实践，我校构建了古诗文阅读、整本书阅读、读书实践活动为一体的九年一贯制特色读书体系。学生在多样的阅读活动中体验，在系统阅读指导交流中提升，他们乐于用个性化方式展示，阅读兴趣浓厚，视野逐渐开阔，能力不断提升，阅读素养逐渐养成，为将来的幸福人生打下了坚实基础。

（作者为张珍娟）

第一章
九年一贯制阶梯阅读实践研究概说

第一节　何为九年一贯制阶梯阅读

北京市2014年发布的《中小学语文学科教学改进意见》指出，当前语文教学中存在优秀传统文化内容彰显不足、经典文学作品阅读量不够、作文教学程式化、语文教学与其他学科以及社会实践整合不够充分等方面的深层次问题。

语文课程中优秀传统文化内容不足、经典文学作品阅读量不够，那么作文容易写成"新八股"，学生缺乏想象力和创造力，解决问题能力差。在传统教学中，教学拓展阅读的范围是教师根据自己的学识和喜好选择，不仅随意，而且不成系统，各学段之间阅读内容、方法没有层级递进的序列，经常出现重复性的情况；教师的教学形式较为单一，不容易激发学生的阅读兴趣；阅读实践视野局限在校园、教室，单纯的语文教学内容整合不足等，不能体现多学科综合和学生在真正的实践中体验学习收获，更不能根据学生的实际能力设计不同层次的内容，做针对性指导。

自清华附中丰台学校2014年6月正式更名以来，小学部和中学部各自开展读古诗、读名著活动，积累了一定经验，尤其是初中部进行区级课题"阅读行动研究"，在氛围创设、课程开发、方法指导等方面积累了一些切实有效的经验。但是必须看到的是，小学和中学两部没有整体规划和沟通，篇目、方法重复，内容不成体系，存在能力提升不够、习惯养成欠缺、方法模糊等问题。

改变这种状况，既要学校和教师不断与时俱进，学习掌握新课程教学的理念和技能，发挥引领作用，又要在各学段间建立起联系，统筹选择安排阅读内容和阅读策略，促进学生阅读能力螺旋式上升。

清华大学附属中学丰台学校中学部、小学部语文组全体同人在校领导的带领下，以张珍娟同志为执行组长，开展九年一贯制阶梯阅读实践活动。

阶梯阅读是以阅读规律为经、以创作规律为纬的综合认知过程。它要求根据不同年龄段学生的认知水平、阅读水平以及课内内容，开展有针对性的阅读指导以及阅读实践体验活动，让学生在最适宜的阅读情境中感受阅读的乐趣，提升阅读理解和鉴赏文学作品的能力，丰富学生的精神世界，培养良好的语文素养。其本质就是一套用来分析和描述阅读过程的"工具语言"或"人为语言"，为学生提供策略资源，提供阅读选择。

九年一贯制阶梯阅读，重在阶梯阅读，关键在于合理分学段。在书目和阅读方法指导的选择上，我们参照了《义务教育语文课程标准》。在学段划分上，我们参照了美国蓝思公司关于不同学段学生的能力指标。九年一贯制阶梯阅读就是将9个年级分为4个学段开展有计划、有步骤、有深度、有层次的阅读，养成阅读习惯，提升学生阅读能力。

两个学部的语文教师根据学生年龄、阅读能力的不同，设计不同的内容，开展阅读实践活动，进行持续的、有系统的阅读指导，螺旋式地提升学生的阅读能力，培养自主的阅读习惯。通过9年的阅读内容和能力的层级推进，构建了一套适合我校学生实际情况的阅读模式。

（作者为张珍娟）

第二节　阶梯阅读视角下的小学课堂阅读

小学阶段是阅读习惯养成的关键时期，清华大学附属中学丰台学校小学部利用九年一贯制的优势，与中学部联合，在不同学段开展了语文阶梯阅读实践研究，进行阶梯阅读教学，培养学生从课内到课外自觉阅读的好习惯。我们主要采取3个步骤培养学生的阅读习惯和阅读素养：教给预习方法，养成自读习惯；培养品读能力，养成个性化阅读习惯；学会拓展延伸，养成课外阅读习惯。

一、实践策略

第一，开设专门的阶梯阅读课，指导学生学习阅读方法。

第二，开设专题指导课，指导学生课内外结合，拓宽视野，深入理解学习的知识。

第三，开设了传统文化课。传统文化课由语文老师担任，上课采用自主合作探究的方式，探究传统文化相关诗文等，课后由学生设计手抄报，年级出展板进行主题展览。

第四，设计语文实践活动，学生在读、览、品中提升。先去游览，再由学生抒发感受，在此基础上，老师上课指导学生提升。

第五，分段指导，重点突破。清华大学附属中学丰台学校为九年一贯制，有些内容中小学均涉及，由老师分段指导，必要时，集中起来重点突破。比如，在京剧方面，小学部有戏剧表演课，中学部要普及戏剧知识，由中学部学生小组合作探究京剧行当等知识，中小学学生共同学习、交流，由小学部的小演员现场表演，中小学资源融到一起，丰富生动，效果非常好。又比如，让学生综合小学、初中所学内容，甚至课外读过所有某主题的诗歌，通过分类、探究展示，达到知识的综合、认识的提升。

第六，开阔视野，真正让传统文化濡养精神。以中小学各种版本的名篇为依托，串起学生名篇之旅，让学生在读名篇中理解文章，在真实的情境中更进一步理解作品的内涵。在开阔视野的同时，真正让文化濡养精神。

二、教学方法

第一，目标分阶梯，精心备课。在研究了不同层次学生客观存在的水平差异的基础上，从实际出发，在每个单元的教学中，为学生设计了"跳一跳能把果子摘下来"的教学目标。教学目标分阶梯：主要包括基础性目标、拓展性目标和发展性目标。基础性目标是每个学生必须而且是可以达到的目标。学有余力的同学可以选择拓展性目标和发展性目标。每个人的层次目标选择不是固定的，而是动态的。潜能学生可以从基础性目标开始，完成以后进行拓展性目标的学习，甚至是发展性目标的学习。中等生和优秀生可以从基本性目标开始学习，也可以从拓展性目标开始学习。

教师在明确目标后，需要精心研究教材，纵观教材全局确定重点，结合学生实际分析难点，深入并超越教材，抓住问题的本质，了解知识的发生、发展、形成过程以及学生学习过程中可能遇到的疑点。在教学目标、学习材料的选择上，教师需要在课堂练习题的数量和难度方面深入思考，设置合理的认知阶梯，保证潜能学生"吃得了"，中等学生"吃得好"，优秀学生"吃得饱"。

第二，教学分阶梯，着眼差异。教师根据备课要求，授课要着眼于中等生，实施中速推进，课堂辅导兼顾优差两头，为潜能生当堂达标创造条件。对优秀生要少讲多练，让他们独立学习，注重培养其综合运用知识的能力，提高技能技巧。对中等生，则实行精讲精练，重视双基教学，着重在掌握基础知识和训练基本技能上下功夫。对潜能生，则要低要求，放低起点，浅讲多练，查漏补缺，弄懂基本概念，掌握必要的基础知识和基本技能。同时，教师授课过程中把握好课堂提问与反馈的分层。课堂上的提问，决定着学生的求知欲，影响着学生的学习兴趣和学习效果。因此问题设计需要设置梯度，知难而进，使他们在自己的"发展区"中有更高的突破，让所有学生都有所得、有所获。教师的课堂主要注意力不在于系统传授知识，而在于从学生学习过程中的语言、表情、神态、问答中及时地、最大限度地取得反馈信息，以便有针对性地进行启发、诱导、点拨，从而更好地激发其求知欲和创新精神。

第三，评价分阶梯，激励肯定为主。具体做法是：对于潜能生要采用表扬性评价，寻找他们的闪光点，肯定他们的点滴成绩、进步，让他们消除自卑，看到希望，树立自信，尝试成功的喜悦；对中等生采用激励性评价，即指明努力方向，揭示其不足，促使他们不甘落后，积极向上；对优秀生则采用竞争性评价，坚持高标准，促使他们谦虚、严谨、努力拼搏。教师的评价不仅成为强化或矫正学生所学知识的手段，而且成为激发学生搞好学习的催化剂。比如，在新知识讲解中，对思维迟钝、不爱发言的学生则可采用"不要怕，大声些""回答正确，掌声鼓励"等语句激励他们积极参与学习；对发言积极，回答正确的学生给予"你很会动脑筋""精彩极了"等表扬。这样进行评价，学生就会觉得老师重视自己，对自己期望很大，自然而然地会产生学习的动力，从而增强他们学好语文的自信心，更好地塑造学生的个性。

第四，诵读分阶梯，读出激情。结合我校实际选编，分年级要求选诵。

一年级：《小学生必背古诗80首》前20首、《中华文化传统经典诵读》。

二年级：《小学生必背古诗80首》前30首、《三字经》（部分）。

三年级：《小学生必背古诗80首》前40首、《千字文》（部分）。

四年级：《小学生必背古诗 80 首》前 50 首、《弟子规》（部分）。

五年级：《小学生必背古诗 80 首》前 60 首、《论语》（部分）。

六年级：《小学生必背古诗 80 首》共 80 首、《论语》（部分）。

诵读时间：每天早上"快乐诵读 10 分钟"，每周一节国学课。

诵读要求与语文阅读课相结合，开展主题阅读活动；家校合作，家长与学生一起诵读经典。

各班根据诵读内容，划分每天的诵读量，制订计划，根据计划诵读，并且要求老师与学生一起诵读。

（作者为王霞）

第三节　小学阶梯课外拓展阅读

阶梯阅读是一套用来分析和描述阅读过程的"工具语言"或"人为语言"，为学生提供策略资源，供其阅读选择。阅读策略包括对阅读材料信息的获取、策略技能的整合、阅读环境的组织，让学生产生和维护阅读动机，激发学生阅读的积极情感，是阅读元语言体系的认知系统。阶梯课外阅读的突出特点就是学生可以运用阅读策略进行阅读，让他们对自己的阅读思维有一定的监控与管理。

一、分阶梯进行课外拓展，挖掘课内资源

第一，开设专门的阶梯阅读课，指导学生学习阅读方法。我校小学部语文组以中小学各种版本的名篇为依托，串起学生名篇之旅的线路，让学生在读书中理解文章，在真实的情境中进一步理解作品的内涵。在开阔视野的同时，真正让文化濡养精神。

语文组结合低年级学生的特点，以童话故事为载体，开展童话王国之旅。例如，通过对《小马过河》的阅读指导，以点带面，使学生初步掌握课外阅读的方法，激发学生课外阅读的兴趣，感受阅读的乐趣，培养学生的语文综

合能力。

通过《小马过河》的阅读，学生学会借助拼音来阅读《365夜故事》，从而养成良好的阅读习惯，达到课内向课外延伸的目的。具体指导阅读《小马过河》，教会学生课外阅读的方法。通过表演，让学生了解故事中的人物，使他们有所收获。通过"介绍我最喜欢（最不喜欢）的故事人物"和"小小故事会"的活动，来分享课外阅读的收获，激发课外阅读的兴趣。

再比如，根据高年级学生的阅读特点，抓住课文中《三打白骨精》选段，开展阅读赏析课《西游记》。通过鼓励学生阅读《西游记》的相关片段，对文本进行赏析并质疑，学生以思维图的形式汇报自己的阅读心得和最喜欢的故事，提出问题并进行交流和讨论。在课堂上，学生对《西游记》共提出了56个质疑，有的在课内由学生团队进行了解决，有的通过课外查阅资料解惑答疑，还有的遗留下来，成了一个不解之谜，为更深层次的探究名著奠定了基础。

第二，设计语文实践活动，在读、览、品中提升。我校为九年一贯制，有些内容小学有，中学也有，这需要老师分段指导，必要的时候，集中起来重点突破。

例如，综合一年级下册的《两只小狮子》、二年级上册的《小狮子》、二年级下册的《卢沟桥的狮子》，组织一次卢沟桥研学之旅。小学部和中学部一起开展了"子曰狮云"的综合实践课。

北京有句歇后语："卢沟桥的狮子——数不清。"金、元、明、清建桥、修桥，卢沟桥一直横跨在永定河上，桥上的狮子千姿百态，有的精致霸气，有的朴实沧桑，有些已经风化严重，有些依然神采依旧。从外貌上大致可以辨别出年代的差别，不同时代雕刻的狮子都有着不同的外形特点。卢沟桥上的狮子已经成为卢沟桥的文化象征，从中华传统文化视角进行多学科的学习和探究，让学生从更深层次了解卢沟桥本身以及中国的狮文化。

三大板块：①狮中有画（图画）；②狮中有话（话题）；③狮中有化（文化）。

各学科研究和展示内容：

语文：狮文化的内涵与意义，包括不同历史时期狮文化的变迁与异同。

美术：版画、水彩、漫画、剪纸、线描、装饰画等各种美术形式表现的狮子形象。

政治：中西狮文化异同对比。

英语：中西狮文化异同对比。

音乐：介绍和赞美卢沟桥狮子的歌谣。

舞蹈、体育：表现狮子特征的舞狮。

学生的年龄不同、擅长的学科不同，展示的方式就不同，但收获是相同的，那就是狮子的王者风范、威武气概深深印在了他们的脑海中。令人敬畏的狮子在中国大地难以找到生存的空间，人们便以艺术形式加以崇拜，并且逐渐和中国文化相融合，形成特有的艺术品牌和艺术风格，极大地丰富了中国民俗文化的内容，由此衍生出独具中国特色的狮文化。

二、分阶梯进行国学诵读，读出激情

传统经典是中华文明传承数千年的重要载体，内容博大精深。经典文化内容丰富，文字精练，体现了我国语言文字的高度凝练性和表达技巧的娴熟性，对于促进学生全面发展具有不可替代的作用和意义。通过诵读活动，弘扬中华优秀的传统文化，使学生获得国学经典的熏陶和修养，接受中国传统美德潜移默化的影响和教育，培养学生做"腹有诗书气自华"的少年君子。让诵读经典之风充满校园，提高师生精神品位和人文素养。为此，我们开展了"与经典同行，与圣贤为友"的诵读活动。

（一）诵读原则分阶梯

根据学生的年段特点，实施不同的阶梯式诵读原则。低段：奉行"直面经典、不求甚解"的原则，不求字字理解，但求字字背得，在学生成长的过程中逐步生根、发芽、开花；中段：奉行"主动参与、快乐诵读"的原则，让学生在生动有趣的诵读活动中发展能力，自然接受经典的熏陶；高段：奉行"理解内涵、锤炼品格"的原则，在诵读中，明事理、辨是非、守规矩。

（二）诵读内容分阶梯

按年级选择诵读内容。

（三）成果展示分阶梯

中低段（1—4年级）：

1. 表演。以吟唱经典、演绎经典为主要形式，让学生感受、体验经典文化的魅力。

2. 讲故事。了解与诗文创作以及作者相关的故事，通过再创作改编成有丰富内容、语言生动的故事，开展讲故事活动。

高段（5—6年级）：

1. 诗文绘画。根据诗文的内容和意境，进行创造性的诗配画。

2. 写作。在讲故事的基础上，仿照"文包诗"的形式进行写作，根据自己对诗文的理解进行改写、扩写。

三、分阶梯进行阅读分享，学以致用

把自己的阅读经验分享给他人，带动更多的人参与到读书活动中，走向社区、走向社会。我们与"快乐小陶子"公益组织联合开展绘本阅读实践活动，增强学生的阅读兴趣，促进主动阅读的意愿。

1. 绘本阅读。包括9次课堂阅读、3次校外专家分享、2次汇报演出，完成阅读分享的任务。根据学生不同的阅读水平分为4组，以小组形式自主完成阅读分享任务。最多的小组完成分享任务5次，受众人数约200人次。最少的小组完成分享任务3次，受众人数约100人次，4组总共校内分享次数16次，受众人数约640人次。

2. 校外志愿服务。分别在百望山森林公园、北京动物园、龙潭湖公园举行了3次为小朋友读书并分享的活动。累计志愿服务时间约40小时。

3. 课程结构。读书—讨论、挑选—阅读分享—总结经验—改进后再次分享—专家指导。教师先为学生讲述有意思的绘本，引发学生的阅读兴趣，然后将绘本下发，学生在课堂上默读，每人一本，读后进行讨论，评价图书的可读性。

由学生以小组的形式选出要推荐的图书。在教师引导下学生自制海报，从书中摘录总结出宣传语，组成阅读分享宣传队，在课堂内练习分享流程，准备在课后开展分享。一周后,各个小组在课堂上分享心得。有的学生在分享的时候遇到了挑战,其他学生对分享内容提出太多质疑,让分享小组疲于应付,有的还无法回答。有的学生书中文字太多,图片内容太多,分享时坐在后面的同学无法看清,导致内容无法理解。

但是,学生在课堂上总结出了下一次分享的要领。如果遇到质疑,则采取求同存异、保留意见的方式,既不影响自己阅读分享的进度,也可以得到更多的思考。文字多、图片多的阅读心得,则可以做成ppt放在屏幕上分享,为此,有些学生向家长求助并得到了帮助。每个小组都出色地完成了阅读分享任务。

总之,通过各种活动,学生将书读出感觉,分享出去,他们对阅读产生了浓厚的兴趣。

四、实践效果的评价

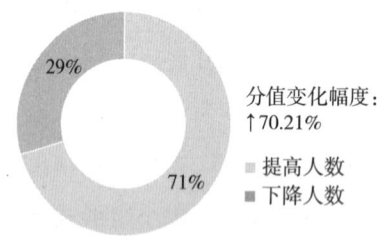

图1 "阅读意识"变化情况　　图2 "阅读意识"各等级变化情况

由图1和图2数据可以看出:

1. 参与测评的100名学生,阅读意识在整体变化上呈明显的提升趋势。

2. 在阅读意识的等级划归上,保持C-E的高等级落点数,最高人数由D级向最高级E级转化。

通过实践,学生在最适宜的阅读情境中感受阅读的乐趣、语言的优美,爱上阅读,养成阅读的良好习惯。激发学生持续的阅读兴趣,确保《义务教育语文课程标准》中课外阅读底线要求的达成:小学生阅读总量不得少于145万字,背诵优秀诗文160篇(段)。让学有余力的学生拥有更宽广的阅读空间,扩大阅读面,增加阅读量,累积言语材料,提升阅读理解和初步的鉴赏文学作品的能力，丰富学生的精神世界，形成良好的语文素养，为终身学习和未来生活奠定了厚实的基础。

（作者为王霞）

第四节　阶梯阅读视角下的中国寓言教学

在人类历史的长河中，中华民族的祖先用劳动和智慧创造了光辉灿烂的文化。弘扬和传承中华优秀传统文化是每一个教育工作者义不容辞的责任。寓言故事是中华优秀传统文化的重要组成部分，惟妙惟肖的故事传承了中华民族友善、诚信等为人处世的深刻哲理，成为沟通过去、现在和未来的一座桥梁。用小故事阐发大道理，做到深入浅出、情理交融，是寓言故事最显著的特点。

在小学语文教材中，寓言作为一种区别于散文、诗歌的特殊文学体裁而被广泛采用。每册语文教材几乎都有寓言故事，年级愈高，故事蕴含的哲理愈深刻。寓言在小学语文阅读教学中具有重要的地位，要让学生学好这部分内容，我们就要找到更加有效的教学策略和教学方法。

一、阶梯阅读是传承中华优秀传统文化的有效手段

传承中华优秀传统文化是国家发展战略的需要。中华优秀传统文化，源远流长，博大精深，为学生源源不断地提供具有生命价值的营养，是面向未来教育的土壤。对于小学生来说，故事里的家国情怀、社会关爱、人格修养，涵养了他们的品格。在传统文化、当代文化、世界主流文化中寻找契合点，这个契合点就是优秀传统文化故事。在故事中传承传统文化，践行社会主义核心价值观，推动中华优秀传统文化的弘扬与传承，为培育现代中国人奠定人生的底色。

传承中华优秀传统文化是对中小学语文学科提出的新要求。《北京市中小学语文学科教学改进意见》指出："当前语文教学中存在优秀传统文化内容彰显不足、经典文学作品阅读量不够、作文教学程式化、语文教学与其他学科

以及社会实践整合不够充分等方面的深层次问题。"

语文课程传统文化内容不足，学生阅读量就少，作文也容易写成"新八股"，他们缺乏想象力和创造力，解决问题能力差。在传统教学中，学生的阅读量少，教学拓展阅读的范围是教师自主选择，随意性强，不成系统。在传统的课堂教学中，教师的教学形式较为单一，不容易激发学生的阅读兴趣。阅读实践视野局限于校园、教室、课堂等，不能体现多学科综合和学生在真正的实践中体验学习收获，更不能根据不同层次学生设计不同层次的内容，针对性不强。要改变这种现状，既要教师与时俱进，不断学习掌握新课程教学的理念和技能，又要学校加强管理，构建适合新课程体系的管理制度，为师生提供适合开展活动的土壤。

阶梯式阅读是传承中华优秀传统文化的有效手段。法国著名寓言家拉•封丹曾把故事比作躯体，把寓意比作灵魂，身体是有形的，而灵魂是无形的，这充分说明了寓言是一种用故事来寄寓道理的文学体裁，它短小生动、富有教育意义。对寓意的理解是寓言教学的核心内容。阶梯式阅读根据年段要求，体现教学目标的层次性，提升学生对寓言内容形式、人物故事、语言表达，乃至寓意呈现方式和生活作用意义等具体特征的感受和认知。

阶梯式阅读是以阅读规律为经，以创作规律为纬的综合认知过程。它根据不同年龄学生的认知、阅读水平以及课堂内容，开展有针对性的阅读指导以及不同的阅读实践体验活动，同时根据学生年龄、阅读能力的不同，设计不同的内容，进行持续的有序列、有系统的阅读指导，螺旋式地提升学生的阅读能力。此举让学生在最适宜的阅读情境中感受阅读的乐趣，初步提升阅读理解和鉴赏文学作品的能力，丰富学生的精神世界，形成良好的语文素养，为更好地弘扬和传承中国的寓言文化铺路搭桥。

二、阶梯阅读视角下中国寓言教学的内容与价值

在阶梯阅读视角下，寓言故事教学的研究旨在将现有小学语文教材中的寓言故事逐一进行研究，根据学生年龄阶段、阅读能力的不同，设计不同的教学方式，进行持续的有序列、有系统的阅读指导，螺旋式地提升学生的阅读能力。

第一，形成一套学校特色经典阅读的课程体系。我校为九年一贯制学校，小学和中学一体化教学是学校课程改革的重点，通过实践研究，将小学低、中、高年级和初中段（由中学部老师完成）分为4个学段，形成一套特色经典阅读课程体系。学生在最适宜的阅读情境中感受阅读的乐趣、语言的优美，爱上阅读，养成阅读的良好习惯。通过实践活动，弘扬中华优秀传统文化，使学生获得国学经典的熏陶和修养，接受中国传统美德潜移默化的影响和教育，培养他们做一个"腹有诗书气自华"的少年君子。让诵读经典之风充满校园，提高师生精神品位和人文素养。

第二，提升教师对寓言、成语故事教学的认识。将传统文化阅读与现代经典阅读相结合，全面构建新型的阶梯式课内外拓展阅读模式，以此改变教学内容的随意性，教学形式的单调性，从而实现学科的整合。根据学生年龄、阅读能力的不同，设计不同的内容，进行持续的有序列、有系统的阅读指导，螺旋式地提升学生的阅读能力，在提升学生语文素养的同时也提升教师的精神境界。

第三，培养学生阅读经典的习惯。通过阅读，学生能够掌握一些经典寓言的历史背景及其蕴含的深刻哲理，获得国学经典的基本熏陶和修养，接受中国传统美德潜移默化的影响和教育。阶梯式阅读的突出特点就是学生可以自己运用阅读策略进行阅读，让学生对自己的阅读思维保持监控与管理，让他们自觉养成阅读经典的习惯。

三、阶梯阅读视角下中国寓言文化教学的重点

（一）低年级（1—2年级）：抓住故事内容，演绎历史情境

小学低年级的寓言故事一般比较短小、精悍，成为学生反复吟诵、学习的最佳材料。尤其是故事中那一个个鲜活的形象各有各的特色，低年级学生受到年龄的限制，理解能力弱，缺乏感情经验，要领悟深刻的寓意有一定的困难，但是他们的想象力非常丰富，乐于表演、善于表达，所以可以根据学生活泼好动、模仿性强等特点，通过"讲故事、演课本剧、续编故事"等教学策略来引导学生领悟寓言的寓意。

（二）中年级（3—4年级）：运用关联理论，揭示寓理寓意

寓意是寓言的灵魂，年级愈高，故事蕴含的哲理愈难理解。因此，我们在引导学生理解寓言的过程中，要注意巧用关联理论，引导学生发挥丰富的想象，抓住比喻、拟人、夸张等修辞手法，让故事中的一切事物都活动起来，让它们来到学生的生活中，从而使学生自己悟出其中的"理"，并扩展延伸开，增加文化的积累，从而培养学生良好的情感和价值观。寓言故事的教学，对中华优秀传统文化教学是有所帮助的。

（三）高年级（5—6年级）：借助比较阅读，领悟寓言规律

小学语文课本中的寓言故事充满了无限的智慧，引人入胜，它能够很好地引导小学生懂得一些常识性的知识，学会一些基本的做人道理。通过对寓言故事的教学，让学生领略寓言故事简洁、朴实却能表达深刻道理的魅力，从而提高学生文字表达能力，丰富学生文学底蕴，对学生的思想道德、人格情操的形成产生潜移默化的影响。

四、阶梯阅读视角下中国寓言文化研究的教学策略

明确阶段目标是开展寓言教学活动的前提。寓言是《义务教育语文课程标准》（2011年版）中要求学习的重要文体之一。虽然在《义务教育语文课程标准》（2011年版）中没有对寓言类文体提出具体的教学要求，但根据学生的年龄特点及对不同学段阅读教学的要求，寓言的教学要求是不同的。

小学低年级：要求学生能够阅读浅近的寓言故事，对感兴趣的人物和事件有自己的感受和想法，乐于与人交流。

小学中年级：要求学生能复述故事的大意，初步感受作品中生动的形象和优美的语言。

小学高年级：要求学生能够理解故事的意思，表达出自己喜欢、憎恶、崇敬、向往、同情等感受。

由此可见，只有先明确每一学段寓言教学的目标，才能找到符合学生阅读寓言特点的有效策略，开展切实可行的教学活动。比如，人教版二年级教

材有一篇寓言《守株待兔》（白话文），北京版四年级教材也有一篇寓言《守株待兔》（文言文），同一个寓言故事文体不同，但寓意相同。针对二年级学生的特点，我们要创设情境，以讲故事为主要手段，在历史角色的扮演中，使学生明白做事情不能心存侥幸，不能有不劳而获的思想。而对于四年级的学生来说，我们在教学时就要采用联系文中重点语句、联系历史背景等教学手段，使学生明白做事情不要因循守旧、墨守成规，要勇于创新、与时俱进的道理。

（一）低年级（1—2年级）寓言教学主要策略：入情入境，展开想象

《义务教育语文课程标准》中提出，低年级学生能够"阅读浅近的寓言故事，对感兴趣的人物和事件有自己的感受和想法，并乐于与人交流"。一二年级学生喜欢读故事，想象力丰富，而且有表达的欲望，教师可以通过创设情景，引导学生进入历史情境，抓住关键词句，发挥想象力，切实感受人物特点和情感，表达自己独特的想法和感受。

1. 创设情境，激发兴趣

小学低年级的寓言故事一般较为短小、精悍，其中不乏丰富的感情、有趣的情节，非常适合训练学生有感情地朗读、有顺序地讲故事。在教学中，教师可以运用多媒体课件，结合图片、文字、视频、音乐等手段创设故事情境，引导学生扮演其中的历史人物，体会人物特定的思想感情。

比如，在教授人教版教材二年级《守株待兔》时，教师在教学伊始就把学生带到了2000多年前的历史朝堂上。

师：同学们，看这是什么？（出示哆啦A梦时光穿梭机）

今天我们一起坐上时光穿梭机穿越到2000多年前的战国时期，来到了韩国的朝堂上（出示上朝的音乐、图片），大臣们正在商议国家大事。

其中有一个名叫韩非的大臣，提出了一些新的治理国家的好方法，可是韩王就是不愿意改革，韩非怎么劝大王，大王就是不听韩非的建议，这可急坏了韩非。不进行改革，国家就不能发展，必然会被其他国家灭亡。韩非想啊想，终于想到了一个好主意。第二天，他在朝堂上给韩王讲了一个故事，

就是这样一个小小的故事，一下让韩王明白了一个大道理。韩非到底讲了一个什么故事，韩王听完后又明白了什么呢？我们一起去听一听吧！

（学生阅读《守株待兔》的故事）

当学生了解了故事内容，读懂寓言的寓意以后，教师继续上课时的情景再现、角色扮演、入景说文：

师：第二天，韩非带着《守株待兔》的故事来到了朝堂。

（1）韩非是怎样给韩王讲故事的？自己讲一讲。

（2）看图想象讲故事。

（3）同桌合作，给韩王讲一讲《守株待兔》的故事。

（4）师生扮演角色讲故事（教师扮演韩王，学生扮演韩非）。

《守株待兔》反映了战国时代的政治与文化，是法家代表韩非讲给韩王，希望韩王能改革制度的故事。教师紧紧抓住二年级学生爱听故事、爱读故事的特点，为学生创设历史情境和故事情境，帮助学生想象人物心情，理解课文，让学生想象说话，为学生领悟寓意做足铺垫，使学生初步了解寓言的产生背景与实际意义。低年级学生想象力丰富，教师在课堂上为其创设情境，鼓励学生大胆想象，积极表达，抓住每一次说话的机会对学生进行语言训练，激发学生阅读寓言故事、讲寓言故事的兴趣。

2. 把握语境，展开想象

想象力丰富是小学低年级学生的特点，因此，我们在教学寓言时可以抓住这个特点，利用寓言故事中的情节变化所带来的空间变化，展开想象，让学生融入故事情节。

《揠苗助长》是部编版语文教材二年级下册的一个寓言故事。故事简短、幽默风趣、发人深省，塑造了一个可爱而又可笑的种田人的形象。教师在教学时可以引导学生通过语言文字想象这位种田人的形象，感受这位种田人的情感变化，激发学生的阅读和学习兴趣。同时，故事让人在笑中深思，在深思中明理，教师为学生创设情境，引导学生在情境中感悟寓理。

3. 以读代讲，读中悟理

低年级是培养朗读能力的起步阶段。低年级朗读教学是阅读教学中一项十分重要的基本功训练，是进行阅读教学的重要方式。新课标对低年级朗读教学有明确的定位，即"学习用普通话正确、流利、有感情地朗读课文"。

基于这一要求，朗读训练在寓言教学中显得尤为重要。只有学生想读、乐读，才会用心去读，才能读得入文、入情，在读中感悟寓言的寓理。因此，教师的任务是营造氛围，用灵活多变的形式激活学生朗读的欲望，让学生自读自悟。通过朗读，学生仿佛成了课文中的人和物，有利于学生对课文内容进行深刻理解，培养学生有感情朗读的能力。

比如，在教学人教版语文教材二年级《坐井观天》这则寓言时，教师抓住3次人物对话，通过各种形式的朗读，不仅训练了学生对语言文字的感悟，还帮助学生在不断的朗读中理解了寓意。

师：青蛙坐在井底，小鸟呢？小鸟在哪里？小鸟落在了井沿上。

（课件出示：青蛙坐在井底，小鸟飞来的动画）这样就引起了下面有趣的小故事。

谁来读青蛙和小鸟的第1次对话。

想想你知道了什么？小鸟飞了"一百多里"，它现在感觉怎么样？（疲惫或累、干渴）

读出又累又渴的语气（齐读）。

这一环节让学生通过读，设身处地体会小鸟又累又渴的感觉，把学生带入作者预设的情境中。

师：小鸟说飞了一百多里，青蛙相信吗？（不相信）

谁来读青蛙和小鸟的第2次对话。

你又知道了什么？什么话是大话？（吹牛的话）无边无际是什么样子？（天很大很大）

大到什么程度？（没有头没有边或一眼望不到边）

（1）用"天无边无际"练习说话。（大草原是无边无际的，沙漠是无边无际的，宇宙是无边无际的，大海是无边无际的……）

（2）青蛙认为天只有井口那么大，小鸟却说天无边无际，它们俩为什么会有不同的看法呢？（青蛙坐在井里，它只看到井口大的天，所以它认为天只有井口那么大，小鸟整天在天空中飞来飞去，它知道天是无边无际的，所以它们俩会有不同的看法。）

（3）正因为这样，青蛙不相信小鸟说的话，青蛙的话应该怎么读？谁能读出它的不相信？

通过角色转换、多种形式的朗读，让学生理解语言，品味语言，积累语言。

师：它们俩争得那么激烈，后来为什么笑了呢？

谁来读青蛙和小鸟的第3次对话，想一想青蛙在笑什么？

预设：（1）它在嘲笑小鸟；（2）我整天在这里看天，我怎么能错？是你小鸟错了吧！（3）别吹牛了，别说大话了，你在骗我吧！

（1）青蛙的话该怎么读？（加上表情—笑，动作—摇手）

（2）你真是一只自信的小青蛙！听了青蛙的话，小鸟在笑什么？（笑青蛙自己错了，还不相信别人）

此环节教师适时适当地评价与引导，抓住重点词语"天天""不会"，突出了文章的重点，加深了学生对内容的理解。

有感情地朗读青蛙和小鸟的3次对话。

（1）同桌两个人加上动作、表情试试。

（2）找一对学生边表演边读。

4. 讲演故事，演绎剧本

寓言大多通过动物、植物或无生命等奇怪的东西说着人的话，做着人的事，来阐述深刻的道理。它的内容简短、题材广泛、形象鲜明、手法夸张，把对孩子的教育蕴含在有趣的故事中，这种方式容易被学生接受，适合小学生阅读。所以教师应当根据低年级学生活泼好动、模仿性强等特点，采取讲故事、演课本剧、续编故事等教学策略来引导学生领悟寓言的寓意。

（1）讲故事

讲故事，就是让学生复述寓言故事的内容和情节。当然，学生讲故事时可以依据自己对故事的理解融入自己的神态、肢体语言和语气，甚至是自己的情感。通过讲故事，让学生在理解故事情节的过程中，更能领悟故事的寓意。

比如，在学习《揠苗助长》和《守株待兔》这2个寓言故事时，我们就要求学生进行讲故事比赛，看谁能够将故事讲得具体生动。

（2）演课本剧

课本剧是在选取课本中某些寓言故事情节的基础上，组织学生串演故事中出现的角色。这样有交流、有互动的学习可以激发学生主动阅读、感悟作者的创作激情，能让学生更好地领悟寓言的寓意。

比如，在教学《鹬蚌相争》这则寓言时，紧紧围绕"相争"两字展开，创设情境引导学生感受争斗时的激烈场面，体会争斗时的语言特点，感悟文中语言的生动，从而揭示寓意。在教学中联系寓言产生的历史背景，引导学生找到文中人物与历史事件之间千丝万缕的联系，理解作者讲这个故事的原因及目的，体会寓言的历史作用。在理解寓意的基础上，展开想象，创编故事。

寓言是形象和意义相结合的一种文学体裁。外层的故事虽浅显生动，却突破了生活实态，引领人们领悟蕴藏在它背后的深刻哲理。揭示寓意是对寓言的具体形象和故事情节最高的抽象和概括，这给学生的理解带来了一定的难度。儿童思维特征具有很大的具体形象性，加之低年级学生知识少、阅历浅，对于寓意往往只能抓住寓言的某一两个具体情节进行概括。因此，在低年级寓言教学中，教师应巧妙地为儿童提供支持，运用创设情境、扮演人物、把握语境、展开想象，以读代讲、读中悟理，讲演故事、演绎剧本等多种方法帮助他们由表及里地领悟寓意，做到爱学、乐学、会学。

（二）中年级（3—4年级）寓言教学主要策略：巧用关联，揭示寓理

相对于低年级过多地关注故事情节，中年级更关注的是寓言文体的语言特点，年级愈高，故事蕴含的哲理愈难理解。寓言的寓意是一根看不见的线，这根线大多数不会直接在文字中体现，但是会随着读者的阅读进程而逐渐明晰。因此，教师在引领学生理解故事的过程中，要时刻留心找出并抓住这根"看不见的线"，沿着这根线顺藤摸瓜，巧用关联理论，引导学生发挥丰富的想象力，抓住比喻、拟人、夸张等修辞手法，使故事中的一切事物都活动起

来，让他们来到学生的生活中，从而使学生自己悟出其中的"理"。

1. 与历史背景相关联，体会寓言价值

寓言故事是根据事实或者编造的故事向人们讲述一个道理，给人以启发。大部分寓言是为了讲述一个道理而编造的，并没有真实的根据。但不是说寓言故事就是毫无根据的瞎编乱造，它的思想内容往往是人类从与自然和社会斗争的过程中逐渐积累的知识与经验的智慧结晶，它提供了有益的、可借鉴的经验教训。所有的寓言故事都是在一定的历史背景下创编的，或为劝谏君王将相采用的迂回曲谏，或为人类生产生活中积累的经验教训，或为阐明人们为人处世的道理。因此，在寓言的教学中，必须引导学生关联当时的历史背景，体会寓言所表达的深刻寓意。

寓言教学是在虚构与实际之间行走。寓言用虚构的故事、夸张的情节道出恒久的道理。但小学生如果不了解作者虚构的目的，就会认为寓言是虚假的，他们会用生活中的不可能性质疑，如果处理不当，就会曲解寓言创作的本意。

在教学寓言《南辕北辙》时，当教师质疑："楚国人不听朋友的劝告，执意要往北走，他能到达楚国吗？"学生都熟悉了楚国人与朋友的4次对话，明白楚国人坚持自己的理由有3点，即马跑得快、车夫是个好把式、带的盘缠多，所以大部分学生都回答楚国人不会到楚国，他只会离楚国越来越远。

这时，一位学生站了起来："老师，我觉得作者编的故事有一个严重的错误，其实楚国人也可以到楚国的，因为地球是圆的。"面对学生的回答，教师因势利导："哦，那打个比方吧。学校在你家的东边，你要来学校，是选择最近最方便的路走，还是出门往西走，绕地球一圈来学校上课呢？那估计同学们得放暑假才能看到你啦！"

同学们哄堂大笑。学生在一笑中明白了寓理：短时间可以完成的事，没必要花那么多不该花的时间。

教师因势利导："作者为什么要编这么一个看似荒诞离奇的故事呢？"这时，教师出示这则寓言的出处及历史背景，当时魏王想攻打邯郸，季梁为了劝阻魏王编造了这个故事。讨论：季梁编这个故事想告诉魏王什么呢？魏王的哪些行为和南辕北辙中的那个人相似?

通过讨论,学生懂得了寓言情节的虚构性与寓意的现实意义,更直观地感受寓言故事对生活与人生智慧的巧妙揭示。

2. 与理性思维相关联,理解深层寓意

寓言作为一个整体,是形象和理性的统一。形象就是寓言故事本身,它提供一种情境与情节,以丰富人们的感观;理性就是寓言的寓意,它是寄托在故事中的道理,以启迪人们的心灵。寓言教学便是把这两者融会贯通。在教学中,教师可以运用寓言的文体特点,发展学生的思维能力。

(1)根据寓言特点,进行逻辑训练

寓言的教学离不开引导学生进行深入的思考,借助故事情节或寓意,引导学生进行分析、判断和推理,训练学生的逻辑思维能力。

比如,在教学《刻舟求剑》这则寓言时,教师采用师生对读的朗读方式,学生读故事情节,教师读评价,让学生思考文章的结构特点,然后引导学生说出这则寓言的寓意:楚人思想古板,办事不灵活,不知道随着情况的变化来改变看法或办法。

教学环节一:揭示课题,弄明题意。

师:猜一猜这是哪篇寓言故事?(出示图片)

预设:《刻舟求剑》(板书课题)。

教学环节二:关联对比,发现共性。

过渡:《刻舟求剑》选自《吕氏春秋》,《守株待兔》选自《韩非子》,这2篇寓言选自不同的文集,编者把它们编在一起呀,一定有它们的相通之处,谁有发现?

预设:①文体均为古文。②主人公都是愚蠢、糊涂的。③寓意相近。

小结:同学们懂得利用联系和对比的方法去发现,真了不起!老师相信在学完《刻舟求剑》之后再来对比,你们一定会有新的发现!

解题时,旧知的引入,让学生学会如何借已知学旧知,激发了学生学习古文的兴趣;将《刻舟求剑》和《守株待兔》进行关联和对比,引导学生发现2篇寓言的共性和特性,对文言文寓言的认知进一步加深。

教学环节三：师生对读，理清结构。

导语：理解文意后，我们再来对读课文，看看你们又有哪些新发现。

楚人有涉江者，其剑自舟中坠于水，遽契其舟，曰："是吾剑之所从坠。"舟止，从其所契者入水求之。

舟已行矣，而剑不行，求剑若此，不亦惑乎！

师生对读全文。

小结：你们发现了吗，你们读的是故事，老师读的是评价。

理解文意之后的朗读，不仅达到了让学生理清结构、读好课文的目的，还为后续的想象情景、评价人物做好了铺垫。

（2）根据寓意特点，发散思维训练

很多寓言故事蕴涵的寓意不是单一的，浅显的，往往是多方面的，教师应倡导从多角度、多层次鉴赏寓言，在教学中引导学生从多方面思考寓言故事的寓意，提高学生的创造能力。

比如，《守株待兔》表层寓意是讽刺那些企图不经过艰苦努力而侥幸获得成功的人，中层寓意是嘲笑那些"欲以先王之政，治当世之民"的政治上的保守派，深层寓意是告诫人们应认识偶然性与必然性的关系。对于小学生来说，表层寓意并不难理解，但深层寓意的理解就相当困难。为此，我们可以为学生深入理解寓意铺路搭桥。

①提问：种田人为什么受到宋国人的嘲笑？想一想种田人的哪些行为和想法是可笑的？请结合课文内容说说你的理解。

此环节的设计目的是引导学生体会到作者对那些企图不经过艰苦努力而侥幸获得成功的人的讽刺。

②展开想象：种田人怎么做就能得到兔子了呢？预设：去到林子里打猎、设陷阱、一边种田一边打猎……此环节的设计目的是引导学生感悟只有变守为劳，改变方法才能有所得。

③思考：作者韩非为什么写下这个故事？此环节引导学生回归历史情境，了解写作背景。

④总结：如果当时的韩王能像你们一样明白不要因循守旧，要与时俱进、变法图强的道理，也许韩国就能改变最终亡国的命运了。

这种多角度展现寓意的寓言有很多。比如，《狐假虎威》寓意一是嘲笑狐狸的狡猾，寓意二是讽刺老虎的昏庸。再比如，《滥竽充数》寓意一是讽刺南郭先生没有真才实学而冒充能人，寓意二是讽刺了齐宣王的昏庸。教学这类寓言，要引导学生打开思路，多角度、多途径地分析问题，联系生活，揭示真理。寓言教学就是引导学生由形象思维上升到抽象思维，由经验思维上升到理论思维，在长期的训练中养成深入思考的好习惯。

3. 与文言文相关联，感悟语言魅力

小学文本中的寓言故事大多以现代白话文的形式选入，虽然读起来明白如话，但在语言表达的魅力上大打折扣。古代寓言在经过翻译之后，其语言失去了典雅、凝练的意味。因此，在教学白话文寓言时，可以引入古文，以古文或古书的形式引导学生趣读，感悟中国古典文学语言的魅力。

比如，北京版语文教材三年级下册的《鹬蚌相争》是一篇白话寓言故事，通俗易懂，情节简单，趣味性强。文中写两种动物相争时的语言很有特点，语言简短、针锋相对、字数接近，符合现实生活中争吵语言的特点。

在学习了白话文后，教师出示古文：

蚌方出曝，而鹬啄其肉，蚌合而拑其喙。鹬曰："今日不雨，明日不雨，即有死蚌！"蚌亦谓鹬曰："今日不出，明日不出，即有死鹬！"两者不肯相舍。渔者得而并禽之。（《战国策》）

师：读读白话文，再读读古文，你有什么不同的感受？

生：①白话文读着通顺，古文有的读不明白。②白话文字数多，古文字数少，更简练。

师：既然是争斗，无论在气势上还是言语上都要技高一等，凝练的语言既能突出自己的观点，又能使争辩场面更激烈。再读读古文，是不是有这样的感受？

新课改实施以来，文言文在阅读篇目中的比例明显增加。从某种意义上说，文言文是祖国的文化遗产，能阅读浅显的文言文是一种技能，从小让学生接触文言文，朗读、背诵、积累一些浅显的文言文，有利于提升学生的文学素养，而寓言便是一个很好的载体。

4. 与现实生活相关联，培养写作能力

孔子曰："寓者，寄也；言者，话也。"作者把自己要说的话寄托在一个虚构的小故事里，通过借古喻今、借物喻人、借小喻大或借此喻彼的手法，揭示事物丰富的内涵和蕴含的深刻道理。要读懂寓言，就必须联系现实生活作深入思考，从社会、历史文化、人生哲理的角度，寻找与生活的对应点，才能准确把握寓言的寓意。反之，学习的意义就会大打折扣。

（1）拓展延伸，古今联系

学生在分析了寓言的艺术形象之后，就要引导学生把寓言中的艺术形象与现实生活中的人加以比较，从现实的日常生活中找到类似的事情。只有这样，学生才能真正领悟到寓言的深刻寓意。

比如，在教学《纪昌学射》这则寓言时，在理解寓意的基础上，引导学生用"要想掌握……，就要……"的句式写几句话。学生联系实际生活，展开想象。

"要想掌握射箭本领，就要先练眼力。"

"要想掌握骑车本领，就要先练习平衡。"

"要想掌握滑冰本领，就要……"

"要想掌握操作电脑本领，就要……"

（2）仿写寓言，学以致用

模仿是一种借鉴，在寓言教学时，让学生在感受寓言形象、理解寓意的基础上，充分展开联想和想象，以教训性和哲理性的寓意为内容进行创编仿写。比如，在教学《狐假虎威》这则寓言后，可以让学生选取2—3个小动物，联系生活中的现象试着创编一则寓言；在教学《鹬蚌相争》这则寓言时，可以让学生依据生活经验，展开想象，改写故事的结尾。

小学寓言教学应该注意把握好故事的内容，联系生活中的实际问题加以分析理解，体会其中的道理，了解寓言的特点，并扩展延伸开，增加文化的积累，从而培养学生良好的情感态度价值观。

由于寓言故事的表现形式独特、教育意义深刻，因此，寓言故事教学对于学生的身心发展具有重要的意义。小学阶段所精选的寓言故事都蕴含着深刻的哲理，它以深刻的思想、生动的形象反映社会，揭示人生的真谛，歌颂真、善、美，鞭挞假、恶、丑，为陶冶学生的情操，净化学生的心灵提供了有力的凭借。通过寓言故事的教学，希望能对中华优秀传统文化教学有所帮助。

（三）高年级（5—6年级）寓言教学主要策略：借助比较阅读，领悟寓言规律

纵观当前寓言教学，即便是高年级的寓言教学目标也仅停留在认识寓言中的角色及性格特点，了解寓言的寓意及带给我们的启示等。上述定位，显然是出于让学生感知寓言这种文学样式中的人物形象及其蕴含寓意带给生活的启示。然而，对于"寓言究竟有哪些基本特征（譬如角色形象、故事情节、语言表达等方面）、寓意又是通过哪些方式表现出来的？寓意在生活中究竟有何具体作用"等涉及语言文字运用的问题，学了多年寓言的学生可能并不清楚，也引起我们深入的思考：寓言教学，除了让学生能明白道理，更加智慧地生活，是否还应该引导学生明白其一些具体的基本特征与运用方法，以便他们在漫长的人生经历中，借助这种简练有趣的文学样式，多样化地丰富自己的表达，从而更具体有效地体现寓言阅读的教学价值。

《义务教育语文课程标准》就语文课程性质指出："语文课程是一门学习语言文字运用的综合性、实践性课程。"并在第3学段阅读要求上特别提出："在阅读中了解文章的表达顺序，体会作者的思想感情，初步领悟文章的基本表达方法""阅读叙事性作品，了解事件梗概，能简单描述自己印象最深的场景、人物、细节，说出自己的喜爱、憎恶、崇敬、向往、同情等感受"。这些要求都鲜明地体现了语文课程的基本特征和高段阅读教学的目标层次与指向。落实到高段寓言教学，应着重指导学生初步认识并逐步掌握寓言的基本文体特征和表达方法，学习实践运用。

如何实施教学才能凸显高段寓言教学的目标层次，促使效能达成？比较阅读是把内容或形式上有某种联系的文本或同一文本有关联的不同部分等集

中起来，边对比边分析地进行阅读的一种方式，具有较好体现寓言的共性以及每篇寓言个性特色的优势，这一优势恰恰是单篇阅读教学较难显著呈现的。

叶圣陶说："阅读方法不仅是机械地解释字义，记诵文句，研究文法修辞的法则，最要紧的还是多比较、多归纳。"高年级学生随着年龄增长及知识经验的丰富，其抽象思维能力得到进一步提升，同时也有了一定的逻辑分析能力。教师对比较阅读的精心设计，可以让高年级学生从关注故事内容转向体会语言表达特点、感受寓言中"理"的趣味、把握寓言的文体特征，不仅能够发展抽象思维能力，而且能够提高阅读品质，让学生从理解走向鉴赏，渗透对不同文学形式的感知，无疑是一种潜移默化的文学启蒙。

1. 文白比较，体会语言特点

寓言这一文体发源于先秦散文，在《战国策》《孟子》中只是偶尔用之，到韩非才开始有意识地系统收集、整理、创作，分门别类，辑为各种形式的寓言故事集。像《内储说》《外储说》《说林》《喻老》《十过》，都是寓言专集。在《韩非子》的说理散文中，寓言故事数量居先秦散文之首，初步发展成为独立的文学体裁。许多寓言，千百年流传不衰。"守株待兔"（《五蠹》）、"矛与盾"（《难一》）、"滥竽充数"（《内储说上》），以及"郑人买履""画鬼最易""买椟还珠"（《外储说上》）等，都以其丰富的内涵、生动的故事，成为脍炙人口的成语典故，至今为人们广泛运用。

小学语文教材中的许多寓言故事就出自先秦散文，不少文言文写就的寓言故事被翻译成了白话文，对比文言文和白话文，引导学生发掘文言文寓言的简洁、凝练、传神，体会白话文语言的通俗易懂、具体形象，能使学生在"文""白"比较的具体过程中，感受到不同语言形式的独特魅力，增强语感。

比如，苏教版语文教材六年级下册白话文寓言《螳螂捕蝉》与北京版六年级上册文言文寓言《螳螂捕蝉》即可进行比较阅读，使学生感受不同的语言表达风格。

（1）苏教版语文教材六年级下册《螳螂捕蝉》：赏读古文，在对比中尝试拓展运用。

①这个故事其实早在西汉时期就有了,是编者根据刘向《说苑》第9卷《正谏》改编的,联系课文内容,你能在理解的基础上尝试着读好文言版的《螳螂捕蝉》吗?

②对比白话版和文言文版的《螳螂捕蝉》,说说它们有什么相同点和不同点。

(不同点:文言文短小精炼,白话文通俗易懂。相同点:都是揭示了一个道理——我们在考虑问题、处理事情时,要深思熟虑,考虑后果,不要只顾眼前利益,而不顾后患)

在教学文言文寓言时,也可引入白话文进行古今对比,使学生深刻体会文言文的语言特点。

(2)北京版语文教材四年级下册《守株待兔》:古今对比,感受文言文的特点。

①古今对话。前后桌合作,一人扮演古人,一人扮演现代人,分别用自己的语言演绎这个故事。

②比较。通过古今对话这个游戏,你发现了古人说话的什么特点?

预设:简洁、凝练。

③我们一起来读一读这简洁的文言文,39个字就能讲故事,学生齐读。

小结:在这么短的时间里,同学们不仅做到了读准字音,在理解内容的基础上读好断句,读出古文的韵味,还体会到了文言文的简洁美,真了不起!

文言文是以先秦口语为基础形成的上古汉语书面语,同汉代以后的口语相脱离且较少变化,中华传统文化中的经典文献都是用文言文写成的,在小学语文高段教学中引导学生感受文言文和白话文不同魅力,明确文言文是白话文的源头,初步体会到文言文语言的简洁凝练与含蓄传神,对于激发学生学习古文的兴趣以及升入初中进一步学习长篇古文奠定了良好的基础。

2. 同"理"比较,感受理的趣味

在小学高年级寓言教学中,教师可以通过拓展延伸、由篇及类,呈现与文本寓意相似的寓言成语故事、历史故事等，通过置换与变形，进行文本的解构与重构，学习寓言文本的乐趣也在于此。

比如，《螳螂捕蝉》经过置换和变形，就成为《围魏救赵》《唇亡齿寒》《鹬蚌相争》。这4则故事产生的历史背景都是群雄割据、诸侯争战的春秋战国时期，创作动机为向国君曲谏国家发动战争前的纵横考量。在教学北京版语文教材六年级上册《螳螂捕蝉》时，可补充北京版语文教材三年级下册《鹬蚌相争》一文，引导学生发现两篇寓言寓理的相通之处。

师：对比《螳螂捕蝉》和《鹬蚌相争》两篇寓言，你有什么发现？

预设一：历史背景相似，《螳螂捕蝉》和《鹬蚌相争》两篇寓言都是以动物猎食为喻，以国家争战为实，曲谏国君发动战争之前应明确诸侯国之间的关联，并且最后都成功地劝谏了国君，避免了一场战争。

预设二：寓理相似，两篇寓言都讽刺了那些只顾眼前利益而目光短浅，没有注意到长远危险，反受其害的人。

寓言故事和成语故事经过置换变形、由篇及类，不仅拓宽了学生的阅读面，提升了学生的阅读鉴赏能力，而且深化了学生对理的认识，使学生感受理的趣味。

另外，在进行寓言教学的过程中，还可引入寓理相关的课外阅读材料，引导学生在比较阅读中明白寓理。

以《螳螂捕蝉》为例，我们可以在教学过程中拓展延伸、迁移内化。

（出示课外阅读资料《喜鹊搬家》，学生自由朗读）

师：喜鹊很聪明。新年刚刚来临，它就预料到今年多风，特别是春秋季节，风会刮得异常猛烈。它忙碌了好几天，终于把自己原来筑在树顶上的窝搬到下面的枝丫上来了。这一来，大风不可能把它的窝吹落了，但是，别的灾难接连不断。喜鹊离地面太近了，大人经过这里，伸手就把小喜鹊摸走了；小孩子经过这里，也用竹竿挑窝里的蛋。聪明的喜鹊只知道防备近患，却忘了防备远难。

（1）交流读书体会，想想喜鹊的"远难"是什么，"近患"是什么？

（2）面对这种情形，你怎样教育喜鹊，请说说你的做法。

（3）在我们身边有没有只顾眼前利益，不顾身后隐患的人或事呢？如果有，请你想想该怎样劝。

【设计意图】语文学习的外延与生活的外延相通。语文学习只有回到生活中才具有生命的活力，才能点燃学习语文的"火种"，碰撞出学习语文的智慧与情感。

学生在同寓理寓言的比较阅读中，更深入地体会到寓言中所蕴含的深刻道理，发现寓言的智慧之美，对于学生多角度理解寓理，联系生活实际理解寓理，在自己的日常生活中根据情景需要自然而然地运用寓言向他人说明道理都大有裨益。

3. 同类比较，把握文体特征

在小学语文教材中，寓言作为一种区别于散文、诗歌的特殊文学体裁而被广泛采用。在小学语文高年级进行寓言教学不仅要提升学生对寓言内容形式、人物故事的认识，还要加深对语言表达乃至寓意呈现方式和生活作用意义等多方面的感知。通过对同类寓言的比较，有助于学生把握寓言的文体特征，让学生在比较阅读中走向深刻，更多地感受到寓言的魅力，获得文学的滋养。

例如，在教学北京版语文教材五年级《学弈》时，教师在引导学生精读课文后，采用了以下教学策略。

师：孟子下的结论到底对不对呢？后人刘子也写了一篇寓言故事。（出示《弈秋败弈》）

（1）请同学们打开书，读一读《弈秋败弈》，借助书下注释理解故事的意思。

（2）对比一下这两则寓言，找找它们有什么相同之处？

学生讨论后得出结论。

（1）背景相同。"弈秋，通国之善弈者也。"交代了故事发生的背景。

（2）道理相通。专心致志做事才能有收获。

（3）结构相似。都是先说背景，再讲一个故事，最后得出结论。

师：刘子为什么还要选择弈秋这个人物写寓言故事，而且文章结构都一样，甚至连第一句话都不变，这是不是有抄袭的嫌疑呢？

学生再次深入讨论，得出结论。

（1）虽然第一句话相同，但写作目的不同。《学弈》中第一句话是为了引出下文，弈秋棋艺高超，才会有学生来求学，才会引出两个学生的不同态度，得出结论。而《弈秋败弈》中第一句话是为了说明像弈秋这样棋艺高超的人如果不专心致志地做事情也是不行的，两句话看似相同，但作用不同。

（2）虽然两篇文章的结构相同，但是选择的事例不同，《弈秋败弈》进一步验证了孟子的话。

师：说得好！刘子充分运用弈秋这个人物大做文章，就地取材，是何等之妙！

通过同类寓言比较阅读，学生对寓言的认知从先前的模糊到课后的清晰，从最初纯感性的一般感受到课后获得具体有用的语文认知，得到理性认知层面的提升。在比较阅读的过程中，学生逐步认识到寓言是一个短小而精悍的匕首，虽然它也必须有形象，但不必像小说那样，有详尽周到的描写。它虽然有故事，但不必像小说那样曲折跌宕。它虽然有它的主题，却不能夹带许多妨害主题的副主题。它最好是故事简单，描写鲜明，主题单纯，而且能概括具有一定普遍性的真理——以小见大、以远见近、以古观今。

利用比较阅读进行教学，让学生在多角度感受寓言趣味的同时，通过对比、梳理与统整，提高对寓言基本特征的认知，可使之更会阅读寓言，并为学生在生活中尝试运用学过的寓言或创编简单寓言，丰富语言的表达形式提供了良好的学习借鉴和方法指导。

当然，每种教学策略也并不是固定在一个学段的，各个学段可以根据学生水平、文本特点穿插使用。总之，寓言教学中要充分考虑和研究学生的认知水平和发展可能，积极探索寓言教学方法，让寓言教学更有效。

（作者为王霞）

第五节　阶梯阅读视角下的语文综合实践课

语文学科是一门综合性学科，语文综合实践课是由语文学科教学与综合实践活动整合的一种新形式，也就是将语文课堂教学中所学到的基础知识与学生日常生活中遇到的各种现象与问题完美地结合起来，从而成功地解决或描述实际生活中的问题和现象的一种活动方式。

一、语文综合实践课的重要性

《义务教育语文课程标准》指出："语文课程是实践性课程，应着重培养学生的实践活动能力，在实践中体会、把握语文规律。拓宽语文学习和运用的领域，使学生在不同内容和方法的相互交叉、渗透、整合中开阔视野，提高学习效率，养成现代社会所需要的语文素养。"《基础教育课程改革纲要》也指出："教师要努力改变课程实施过于强调接受学习、死记硬背、机械训练的现状，倡导学生主动参与，乐于探究，勤于动手，培养学生搜集和处理信息的能力，获取新知识的能力，分析和解决问题的能力以及交流与合作的能力。规定小学至高中设置综合实践活动课并作为必修课程。"作为一门学习语言文字运用的综合性、实践性课程，语文课程的教学要让学生在实践中学习语文，学会学习；要善于通过专题学习等方式，沟通课堂内外，沟通听说读写，增加学生语文实践的机会；要充分利用学校、家庭和社区等教育资源，开展综合性学习活动，拓宽学生的学习空间。

同时，我们也要看到，语文综合实践活动是促进学生语文素养的形成与发展的一个重要手段。它重在学科内外的联系、重在学习过程，注重激发学生的创造潜能，能较好地整合知识和能力，尤其有利于在实践中培养学生的观察感受能力、阅读感悟能力、综合表达能力、人际交往能力、搜集信息能力，因此要充分利用现实生活中的语文教育资源，优化语文学习环境，努力构建课内外联系、校内外沟通、学科间融合的语文教育体系，引导学生开展丰富多彩的语文综合实践活动，拓宽语文学习的内容、形式和渠道，使学生在广阔的空间里学语文、用语文，拓宽视野，丰富知识，砥砺能力，在实践中提高语文素养，培养学生主动探究、团结合作的精神。

二、语文综合实践课存在的问题及原因分析

当前，我国旨在发展学生综合素质（包括主体精神、实践能力和创新意识）的课程改革与教学改革正在轰轰烈烈地进行。在新课改理念的指导下，语文综合实践课把跨学科的目标、内容、学习方式以及评价应用到语文学科教学，尝试解决问题。正是在新课改理念的指导下，在语文综合实践课中，语文学科教学得到进一步的建设，课内外、校内外、不同学科的教学资源、教学要素和教学环境整体化产生聚集效应，促进传统教学方式的根本改变，促使学生听、说、读、写、交流、合作、沟通等能力综合发展。但我们也必须看到，在实际教学中，语文实践课深受应试教育影响，存在一些问题。一是开展活动时，目标过于科学，甚至等同于语文学科课程目标，过程训练标准化，结果分数化，失去了活动本身的韵味，学生无兴趣。二是部分教师对语文实践课的认识不到位，认为实践课是语文课的从属，处于辅助地位，"可有可无"，甚至认为搞活动是"花架子""玩噱头"，影响正常学习。三是有些成绩好的学生忙于作业、练习，认为参加活动是浪费时间，糟蹋精力，耽误功课。四是教师组织引导不够，致使活动偏离语文主旨，且学生思维量不足。五是大多数教师没有开展语文实践活动的经验，初次开展不知道从哪里着手，无所适从；少数教师勇敢地进行尝试，但是范围很小，局限于校园、教室，教学内容整合也不足等，不能体现多学科综合和学生在真正的实践中体验学习收获。

语文实践课程存在以上问题，既有主观原因，也有客观原因。主要体现以下方面。

第一，教育观念尚未完全改变。语文综合实践课的开展，基本上没有摆脱以前"语文课外活动"的思维框架和活动模式，语文综合性学习还局限于某一技能的活动演练，只在提高学生语文某项能力上下功夫，还不能做到收

放自如。

第二，对语文综合实践课的认识存在模糊。在语文综合实践课实施过程中，把学习活动的过程仅仅当作实现目标的途径和手段，对语文学习资源的开发利用和活动过程中的德育渗透有待挖掘，开展活动直奔预设目标而去，忽略了活动目标的不确定性和生成性。

第三，语文综合性活动课是一项耗时耗力的教学活动，教师缺乏开展语文综合实践课的经验、知识、能力和方法。如何充分地利用和挖掘学生的时间和潜能仍需探究。

要改变这种现状，学校需要加强管理，构建适合新课程体系的管理制度，为师生提供开展活动的适宜土壤。教师需要与时俱进地学习，掌握新课程教学的理念和技能。

三、清华附中丰台学校的语文综合实践课方案

从新课标的视角来看，语文综合实践活动课是一门课程。作为课程，语文综合实践活动课要落地，必须便于操作。而个性化的综合实践活动是全新的课程，没有现成的操作模式。虽然教无定法，但是空洞、无章可循的教学是不能发挥课程优势的。因此，必须构建一套与研究相适应的操作模式，使之有章可循，防止盲目性。

依据《北京市中小学语文学科教学改进意见》，我校通过课题研究的形式，努力把综合实践活动的理念渗透到学科教学中，以改变学生学习方式、培养学生的实践能力和创新精神为重点，以提高教师对现有课程资源的开发、整合、运用能力为核心，以促使学校的办学特色为中心，进行综合实践活动与学科整合的尝试和探索，探索出一套切合本校实际、行之有效的语文综合实践活动课的策略和操作模式，并在这一实践策略和操作模式指导下，初步构建了语文综合实践课学习体系。

（一）实践策略

1. 找准目标

综合实践活动是一个开放的实践性课程，其目标包括知识与技能；过程

与方法；情感、态度与价值观 3 个维度。我们认为，初中阶段，语文综合实践活动课程的目标应包括以下 6 个方面。

（1）学校周边资源梳理及价值的认识；

（2）亲身参与实践的积极体验；

（3）初步形成对自然、对社会、对自我的关爱和责任感；

（4）初步形成主动发现问题并积极探究解决问题的态度和能力；

（5）培养实践能力，发展对知识的综合运用和创新能力；

（6）初步养成合作、民主、分享、积极进取等良好的个性品质。

2. 优化过程

促进主体参与、引导自主学习。教师首先要创设情境，激发学生参与的兴趣；要采用因材施教的策略，引导学生学会参与的方法。

3. 注重评价

分工、合作、列表，评价过程，展示成果。

在活动课程中培养学生自我评价能力。教师引导学生善于接纳他人的评价，教师要引导学生由评价他人逐步转向评价自己，从而促进学生个性的可持续发展。

（二）操作模式

1. 发现问题、提出问题或课题
2. 策划方案
3. 行前准备搜集资料、分工合作
4. 过程中探究问题，完成任务，互相评价
5. 讨论并得出结论——撰写探究报告、完成感受、照片等作品交流

（三）语文综合实践课学习体系

1. 结合实践活动进行传统文化探究

比如，初中二年级学生前往昌平实践活动基地体验舞龙舞狮活动，记下感受，回来由语文老师引导学生探究龙和狮的文化意义。学生设计了以舞龙舞狮为主题的手抄报设计，年级进行以舞龙舞狮为主题的展板展览。

2. 设计语文实践活动，学生在读、览、品中提升

初中一年级组织学生先读朱自清、老舍、鲁迅的作品，老师设计任务单，再由家长带领游览老舍故居、鲁迅故居，由学校组织观看朱自清塑像。参观完成后，学生需要抒发感受，比较读书和参观游览中对作者认识的不同。在此基础上，赵艳芬老师上了一堂《家国情——阶梯式阅读之名家名篇》课，指导学生读出了朱自清、鲁迅、老舍等人作品中体现的历代知识分子的家国情怀。初中一年级冷冰、张珍娟、孙飞老师组织"读《朝花夕拾》、观鲁迅故居，悟家国情怀"的综合实践活动以及手抄报展览，通过读、览、悟，理解鲁迅对救国之路的探索，启迪学生在新时代珍惜幸福生活。

初二年级组织学生走中轴线活动，学生先读书，再由教师带领去游览中轴线，学生先写下感受，然后老师指导提升。

3. 分段指导，重点突破

我校为九年一贯制，有些内容小学有，中学也有，由教师分段指导，必要的时候，集中起来重点突破。比如，小学部有戏剧表演课，中学部要普及戏剧知识，史行老师就上了一节《四时国粹（京剧）——传统文化实践课》，由中学部学生小组合作探究京剧行当等知识，中学、小学学生共同学习、交流，由小学部的小演员现场表演，中小学资源融到一起，丰富、生动，效果非常好。又如孙飞老师所上的《阶梯式阅读之秋之韵》一课，围绕秋这个意象，让学生综合小学、初中所学内容，甚至课外读过所有的关于秋的诗歌，通过观察、分类、探究、展示，达到知识的综合、认识的提升。

4. 利用身边资源，让语文综合实践活动走向深入

卢沟桥是距我校最近的传统文化资源。我校以"走进卢沟桥"课题的形式设计了各学科的综合实践活动——"子曰狮云"，它是一个以语文学科为中心，跨初中7个学科和小学研究项目的实践活动。作为牵头科目，语文学科为整个实践活动确定了思想、中心。借"子曰诗云"的语言形式，加之以卢沟桥的狮子的"狮"的借音，而确立的"狮文化"的主题。由语文贾军老师主讲《"子曰狮云"——走进卢沟桥课题展示课》，探寻卢沟桥狮子的传统文化意义。通过这样的语文综合实践活动，引导探究走向深入。

初中一年级组织走进清华园、圆明园活动。在教师的指导下，学生在行前通过查找朱自清的相关资料，进一步学会查找资料，汇总整理资料的方法，同时了解朱自清及火烧圆明园背后故事，理解中华气节和精神。通过参观朱自清雕像、赏荷塘理解朱自清的气节，参观圆明园废墟、读《两个强盗闯进了圆明园》，激发学生热爱祖国文化的思想感情，增强民族自豪感和责任感。

初中二年级组织走进红星农场活动。行前，教师组织学生阅读《红星照耀中国》，积累必要的历史资料，了解领袖人物的成长史，以及红军在特殊历史阶段为国家与民族做出的巨大贡献。通过系列拓展活动，再现红军长征片段，培养学生的合作精神，体会红军勇往无前的精神与伟大气魄，激发热爱党、热爱祖国的情感，增强民族自豪感。

5. 开阔视野，真正让传统文化濡养精神

我校语文组着手设计并逐步实施以中小学各种版本的名篇为依托，串起学生名篇之旅，让学生在读中理解文章，在真实的情境中更进一步理解作品的内涵，在开阔视野的同时，真正让文化濡养精神。

（作者为张珍娟）

第二章

腹有诗书气自华——古诗文阶梯阅读实践

第一节　古诗文阶梯阅读篇目

年级	必读篇目	选读篇目
一年级	1.古诗类： 《咏鹅》/【唐】骆宾王 《江南》/汉乐府 《画》/【唐】王维 《悯农·其二》/【唐】李绅 《风》/【唐】李峤 《古朗月行》/【唐】李白 《春晓》/【唐】孟浩然 《静夜思》/【唐】李白 《赠汪伦》/【唐】李白 《寻隐者不遇》/【唐】贾岛 《小池》/【宋】杨万里 《池上》/【唐】白居易 《画鸡》/【明】唐寅 2.国学类： 《三字经》	1.古诗类： 《望月怀远》/【唐】张九龄 《送孟浩然之广陵》/【唐】李白 《早发白帝城》/【唐】李白 《回乡偶书》/【唐】贺知章 《山中送别》/【唐】王维 《相思》/【唐】王维 《杂诗》/【唐】王维 《游园不值》/【宋】叶绍翁 《逢雪宿芙蓉山主人》/【唐】刘长卿 2.国学类： 《弟子规》
二年级	1.古诗类： 《梅花》/【宋】王安石 《小儿垂钓》/【唐】胡令能 《登鹳雀楼》/【唐】王之涣 《望庐山瀑布》/【唐】李白 《江雪》/【唐】柳宗元 《夜宿山寺》/【唐】李白 《敕勒歌》/北朝民歌 《咏柳》/【唐】贺知章 《村居》/【清】高鼎 《晓出净慈寺送林子方》/【宋】杨万里 《绝句·两个黄鹂鸣翠柳》/【唐】杜甫 《悯农·其一》/【唐】李绅 《舟夜书所见》/【清】查慎行 2.国学类： 《声律启蒙》	1.古诗类： 《独坐敬亭山》/【唐】李白 《清明》/【唐】杜牧 《马诗》/【唐】李贺 《山行》/【唐】杜牧 《春夜喜雨》/【唐】杜甫 《登岳阳楼》/【唐】杜甫 《明日歌》/【明】文嘉 《宿建德江》/【唐】孟浩然 《鹿柴》/【唐】王维 《题临安邸》/【宋】林升 《登乐游原》/【唐】李商隐 《九月九日忆山东兄弟》/【唐】王维 《游子吟》/【唐】孟郊 2.国学类： 《笠翁对韵》

续表

年级	必读篇目	选读篇目
三年级	1.古诗类： 《所见》/【清】袁枚 《山行》/【唐】杜牧 《赠刘景文》/【宋】苏轼 《夜书所见》/【宋】叶绍翁 《望天门山》/【唐】李白 《饮湖上初晴后雨》/【宋】苏轼 《望洞庭》/【唐】刘禹锡 《早发白帝城》/【唐】李白 《采莲曲》/【唐】王昌龄 《绝句·迟日江山丽》/【唐】杜甫 《三衢道中》/【宋】曾几 《元日》/【宋】王安石 《清明》/【唐】杜牧 《九月九日忆山东兄弟》/【唐】王维 《大林寺桃花》/【唐】白居易 2.国学类： 《论语》（节选） 《孟子》（节选）	1.古诗类： 《长歌行》/汉乐府 《七步诗》/【三国】曹植 《凉州词》/【唐】王之涣 《凉州词》/【唐】王翰 《出塞》/【唐】王昌龄 《从军行》/【唐】王昌龄 《芙蓉楼送辛渐》/【唐】王昌龄 《竹里馆》/【唐】王维 《送元二使安西》/【唐】王维 《别董大》/【唐】高适 《秋浦歌》/【唐】李白 《望天门山》/【唐】李白 《闻官军收河南河北》/【唐】杜甫 《赠花卿》/【唐】杜甫 《江南逢李龟年》/【唐】杜甫 《绝句》/【唐】杜甫 《枫桥夜泊》/【唐】张继 《渔歌子》/【唐】张志和 《寒食》/【唐】韩翃 2.国学类： 《宋词》（节选）
四年级	1.古诗类： 《鹿柴》/【唐】王维 《暮江吟》/【唐】白居易 《题西林壁》/【宋】苏轼 《雪梅》/【宋】卢钺 《嫦娥》/【唐】李商隐 《出塞》/【唐】王昌龄 《凉州词》/【唐】王翰 《夏日绝句》/【宋】李清照 《别董大》/【唐】高适 《宿新市徐公店》/【宋】杨万里 《四时田园杂兴》/【宋】范成大 《清平乐·村居》/【宋】辛弃疾 《竹枝词》/【唐】刘禹锡 《蜂》/【唐】罗隐 《独坐敬亭山》/【唐】李白 《芙蓉楼送辛渐》/【唐】王昌龄	1.古诗类： 《商山早行》/【唐】温庭筠 《元日》/【宋】王安石 《梅花》/【宋】王安石 《六月二十七日望湖楼醉书》/【宋】苏轼 《饮湖上初晴后雨》/【宋】苏轼 《惠崇春江晚景》/【宋】苏轼 《滁州西涧》/【唐】韦应物 《乌衣巷》/【唐】刘禹锡 《望洞庭》/【唐】刘禹锡 《赋得古原草送别》/【唐】白居易 《忆江南》/【唐】白居易 《江南春》/【唐】杜牧 《秋夕》/【唐】杜牧 《泊船瓜洲》/【宋】王安石 《示儿》/【宋】陆游

续表

年级	必读篇目	选读篇目
四年级	《墨梅》/【元】王冕 《塞下曲》/【唐】卢纶 《浪淘沙》/【唐】刘禹锡 2.国学类： 《诗经》（节选）	2.国学类： 《元曲》（节选）
五年级	1.古诗类： 《黄鹤楼送孟浩然之广陵》/【唐】李白 《乞巧》/【唐】林杰 《示儿》/【宋】陆游 《题临安邸》/【宋】林升 《己亥杂诗》/【清】龚自珍 《长相思》/【清】纳兰性德 《山居秋暝》/【唐】王维 《枫桥夜泊》/【唐】张继 《渔歌子》/【唐】张志和 《四时田园杂兴》/【宋】范成大 《稚子弄冰》/【宋】杨万里 《村晚》/【宋】雷震 《长歌行》/汉乐府 《鸟鸣涧》/【唐】王维 《凉州词》/【唐】王之涣 《送元二使安西》/【唐】王维 《秋夜将晓出篱门迎凉有感》/【宋】陆游 《蝉》/【唐】虞世南 《寒菊》/【宋】郑思肖 《乡村四月》/【宋】翁卷 2.国学类： 《古人谈读书》 《观书有感》 《自相矛盾》 《杨氏父子》	1.古诗类： 《小石潭记》/【唐】柳宗元 《木兰诗》/【南北朝】乐府民歌 2.国学类： 《史记故事》（古文）
六年级	1.古诗类： 《宿建德江》/【唐】孟浩然 《六月二十七日望湖楼醉书》/【宋】苏轼 《西江月·夜行黄沙道中》/【宋】辛弃疾 《过故人庄》/【唐】孟浩然 《春日》/【宋】朱熹 《回乡偶书》/【唐】贺知章 《浪淘沙》/【唐】刘禹锡	1.古诗类： 《行路难》/【唐】李白 《望月》/【唐】杜甫 2.国学类： 《三十六计》 《庄子》

续表

年级	必读篇目	选读篇目
六年级	《江南春》/【唐】杜牧 《书湖阴先生壁》/【宋】王安石 《寒食》/【唐】韩翃 《十五夜望月》/【唐】王建 《游子吟》/【唐】孟郊 《马诗》/【唐】李贺 《石灰吟》/【明】于谦 《竹石》/【清】郑燮 《春夜喜雨》/【唐】杜甫 《江畔独步寻花》/【唐】杜甫 《早春呈水部张十八员外》/【唐】韩愈 《江上渔者》/【宋】范仲淹 《泊船瓜洲》/【宋】王安石 《游园不值》/【宋】叶绍翁 《卜算子·送鲍浩然之浙东》/【宋】王观 《浣溪沙》/【宋】苏轼 2. 国学类： 《古文观止》 《老子》	
七年级	1. 绣口一吐就是半个盛唐——诗仙李白 《春夜洛城闻笛》《将进酒》《清平调·其一》《望天门山》《峨眉山月歌》《闻王昌龄左迁龙标遥有此寄》《关山月》《行路难》《登金陵凤凰台》 2. 哀民生之多艰——诗圣杜甫 《望岳》《兵车行》《春望》《春夜喜雨》《闻官军收河南河北》《新安吏》《石壕吏》《潼关吏》《新婚别》《垂老别》《无家别》	1. 山水田园派（山水风光、诗情画意） 诗画相生——王维《山居秋暝》《田园乐》《山中》 清旷冲澹——孟浩然《望洞庭湖赠张丞相》《宿建德江》《过故人庄》 2. 边塞诗派（戍边感受、报国思乡） 气势雄伟——岑参《逢入京使》《白雪歌送武判官归京》《武威送刘判官赴碛西行军》 雄浑悲壮——高适《别董大》《塞下曲》《蓟门行》 3. 咏史诗派（咏史怀古、借古讽今） 雄直劲健——刘禹锡《乌衣巷》《西塞山怀古》《石头城》 缠绵迷离——李商隐《锦瑟》《无题》《贾生》 4. 初唐四杰（清新韵致、气象万千） 卢照邻《长安古意》 杨炯《从军行》《出塞》 王勃《滕王阁诗》 骆宾王《途中有怀》《畴昔篇》

续表

年级	必读篇目	选读篇目
八年级	1. 爱恨情愁 《诗经·关雎》《诗经·蒹葭》 2. 友人送别 《送杜少府之任蜀州》/【唐】王勃 3. 生活苦难 《卖炭翁》/【唐】白居易 《茅屋为秋风所破歌》/【唐】杜甫 4. 边塞风情 《雁门太守行》/【唐】李贺 《使至塞上》/【唐】王维 5. 怡情山水 《望洞庭湖赠张丞相》/【唐】孟浩然 《题破山寺后禅院》/【唐】常建 《钱塘湖春行》/【唐】白居易 6. 写景（托物）抒怀 《黄鹤楼送孟浩然之广陵》《渡荆门送别》/【唐】李白 《卜算子·黄州定慧院寓居作》/【宋】苏轼 《饮酒·其五》/【晋】陶渊明 《渔家傲·天接云涛连晓雾》/【宋】李清照 《浣溪沙·一曲新词酒一杯》/【宋】晏殊	1. 爱恨情愁 《诗经·子衿》 2. 友人送别 《送友人》/【唐】李白 3. 生活苦难 《春望》/【唐】杜甫 《诗经·式微》 4. 边塞风情 《白雪歌武判官归京》《塞下曲》/【唐】岑参 5. 怡情山水 《野望》/【唐】王绩 《采桑子·轻舟短棹西湖好》/【宋】欧阳修 《相见欢·金陵城上西楼》/【宋】朱敦儒 《如梦令·常记溪亭日暮》/【宋】李清照 6. 写景（托物）抒怀 《卜算子·咏梅》/【宋】陆游 《庭中有奇树》佚名 《龟虽寿》/【汉】曹操 《赠从弟·其二》/【汉】刘桢 《梁甫行》/【汉】曹植 《赤壁》/【唐】杜牧
九年级	1. 胸怀远大、笑傲人生 《望岳》/【唐】杜甫 《登飞来峰》/【宋】王安石 《渔家傲·天接云涛连晓雾》/【宋】李清照 2. 友人送别、思念故乡 《送杜少府之任蜀州》/【唐】王勃 《次北固山下》/【唐】王湾 《水调歌头·明月几时有》/【宋】苏轼 《天净沙·秋思》/【元】马致远 《闻王昌龄左迁龙标遥有此寄》/【唐】李白 3. 男女恋歌、爱恨情愁 《诗经·蒹葭》 《诗经·关雎》	1. 胸怀远大、笑傲人生 《将进酒》《行路难》/【唐】李白 《观沧海》/【汉】曹操 2. 友人送别、思念故乡 《赠汪伦》《送孟浩然之广陵》/【唐】李白 《九月九日忆山东兄弟》《送元二使安西》/【唐】王维 《别董大》/【唐】高适 《泊船瓜洲》/【宋】王安石 《秋夜将晓出篱门迎凉有感》/【宋】陆游 3. 男女恋歌、爱恨情愁 《南歌子词二首》/【唐】温庭筠 《卜算子·我住长江头》/【宋】李之仪

续表

年级	必读篇目	选读篇目
九年级	《无题·相见时难别亦难》《夜雨寄北》/【唐】李商隐 4. 寄情山水田园、览物抒怀 《黄鹤楼》/【唐】崔颢 《钱塘湖春行》/【唐】白居易 《游山西村》/【宋】陆游 《浣溪沙·一曲新词酒一杯》/【宋】晏殊 5. 远赴边塞、感悟战争 《使至塞上》/【唐】王维 《雁门太守行》/【唐】李贺 《渔家傲·秋思》/【宋】范仲淹 6. 怀才不遇、壮志难酬、心忧天下 《赤壁》《泊秦淮》/【唐】杜牧 《己亥杂诗》/【清】龚自珍 《江城子·密州出猎》/【宋】苏轼	《鹊桥仙·纤云弄巧》/【宋】秦观 4. 寄情山水田园、览物抒怀 《山居秋暝》《鹿柴》/【唐】王维 《早发白帝城》《望庐山瀑布》/【唐】李白 5. 远赴边塞、感悟战争 《出塞》《从军行·其四》/【唐】王昌龄 《前出塞》/【唐】杜甫 《关山月》/【唐】李白 《凉州词·其一》/【唐】王之涣 6. 怀才不遇、壮志难酬、心忧天下 《诉衷情·当年万里觅封侯》/【宋】陆游 《破阵子·为陈同甫赋壮词以寄之》《南乡子·何处望神州》《水龙吟·登建康赏心亭》/【宋】辛弃疾 《小重山》/【宋】岳飞

第二节 古诗文阶梯阅读方法

一、德育助力，家校合作

部编版语文教材总主编温儒敏教授曾说："语文高考最后要实现让15%的人做不完。"语文的重要性不言而喻。新教材中大量增加古诗文，古诗文教学成为语文教学的重点和难点。为了提升学生的语文综合能力，增加积累，语文教师应整合课内外的古诗文素材，培养学生对古诗文的兴趣，让学生能够通过学习古诗文提升语文素养。

在中华5000年浩瀚的历史中，古诗文既像是一颗璀璨的明珠，在文学艺术的星空中熠熠生辉，又像是一股升腾了千年的香气，在文学艺术的长廊上弥漫、缭绕。那一首首动人心弦的古诗文给了我们美好的享受，那一篇篇脍炙人口的佳作给了我们无尽的教益，让我们在吟诵中斗志昂扬。让学生从小诵读古诗文，不仅能拓展他们的知识面，培养对文学的兴趣爱好，打下扎实的文学基础，还能激发学生的爱国情怀，陶冶他们的情操和审美。

低年级诵读的古诗文主要有《古诗八十首》《三字经》《声律启蒙》和宋词。如果只枯燥地背诵，机械地记忆，不仅难记，还容易遗忘。因此我们采取多种形式开展诵读古诗文活动。

（一）争当"国学小老师"，让古诗文积累与德育紧密联系

学生学习古诗文，是离不开现实生活的。语文教材中很多古诗文都与德育紧密联系。比如，《三字经》是中华悠悠5000年的经典之一，承载着一个民族的历史与精神。《三字经》读起来朗朗上口，简明扼要并且与生活密切相关，能够教会一定道理，适合作为启蒙读物。

一年级开学初始，教师把《三字经》分为40个部分，让每一名学生当国学小老师。小老师首先要带着同学们熟读所要讲解的部分，之后讲解大意和讲一个与之相符的故事，最后结合所讲解的故事，全班尝试背诵。教师会把学生当小老师的过程拍成视频，对优秀的小老师在班级进行表扬，以此激发学生的表演欲，提升他们对古诗文的喜爱度，培养他们养成朗诵古诗文的习惯。通过诵读《三字经》，学生们知道孔融让梨的故事后，对待同学也知道谦让了，并且懂得了吃东西的时候不要只顾着自己，要先让给长辈。香九龄温席的故事使他们进一步知道了要孝敬父母，为父母做一些力所能及的事情。传统文化的核心就是德育，受到启发后我们还开展了制作岗位卡的学校、家庭、社会三位一体教育活动。岗位卡上写着在学校、家庭、社会中分别能做哪些力所能及的事情，并贴在书桌上时刻提醒他们自己。这样学生们爱学又记得牢，慢慢地有的学生不仅能背诵下来，还能适当地用在作文中，学以致用，效果显著。

（二）家校合作促成长

在一年级的家长会上，语文教师与家长达成共识，每周让学生背诵2首古诗，一学期背诵40首，虽然这对于刚刚入学的孩子来说任务比较重，但计

划得到了家长的大力支持。家校合作，使家校成为培养学生诵读古诗文的沃土。王力先生曾说过："诗写下来不是为了看的，而是为了吟的。"诗读百遍，其义自明，其情自见，因此朗诵诗歌是古诗文教学有效的方法之一。因此，教师利用早读10分钟的时间，采用多种方式朗读诗文。比如齐读、领读、男女生赛读、师生配合读。丰富的活动方式激发了学生朗读古诗文的兴趣，一个个争先恐后地举手，想当小小领读员，班级学习古诗文的氛围愈发浓烈。在家长的帮助下，给孩子背诵的古诗视频配乐，再发到班级交流群，当学生看到自己的努力有了一个个作品，同时还得到了老师和同学们的表扬，激发了学生的表演欲，提升了他们对古诗文的喜爱度。

二年级学生每周要完成一首宋词和一段《声律启蒙》的背诵。晨读时间都用来诵读古诗文。进行完"国学小老师"活动后，还会给学生一些时间，让他们进行自由读、小组赛读、男女生赛读。多种方式的诵读，让学生沉浸在传统文化的氛围中。学生利用周末和假期的时间，还会进行复习背诵和预习背诵。正是家长的大力支持，学生才能将诵读古诗文的活动持续地进行下去。

古诗文是我国古典文化的精华，持续学习让学生能受到良好的传统文化熏陶和感染，传承中华民族的传统美德，较好地实现古诗文积累与德育育人的紧密联系，让学生既学到文化又学会做人。

二、让诗情行走于意境中

古诗文教学历来是阅读教学的一大难点。由于古诗文内容的时空跨度太大，加之学生的阅历不深，他们很难与诗人心同此情、意同此景。叶圣陶先生曾经说过："诗歌的讲授，重在陶冶性情，扩展意象。"由此可见，古诗文教学，一定要将学生领入诗的意境，体验诗人的情感，让古诗文教学充满诗情画意。

在中国传统文化的长河中，古代诗词犹如一颗璀璨的明珠。它是我们祖先留下的一笔宝贵的精神财富，并以其语言凝练和谐、意境深远含蓄、人文内涵丰富而备受广大师生的关注。但不可否认的是，古诗文一直以来都是语文教学的难点。小学生难以读懂古诗文大致有这样几个原因：一是古诗文写作时代久远，寄寓的是古人的思想感情，有的还有典故，与今日学生的视域和生活经验落差大；二是词句凝练，思维跳跃，与学生的思维和言语习惯距离远。于是，有的教师往往把教学重点落在让学生读懂诗词意思上，以为诗词意思明白了又能把它背出来，教学目的也就达成了。如果把理解意思作为教学重点和终点，那古诗文教学就失之偏颇，教学方向就有所偏移了。古诗文教学不应止于理解（大致理解），而要把重点落在感知意境上。

什么是意境，近代著名学者王国维在《人间词话》中写道："词以境界为最上。有境界则自成高格，自有名句。"王国维所称的境界就是意境。意境既有优美的自然景色，发人深思的情感，还包含着一种社会生活的经验和人生的哲理。它是人们在艺术审美活动中感受、领悟到的情景交融的艺术境界。所谓"意"，就是"抒情言志"，指诗词内在的思想和感情；所谓"境"，就是"诗中有画"，指诗词描绘的景物。"意"和"境"融合一体，和谐一致，意味深长，让人感受到意境，产生艺术吸引力和感染力。中国古诗文注重意境美，引导学生感受意境是语文教学审美教育的重要内容。如果教师进行过多的分析讲解，反而会让一些脍炙人口的传世佳作失去了它原有的光彩和神韵。因此，要提高学生感知意境的能力，我们应改变诗歌教学的观念和方法，从平常的课堂教学入手，从具体特点出发，探讨古诗教学的内在规律，寻求古诗教学的最佳路径，下面就如何在古诗文中引导学生领悟、感受意境进行粗浅的探讨。

（一）自读感知，走近诗境

古诗文的语音和谐，读起来朗朗上口，富有鲜明的节奏感、韵律感和音乐美。一般来说，一首诗的声情（由音乐传达出来的感情）和文情（由文辞的意义传达出来的感情）总是和谐统一的。所以古人读诗很讲究吟诵，就是要从音乐的角度去体会诗歌的内容和诗人的思想感情。语言的音乐性在默读中是体现不出来的，必须诵读，而且要反复地诵读。在诗歌教学中，充分让学生自读是第一步，也是"诗情画意，情景交融"的前提。

随着新课标的颁布，课文里出现的古诗相对以前的教材来说不但数量有所增加，难度也有所加大。那么对小学生来说，初读古诗的最基本要求就是读得通顺、读出节奏。正如朱熹说的：读书"须要读得字字响亮，不可误一字，不可少一字，不可多一字，不可倒一字，不可牵强暗记"。在教学《长相思》这首词时，老师应有层次地指导学生学会初读重点突出的词、生字和多音字，如"榆关""聒碎""更"等，读准字音后，要求学生尽量用最快的速度读词，促使读流利。适时为学生示范，为他们提供一个感性的目标，促使学生主动追寻朗读的方法，初步感受诗歌中的感情。当然这肯定是一种朦朦胧胧的情感和意境，而朦胧正是"美"的开始。接着，放手让学生自读，同桌互读（会读的教不会读的/都会读的比比谁读得最有感情）、指名读、师生接力读……在多种方式的朗读中感悟诗意，而没有作过多的讲解，"书读百遍，其义自见"。在朗读中初步感受词的意思，实现整体感知。

（二）品词悟情，内化诗境

眼睛是最能传神的器官，因而被称为心灵的窗户。人有眼，诗词也有眼。刘熙载在《艺概·词曲概》中说："眼乃神光所聚。"指出了诗眼的含义，认为眼是全篇题旨之核心，神光之透镜。也就是说，"诗眼是一首诗或一句诗中最精彩最关键的词句"。我们在欣赏古诗文时，如能抓住诗眼，由此切入，往往能收到"牵一发而动全身"之功效，有助于理解全诗的立意。在《泊船瓜洲》这一名篇中，王安石对"春风又绿江南岸"一句前后修改了十余次，最后才定为"绿"字。这个"绿"字确实传神，把色彩鲜明、春意盎然的江南春色，活鲜鲜地呈现在我们面前，让我们感受到春到江南、万象一新的情景。就这首诗来说，"绿"作为诗眼几乎是无可争议的，因为其妙在形象、妙在意味、妙在理趣、妙在韵致。虽然这些妙处或许课文上也有注释，或许课外书上也有赏评，但学生对此最多只能浅表理解而无法深层内化。在教学中便可引导学生对这个"绿"作了细细的品味揣摩。

师： 同学们，这首诗中的"绿"字用得特别妙，据说作者最早不是用"绿"，而是用另外的一个字，猜猜是哪一个字。

生： "到""过""入""满"等十来个字。

师： 可他最终定下"绿"字。这个"绿"字到底好在哪里？我们一个一个放到原句试试,先把"到"摆进去读一读。

生:(齐读)春风又到江南岸。

师:你们觉得怎么样?

生:"到"字体现不出春天来了,江南的变化。

生:我觉得不太好,因为用"到"体现不出春风的动感,与夏、秋、冬没有区别,只说明春风来了而已。

生:"过"字不好,只写出了春风的动态,但没写出江南的景色来。

师:再把"绿"摆进去读一读。

生:(齐读)春风又绿江南岸。

师:经过对比,"绿"字好在哪里呢?

生:我觉得"绿"表现出了江南春天的勃勃生机。

生:还增添了诗情画意。

师:通过"绿",你们仿佛看到了什么风景?

生:我仿佛看到了江南小草发芽了,一片绿色。

师:继续说。

生:我看到了一片桃红柳绿,万紫千红。

师:一个"绿"字,让我们产生了丰富的联想,色彩、美感、春意、生机等意境都呈现在我们面前,一个字令全诗生辉。用这个"绿"字,也让《泊船瓜洲》成为千古绝唱,王安石这个改字、炼字也就成了佳话。

引导学生反复推敲研磨"绿"字之妙,让其在潜心涵泳中"直觉天成铸语感"。而这"一抹绿意江南春"的教学场景,也叫人不由得想起宋代词人张孝祥《念奴娇·过洞庭》中的名句:"悠然心会,妙处难与君说。"

《艺概·词曲概》指出,诗眼"有通体之眼,有数句之眼",将诗眼分出了两种类型:句之眼和篇之眼。句之眼就是诗人着力锤炼的那个字。这些字能帮助我们体会诗情,而且学生也不难理解。篇之眼就是全篇最为传神的诗句或字词。例如,教学苏轼的《题西林壁》时,就应让学生深刻体味充满智慧的"不识庐山真面目,只缘身在此山中"两句诗,它们是全诗的诗眼。我们从这两句诗知道作者不仅仅写的是看山,不单单指的只是庐山这一座山。

普天下的山山岭岭，哪一座不是看山角度不同，山势互不一样？宇宙间万事万物，又何尝不是立脚之点有别，观察结果各殊呢！对于一切事情，如果隐在它的圈子里面，就会不见全局，不明真相。只有客观地研究它的各个方面，才能取得正确的认识。这就是一句格言所说："当局者迷，旁观者清"，正是本诗的主题所在，真可谓"画龙点睛"。

可见，欣赏古诗文时抓住诗眼，确能收到事半功倍的效果。很好地理解了诗眼，对全诗的理解也就掌握了中心。而且诗眼往往都是"明眸皓目"，我们还能从中得到美好的艺术享受。

（三）发挥想象，拓展诗境

每当我们吟诵古诗中的许多名篇名句时，总觉得有无穷的意境，如画般的真切，这就是苏轼的《书摩诘蓝田烟雨图》中讲的"味摩诘之诗，诗中有画；观摩诘之画，画中有诗"。"诗中有画"这四个字便常常被人用作写景诗章的赞词。可是，古诗是诗人高度的提炼，是通过想象写成的，其意境并不是伸手可以摸着、抬头就可以看见的。这就需要我们发挥想象，唤醒独特的生活体验，把诗与画联系在一起，诗画合一，在脑海里展现出与作品相应的画面，由景入情，才能更好地领略诗中的意境。

心理学研究告诉我们，"想象包括再造性想象和创造性想象"。所以，我们可以把古诗教学中的想象分为重现画面和再创画面两个层次。

1. 重现画面

再造想象是创造想象的前提。在古诗文教学中，再造想象的结果就是诗词画面的重现，是诗歌创造的意象和意境在欣赏者心中的映现。一般情况下，我们可以根据诗人的形象描绘在头脑中再现诗词画面。例如，读北朝民歌《敕勒歌》"敕勒川，阴山下，天似穹庐，笼盖四野。天苍苍，野茫茫，风吹草低见牛羊"时，我们的脑海里会浮现出一幅古代西北草原牧区的美丽图景：在蓝蓝的天空下面，是茫茫的大草原，清风吹动茂密的牧草，露出淹没在草海深处的牛羊……这就是再造想象的结果。除此以外，根据古代诗画合一的艺术原则，在教学中，我们还可以利用图画来引导学生通过联想重现画面。例如，教学白居易的《暮江吟》一诗时，我是这样启发学生想象悟情的。

师：欣赏诗歌重要的是能够进入诗的意境，体会诗人的感情。（范读）

师：你们听后能不能理解诗人的感情？知道诗人是在什么地方、什么时间吟这首诗的？

生：在江边。

生：傍晚到夜里在江边吟的。

师：说得好。一个秋天的傍晚，只见夕阳、江水，这些美丽的图画你想象到了吗？（自由说或指名说）

师：请一位同学上来模仿诗人，把看到的美景说一说。

（指名读，师相机指导）

师：景色这么美，你看到后会说什么？

生发挥想象回答。

用简笔画把学生带入当时当地的氛围中，同时用音乐渲染情境。此时，教师用语言加以描述，帮助学生再现当时的景色，体会诗人的情感，也可以用表演进一步体会情境。这样加深学生对诗句的理解，培养学生的想象力和语言表达能力，陶冶学生的审美情趣。

2. 再创画面

再创画面就是指我们在进行古诗文鉴赏时运用创造想象对作品进行再创造，进入深层意境，重新构筑画面。这种对诗情诗境的映现，融进了欣赏者的主观成分，不是依据诗人现成的描述再现已经存在的画面，而是根据生活提供的素材，在头脑中独立地创造出前所未有的新形象、新画面。比如，我们欣赏《敕勒歌》时，除了可以看到蓝天、白云、牧草、牛羊，通过联想再创画面，我们还可以看到蒙古包、牧民，仿佛还能听到羊咩、犬吠和悠扬的牧笛声，在清风吹拂下，牛羊时隐时现，这对"风吹草低见牛羊"的动态美感也能感受得更深刻。再比如，我们在欣赏李白《黄鹤楼送孟浩然之广陵》时，"孤帆远影碧空尽，唯见长江天际流"完全是写景，这景物就像一组电影特写镜头：载着故人的帆船渐渐远去，最后在地平线上消失了，剩下的"唯有长江水，无语东流"，但是我们可以联想到诗句之外的画面：诗人在"孤帆远影碧空尽"以后，依然站在黄鹤楼边的江堤上远眺"唯见长江天际流"，久久不愿离开。我们通过再创画面，更深刻地体会到了诗人对老朋友依依难舍的深厚情谊，这就是诗句的言外之意。在教学中，我是这样借助诗境，训练说写的：孟浩然是李白的老师、兄长、朋友。往日，他们在生活上相互照顾，在学业上相互帮助，情投意合，感情深厚。此刻，他们就要在黄鹤楼前分别，不知什么时候才能相见，分别的情景一定非常感人，同学们想象一下，他们会说些什么，做些什么，会是什么样的表情。我们分角色表演一下当时的情景！要演戏先要有剧本，请同学们以学习小组为单位，集体合作为这段情景的表演，写一个剧本，剧本要交代清楚事情发生的时间、环境、人们的动作、语言、表情。

在教师的引导下，学生充分发挥他们的创造性想象力，编出了故事剧本《黄鹤楼送孟浩然之广陵》。

在阳光灿烂、草长莺飞的三月，大地呈现一片生机，各色鲜艳的花散发出淡淡的清香。在柔和的阳光中，两个人在小路上默默地走着。他们是李白和孟浩然。孟浩然就要到扬州去了，两人依依不舍。

李白提议说："我们去黄鹤楼饮酒作诗吧！"孟浩然高兴地同意了，他们带着酒来到了黄鹤楼上。

他们边喝酒边谈心，李白说："孟兄，你去了扬州之后，还会记得我吗？"

孟浩然答道："当然会了，有这么好的兄弟，我怎么能轻易忘记呢！"

"那就好，我们就痛饮一百回吧！今天就不醉不归了。"李白愉快地回应。不久，他们都沉醉在梦乡里了。过了一会儿，孟浩然忽然醒来，想到了今天是他要走的日子，就告别了李白："李兄，我要走了，你多保重，后会有期了。"

李白道，"别说了，再过两个礼拜我也会去的，那时你一定要请我吃大餐。"

孟浩然依依不舍地说，"一定一定，那……我就走了。"

就这样，两位好友告别了。孟浩然的小船已经消失在天空尽头，李白还在呆呆地看着，这可以看出他们俩之间的情谊有多么深啊！

想象画面是阅读文学作品、进入作品意境的必由之路，也是古诗文教学的重要环节。为了让学生感受古诗的"诗中有画"的特点，在多次诵读的基础上，教师应重点引导学生借助诗句想象画面，用自己的话把心中所想象的画面描述出来。学生脑中有画、心中有情，自然就有了表达的欲望。这时候的表达是学生原生态童心世界的展现，是学生心灵之泉的淙淙流淌。这一过程是学生与诗（词）人心灵对话、受情感浸润与洗礼、拓展精神空间的过程，是思接千载、视通万里、发展形象思维的过程，也是享受审美愉悦与表达感悟的言语训练过程。

（四）吟诵成韵，感悟诗境

诗的意境的感知与体悟是建立在朗诵基础上的。如果满足于课堂伊始的几遍初读，那是不够的。叶圣陶先生说："熟读名文，就是在不知不觉之中追求语言的完美。朗诵的工夫，无论对语体还是对文言教学都很重要，仅仅讨论，只是知识方面的事情，朗诵却可以养成习惯，使语言不期而然近于完美。"的确，古诗文教学的过程主线是诵读，由读正确、读通顺到读流利，由读得有节奏、有韵味到读得情意浓浓、浮想联翩。在诵读和吟咏中，要感受诗词的节奏美、韵律美、意境美，追求古人创作时的吟咏效果，寻求与古人的情感契合和精神对话。所以学生在被诗词的意境感染陶醉以后，教学不应戛然而止，要再回到诵读上来。现在以小学语文古诗文《忆江南》为例。白居易这首《忆江南》从写成到流传至今，已有1000多年的历史，这首词言简意赅，要用十几个字来概括江南春景，实属不易，白居易却巧妙地做到了。他没有从描写江南惯用的"花""莺"着手，而是别出心裁地从以"江"为中心下笔，又通过"红胜火"和"绿如蓝"，异色相衬，展现了鲜艳夺目的江南春景。那红如火的春花、蓝如宝石的春水，唤起学生对江南湖光山色的向往。教学这首古词的重点是引导学生感受词中描绘的美好景致。在学生自读感知、感悟诗情后，教师可以引导学生展开想象，在头脑中形成画面，把想象的景象用画笔描绘下来，最后指导学生带着这样的想象进行美读。教师先示范读这首词，一边读一边在词上标出重音，以启发学生把握读词的基调。教师问："江南湖光山色如此的美，我们应用怎样的语调来传达作者的赞美之情呢？"

学生讨论后得出结论：语调稍高，感情充沛。最后投影，配以名曲《春江花月夜》，展示江南风光。请学生融入情境美读这首词并鼓励学生适当配合身体语言。指名读，其他同学给予评价，看看美读的这位同学是否做到感情饱满，是否身体语言配合得自然，是否达到了忘我的境界。就在这反复吟咏中，学生陶冶了性情，激活了情感，荡涤了心灵，领略了古诗文的无穷魅力，提高了自己的欣赏品位和审美情趣。

（适用于三四年级，作者为王霞）

三、以诗引诗，深入意境

中国古诗包罗万象：人伦情义、家国荣辱、玄思哲理、山水田园……无所不有，这些都是先贤的智慧结晶、经验总结、情感的沉淀，历经时间的洗涤永不磨灭，熠熠生辉。中国古诗虽是珍品，但选入课本的毕竟有限。以诗引诗，拓展阅读古诗词的空间，是让学生深化意境的好方法。

所谓"以诗引诗"，就是指在学习课本古诗词的同时，引入同类的古诗词。例如，我们在教学山水田园诗《鹿柴》后，引入同类古诗《村居》《宿新市徐公店》《江畔独步寻花》等，学生在似曾相识的诗句中，再次体会乡村生活的诗情画意。又如，在教学送别诗《赠汪伦》后，引入了《别董大》《送元二使安西》《黄鹤楼送孟浩然之广陵》等，学生在吟诵诗句中，深刻体会友人间的真挚情感，依依惜别的深情。一首古诗或许不起眼，但久而久之，日积月累，便是一个可观的数目。学生多背诵一些优美诗文，语文的底气就足了。有了底气，才有灵气，这对他们的一生都将很有益处。

"书田菽粟皆真味，心地芝兰有异香。"实践证明，少年时期文化启蒙将决定人一生的精神价值取向，而古诗词，长久以来滋养了无数读书郎，对他们的心灵、情感的熏陶与升华，个性、人格的健全发展起到了不可替代的作用。所以，在古诗词教学中，教师要搭建一座通向古诗意境的桥梁，让学生在学习古诗词的过程中感受中华语言的优美，传承博大精深的中华文化，从而培养他们学习古诗词的兴趣，全面提高他们的语文素养和人文素养。

（一）画面展示意境法

别林斯基说："诗歌不能容忍无形态的，光秃秃的抽象概念必须体现在生动而美妙的形象中，思想渗透于形象，如同亮光渗透多面体的水晶一样。"这正是中国历代诗人、词人追求的艺术境界，一首首好诗、好词创造了我国古诗词一个重要特色，就是"诗中有画"，即使是很富有哲理的诗，也是思想包盈于形象之中，智慧闪烁于形象之上。如果教师能将抽象、凝练的语言与具体、形象的实物联系起来，将古诗中的"形象"化为可作用于视觉的一幅幅栩栩如生的画面，那么教学往往会收到事半功倍的效果。

例如，白居易《钱塘湖春行》是一首描绘初春景色的诗。如果仅从字面上分析理解，学生的学习兴趣不浓，即使背诵下来，也很难体会到美感。教学这首诗时，我们充分利用现代化的教学手段，先用多媒体放一段有古筝伴奏的诗文朗读，接着用投影仪放上一段事先剪辑好的春意盎然的美丽图画：那翠绿的青山、如茵的绿草、荡漾的碧波、烂漫的春花，莺歌燕舞、马蹄轻快、牧笛悠扬。这使学生身处早春的氛围之中，从直观形象的教学形式中感到春意绵绵、春光无限。然后再让学生随录音朗读诗文，加深对古诗的理解。这时进行朗读和说话等语文素养训练，容易充分到位，教学效果良好。在这样的课堂中，学生伴随着春意盎然的画面，主动参与，兴趣盎然。

（二）音乐感受意境法

音乐是开启人感情闸门的钥匙。有不少古诗词本身就是广为流传的千古绝唱，诗与音乐有着密不可分的天然联系。在教学中，把复杂多变的情感与悦耳动听的音乐沟通起来，尽可能地将古诗中的"情"化为可作用于听觉的旋律，有利于学生披文入境，感受语言文字的精妙。例如，在教学李白《渡荆门送别》时，我们选用了与诗意相协调的古筝音乐《送别》，那舒缓、悠扬的旋律拨动了学生的心弦，唤起了学生丰富的想象，使他们如闻其声、如见其物、如临其境。那深情的乐曲很自然地将学生带入1000多年前的长江之滨。

（适用于五六年级，作者为王霞、谢增丽）

四、从背诵走向深入感知和理解

谈到古诗词,每一名学生都不会感到陌生,他们从一年级开始就进行了古诗词的学习和背诵。特别是近年来,随着传统文化学习的深化,在中小学教育中加强了中华优秀传统文化的学习,古诗词就是其中之一。从小学升入初中,尽管学生之间在诗词积累量上呈现出不均衡的状况,但是古诗词积累量还是有一些的。进入初中,我们要让学生从基础的背诵,走向深入的感知和理解,这就需要在阅读上适当地进行指导。部编本语文教材在古诗词的选取上,基本按照其单元主题进行归类,初中一年级上学期收录了14首,初中一年级下学期收录了15首。除此之外,我们依托本部的校本教材,结合学生实际,挑选了一部分必读必背的古诗词,以及选读的古诗词,增加学生的阅读积累量。在阅读上,主要通过以下方式,帮助学生理解,培养他们初步的鉴赏能力。

(一)知人方能论事

"知人论世"最早见于《孟子·万章下》。孟子这里所谓的"知人论世",本义是指"交友之道"。后经文论家的发展,"知人论世"成为一种论文的方法,即"知人论世法",是一种要理解文本必须先了解作者为人及其所处时代的论文方法。我们在语文课堂上,要有意识地加以引导,通过持续的背景简介,帮助学生建构文学史的框架,这样学生就会在文学常识积累中逐渐拥有高瞻远瞩、触类旁通的文学鉴赏智慧和能力。

比如,我们在学习杜甫的《望岳》一诗时,很多同学在体会感情时,不能很好地把握,这时候,如果教师将作者的创作背景进行说明和讲解,那么效果就会好很多了。

《望岳》作于杜甫大约25岁"游齐赵"时,当时他襟怀浩荡,眼界空阔,一落笔即云:"岱宗夫如何,齐鲁青未了。"被后人称为是"神助之句"。"造化钟神秀,阴阳割昏晓",二语奇峭。而"荡胸生层云,决眦入归鸟"两句写尽了望岳的真切感受,蕴藏着诗人对祖国河山的热爱和赞美之情。最后两句"会当凌绝顶,一览众山小",身在岳麓而神至岳巅,写得有力如虎,遒劲峭拔。虽没有"登峰造极"而泰山的真形已尽落眼底。这是他青年时面对自然的风度,站在山上,何其洒脱!了解了这种创作的背景,那么在体会感情时,学生自然会将关注的要点,放在"荡胸生层云,决眦入归鸟"和"会当凌绝顶,一览众山小"两句之中,从景色的开阔到视野的开阔,杜甫向往登上绝顶的壮志也就一目了然了。表现了他敢于进取、积极向上的人生态度。

因此,在古诗词的阅读中,"知人"是指鉴赏作品时必须了解作者的身世、经历、思想状况及写作动机等信息。"论世"是指联系作者所处的时代特征去考察作品的内容。分析理解和评价诗歌,必须将诗歌产生的时代背景、历史条件以及作家的生平遭际等与作品联系起来。

(二)启发想象,领悟诗词之美

古诗词把色彩美、画面美、意境美与艺术妙笔融为一体,有着特殊的审美功能,学生从中受到美的熏陶。"诗中有画""诗中有情""诗中有理",既闪耀着美的光彩,又给人以深刻的启迪;既抓住"亦画、亦情、亦理"的特点,又引发学生的思想情操受到美的陶冶和升华。但是初中一年级学生,毕竟在欣赏水平上有限,他们有时无法通过阅读体会诗歌的美感,这时候,适当的方法引导就十分必要了。我们在阅读古诗词时,对一些画面感比较强的诗词,可以让学生根据内容,为其配图。在配图的过程中,学生势必在自己的脑中有了对于整首诗或者某几句诗的整体感知,那么在内容的理解上就会清晰很多。同时,既然是配图,整个画面的呈现,就会说明他们对于诗歌整体意境有把握,这对于他们分析作者情感大有益处。

在教学王湾《次北固山下》时,我们曾经让学生为其中的"潮平两岸阔,风正一帆悬"进行配图。学生画得很认真,但是最终画出来的图有着很大的差别,特别是在湖水和船的状态上,大家都是按照自己的理解完成绘画的,很多人对于"两岸阔"和"风正"两个词的认识有偏差。于是,我们就通过学生的图画,让他们解释诗歌中这两句话的具体含义,当他们理解具体含义之后,很快就能从"春潮涌涨,江水浩渺,放眼望去,水面显得更宽阔无边,江面似乎与岸平齐,顺风吹来,一叶行船高高挂着船帆"的内容分析中,找到画中出现的问题并加以修改。而这个过程,学生的印象往往是深刻的。

"诗是动的画，画是动的诗"，古诗里面有许多写景的联句，展现的画面之美令人陶醉。读古诗，脑海里能描绘出形象鲜明的画面，光影流动，动静参差，那才能说感受到了美，才能叫欣赏。描绘画面，对学生的想象能力、描述能力、审美能力都有要求。在这个过程中，我们训练的是学生的全面能力。

（三）学会从具体事物分析作者感情

提到古诗的阅读欣赏，就不能不提诗歌中的意象。所谓意象，就是客观物象经过创作主体独特的情感活动而创造出来的一种艺术形象。简单地说，意象就是寓"意"之"象"，就是用来寄托主观情思的客观物象。在比较文学中，所谓"意象"，简单说来，可以说就是主观的"意"和客观的"象"的结合，也就是融入诗人思想感情的"物象"，是赋有某种特殊含义和文学意味的具体形象，也就是借物抒情。这个概念对于初中一年级学生来说是比较难理解的，所以我们往往不会在一开始的阅读中就让学生学会意象这个词，而是先从物象开始，帮助他们一步步理解。

物象就是诗中出现的具体事物，学生很容易在古诗中将其找出。有了具体的事物，就可以让学生在脑海中想象这些事物可以组合成的画面，他们就会有基本的意境感知——画面呈现的是积极而喜悦的，还是消极而深沉的。有了这种基本认识，学生就会对作者的基本感情有了大概的解读。通过这一条线的串联，诗歌鉴赏的基本方法就介绍给了学生。

当然，在学生不断的阅读和积累中，他们就会发现，有些具体物象在古诗中出现的频率特别的高，比如"月""酒""菊""雁""柳"等，再联系不同诗歌表达的感情，很快就能分析出具体事物代表的具体含义，其象征意义也就在这个过程中凸显出来了。

（四）关注题目中的隐含信息

读书也好，读文也罢，我们接触一篇文学作品，都是从题目开始的，古诗也不例外。我们的学生在阅读古诗时，往往更多地关注诗歌内容的朗读和背诵，题目并不在他们关心的范畴之内。其实，有些古诗文题目有很重要的隐含信息。告诉我们的孩子，读懂题目，对你来说，大有意义。

比如，我们在教学《闻王昌龄左迁龙标遥有此寄》一诗时，题目就告诉我们很多的信息。闻是"听说"的意思，王昌龄系李白好友，左迁即被贬官，遥即距离远。通过对题目的梳理，我们明确地感知到作者李白的创作心情，无疑是忧愁的。透过题目，我们在阅读诗歌时，就游刃有余了。当然，这样的例子还有很多。

古诗文的阅读，是语文教学中的一个重要环节，也是九年一贯制阶梯阅读中常抓不懈的关键点。我们在初步的尝试中，不断探索更好的阅读鉴赏之路，帮助学生更好地理解背诵，帮助他们更近距离地接触中华优秀传统文化。

（适用于七八年级，作者为陈玉艳）

五、鉴赏诗歌形象，感悟诗人情怀

随着近几年中考古诗词阅读题目的增加，这部分内容的深入学习已经成为初中语文教学的重要组成部分。把握诗歌形象特征又是准确感悟诗人情怀的必要步骤。这里的形象主要包括景物形象、人物形象。诗歌的形象倾注了诗人的思想感情，因此，只有真正了解了诗歌的形象，才能深入领会诗人思想感情。

（一）鉴赏诗歌的意象

诗歌往往借助客观事物形象来表现诗人的主观感情。客观事物形象，不仅是现实生活中的事物，更是含有"意"的形象，也就是"意象"。意象是诗人情感显现的载体。

1. 抓景物特点，探知诗人的感情

山居秋暝

【唐】王维

空山新雨后，天气晚来秋。
明月松间照，清泉石上流。

竹喧归浣女，莲动下渔舟。

随意春芳歇，王孙自可留。

【析】这是一首山水名篇。首联，初秋傍晚，山雨初霁，空气清新，景色美妙。颔联，天色已暝，却有皓月当空；群芳已谢，却有青松如盖。山泉清洌，淙淙流泻于山石之上，有如一条洁白如瑕的素练，在月光下闪闪发光，多么幽清明净的自然美。颈联，竹林里传来一阵歌声笑语，那是一些天真无邪的姑娘洗罢衣服笑逐着回来；亭亭玉立的荷叶纷纷向两旁披分，掀翻了无数珍珠般晶莹的水珠，那是顺流而来的渔舟划破了荷塘月色的宁静。诗人极力渲染一幅纯洁美好的图景，反映了诗人过安静淳朴生活的理想，同时也从反面衬托出他对污浊官场的厌恶。诗人以自然美来表现人格美和一种理想中的社会美。诗人选择了"新雨""明月""清泉""竹喧""莲动"等积极的意象。

2. 品析意境，探知诗人的感情

"意"就是指作者的主观感情，"境"是指作者创设的生活图景，主要由景物构成。"意境"就是将作者的思想感情和生活场景融合在一起塑造的耐人寻味的艺术境界。"一切景语皆情语"，在古代诗歌中，诗人常把要抒发的情感寄寓于所描写的景物之中，即人们常说的融情于景、借景抒情。

在意境的创设上，画面或雄浑壮丽，如"大漠孤烟直，长河落日圆"；或清幽明净，如"明月松间照，清泉石上流"；或沉郁孤愁，如"野旷天低树，江清月近人"；或和谐静谧，如"渡头余落日，墟里上孤烟"；或开阔苍凉，如"千嶂里，长烟落日孤城闭"；或高远辽阔，如"落霞与孤鹜齐飞，秋水共长天一色"。

《饮酒》

【东晋】陶渊明

结庐在人境，而无车马喧。

问君何能尔？心远地自偏。

采菊东篱下，悠然见南山。

山气日夕佳，飞鸟相与还。

此中有真意，欲辨已忘言。

【析】这首诗的意境可分为两层：前四句为一层，写诗人摆脱世俗烦恼后的感受；后六句为一层，写南山的美好晚景和诗人从中获得的无限乐趣，表现了诗人热爱田园生活的真情和高洁人格。尤其是"采菊东篱下，悠然见南山"一句，描写了诗人在自己的庭园中随意地采摘菊花，偶然间抬起头来，目光恰与南山相会。"悠然见南山"，既可解为"悠然地见到南山"，又可解为"见到悠然的南山"。所以，这"悠然"不仅属于人，也属于山，人闲逸而自在，山静穆而高远。在那一刻，似乎有共同的旋律从人心和山峰中一起奏出，融为一支轻盈的乐曲。"悠然"写出了作者那种恬淡闲适、对生活无所求的心境。"采菊"这一动作不是一般的动作，它包含着诗人超脱尘世、热爱自然的情趣。"采菊"的意境也由此深入人心。

3. 透过表面意义，挖掘深层含义

古代诗词常是感情深沉、含蓄不露、富有哲理的，在表面意义之下，还可以挖掘到其深层含义，这正是作者要表达的主题。

《登飞来峰》

【宋】王安石

飞来山上千寻塔，

闻说鸡鸣见日升。

不畏浮云遮望眼，

自缘身在最高层。

【析】这首诗写于宋仁宗皇祐二年，当时王安石32岁，年富力强，雄心勃勃。他已由鄞县县令改任舒州通判。此诗反映了诗人为实现自己的政治抱负而勇往直前、无所畏惧的进取精神。此诗构思奇特，选择角度新颖，借景抒情，寄意深沉，可谓言简意赅，豪壮洒脱。"飞来山上千寻塔，闻说鸡鸣见日升"，意思是说，我登上了飞来峰上的高塔，听人说清晨鸡鸣时从这儿能看到太阳升起。这两句描写立足点之高，为接下来的议论抒情做好铺垫。"不畏浮云遮望眼，自缘身在最高层。"不怕浮云层层遮蔽视野，是因为我登高望远、心胸开阔。这两句是借景抒情，阐发哲理。"浮云"，比喻当时的保守势力。"不畏"二字，道出了"身在最高层"的独特感受，表现了诗人敢于斗争、

敢于胜利的坚强信念。该诗在描写景物中，含有深刻的理趣。诗人没有记叙登山的过程，也没有细写山中之景，而是一开始就把自己置于山上"千寻塔"的最高层，抒写心中的感受。全诗四句二十八字，包含的思想内容极其丰富，寓抽象义理于具体事物之中，作者的政治抱负和对前途充满信心的神情状态，都得到了充分反映。

（二）鉴赏诗歌中的物象

物象，是指诗人借助具有某种特定内涵的事物来表明自己的心迹或某种情感。如咏物抒情诗，就是这一类的代表。

1. 抓物象的特点

抓住物象组合所体现的特征，分析寓于景物形象中的思想感情，需要关注诗歌的有效信息——题目、点题句、作者、注释、表达感情的最重要的语句，找到理解的切入点。

次北固山下

【唐】王湾

客路青山外，行舟绿水前。

潮平两岸阔，风正一帆悬。

海日生残夜，江春入旧年。

乡书何处达，归雁洛阳边。

【析】从题目看，"次"为驻扎、停泊的意思。"客"为诗人。第一句点题，联系诗人生平，可推知洛阳是故乡。"客路"，即自己要走的旅途，"行舟""乡书""归雁"这些意象表达了身在江南旅途，而神思在洛阳故里，表现了诗人思念亲人的感情。

2. 抓物与志的"契合点"，挖掘物象内在的品格、精神

卜算子·咏梅

【宋】陆游

驿外断桥边，寂寞开无主。已是黄昏独自愁，更著风和雨。

无意苦争春，一任群芳妒。零落成泥碾作尘，只有香如故。

【析】这首《卜算子》以清新的情调写出了傲然不屈的梅花，暗喻了自己的坚贞不屈，笔致细腻，意味深隽，是咏梅词中的绝唱。上阕状物写景，描绘了风雨中独自绽放的梅花。梅花长在偏僻的"驿外断桥边"，"寂寞开无主"，它不是由人精心栽种的，它寂寞地开放着。"已是黄昏独自愁，更著风和雨"，在这样的暮色黄昏中，独自挺立开放的梅花难免会有着孤苦无依的愁苦，更何况环境如此恶劣，风雨交加，备受摧残。这实在令人深深叹息。下阕抒情，主要抒写梅花的两种美德。"无意苦争春，一任群芳妒"，它的美德是朴实无华，不慕虚荣，在寒冬中孤傲挺立开放，它的与世无争使它胸怀坦荡，一任群花自去嫉妒！"零落成泥碾作尘，只有香如故"，它的另一美德是志节高尚，操守如故，就算沦落到化泥作尘的地步，还香气依旧。这几句词意味深长。作者作此词时，正因力主对金用兵而受贬，因此他以"群花"喻当时官场中卑下的小人，而以梅花自喻，表达了虽历尽艰辛，也不会趋炎附势，而只会坚守节操的决心。

3. 抓物象的特殊内涵

在中国古代诗歌中，诗人常用一些特定的事物来表达主题思想及感情。这些事物在漫长的历史进程中被诗人赋予了某种特定的内涵。分析古代诗歌可以从这些事物的特有内涵入手。

①以冰雪的晶莹比喻心志的忠贞、品格的高尚。唐代王昌龄《芙蓉楼送辛渐》："洛阳亲友如相问，一片冰心在玉壶。"我的心像晶莹的玉壶的冰一样高洁如故。"冰心"高洁的心性，古人用"清如玉壶冰"比喻一个人光明磊落的心性。

②对月思亲，引发离愁别绪、思乡之愁。唐代李白《静夜思》："举头望明月，低头思故乡。"作者望月思乡异常感伤。南唐李煜《虞美人》："小楼昨夜又东风，故国不堪回首月明中。"作者望月思故国，表现了亡国之君特有的伤痛。

③以折柳表示惜别。"柳"是"留"的谐音，折柳有相留之意。古人有折柳送别的习俗。柳永《雨霖铃》："今宵酒醒何处，杨柳岸，晓风残月。"作者

用"柳"来表达别离的伤感之情。

④以草木繁盛反衬荒凉，以抒发盛衰兴亡的感慨。姜夔《扬州慢》："过春风十里，尽荠麦青青。"作者描写了春风十里，十分繁华的扬州路，如今长满了青青荠麦，一片荒凉了。此句用野草、麦子的繁盛反衬如今的荒凉。杜甫《蜀相》："映阶碧草自春色，隔叶黄鹂空好音。"一代贤相及他的功绩都已消失，如今只有映绿石阶的青草，年年自生春色，黄鹂白白发出这婉转美妙的叫声，诗人慨叹往事空茫，深表惋惜。刘禹锡《乌衣巷》："朱雀桥边野草花，乌衣巷口夕阳斜。"朱雀桥边昔日的繁华已荡然无存，桥边已长满杂草野花，乌衣巷已失去了昔日的富丽堂皇，夕阳映照着破败凄凉的巷口。

（三）鉴赏诗歌中的人物形象

1. 知人论世，关注背景

寄托是古人赋诗的普遍现象。诗人或借诗歌以抒写怀才不遇、沉居下位之苦，或感发其报国无门、不为当道所重之愤，或逞其离愁别绪、物是人非之感，或叙其命运无常、孤苦无助之难。凡此种种，不一而足。

破阵子为陈同甫赋壮词以寄之

【宋】辛弃疾

醉里挑灯看剑，梦回吹角连营。八百里分麾下炙，五十弦翻塞外声。沙场秋点兵。

马作的卢飞快，弓如霹雳弦惊。了却君王天下事，赢得生前身后名。可怜白发生。

【析】此词通过对词人早年抗金部队豪壮的阵容和气概以及自己沙场生涯的追忆，表达了作者杀敌报国、收复失地的理想，抒发了壮志难酬、英雄迟暮的悲愤心情。通过创造雄奇的意境，生动地描绘出一位披肝沥胆、忠一不二、勇往直前的将军形象。壮和悲、理想和现实，从这反差中，可以想到当时南宋朝廷的腐败无能，想到人民的水深火热，想到所有爱国志士报国无门的苦闷。

2. 抓主人公的语言神态、动作、心理

登幽州台歌

【唐】陈子昂

前不见古人，后不见来者。

念天地之悠悠，独怆然而涕下。

【析】分析感情只能从人物的形象特点中来。抓人物语言："念""悠悠"。抓抒情主人公的神态："独""怆然而涕下"。本诗在一幅北方原野的苍茫广阔的图景中，通过直抒胸臆的手法塑造了一位忧国忧民、胸怀大志、孤独的、怀才不遇的封建士大夫形象。可见，诗歌表达的是对封建统治者不能重用贤才的不满和生不逢时、怀才不遇的悲哀。

（适用于九年级，作者为李杰）

第三节 古诗文阶梯阅读课堂指导

一、低年级古诗文教学需要注重应用

部编版二年级上学期语文教材中有两首古诗《望庐山瀑布》和《登鹳雀楼》，我们在课堂教学时依照以往古诗教学经验，运用多种方法，帮助学生识字解词，并利用视频、图画等手段帮助学生理解诗的意思，体悟诗的意境。在期末复习阶段，我们笃定古诗必考，所以要求学生古诗一定要会默写，明白诗句的意思。几轮复习下来，我们对学生在考试中考出好成绩非常有信心。依照以往经验，期末检测对古诗的考查无外乎就是默写名句，或者把整首诗挖空，让学生填。不管怎么考，学生的古诗都不会丢分。但当看到期末检测卷，我们"傻眼"了。试卷是这样的。

老师希望小明学习再有进步，可以用"＿＿＿＿＿＿"这句诗鼓励他。

学生的答案五花八门，有的写"加油"，有的写"你要努力"，真是让人啼笑皆非！

每篇课文后的积累以及每单元后的日积月累，我们自认为让学生大概了解意思并完成背诵就可以应对考试了。无非是考一些上下句的连线题，或者难度加深一点，基本上难不倒学生。但当看到期末检测卷时，我们"傻眼"了。试卷是这样的。

一位中国老人想从国外回到国内生活，他说这叫＿＿＿＿＿＿。

学生的答案五花八门，有的写"这叫回家"，有的写"这叫生活"。这又让人啼笑皆非。

通过以上两件事例不难发现，现在的语文检测方向是紧跟大环境。这提醒我们一线教师，不仅要学习传统文化，还要会灵活运用传统文化。学生背了许多诗歌，积累了许多诗歌，真的还远远不够，他们更需要的是将重点放在"用"上，而且是用在和日常生活紧密联系的事物上。

（一）古诗教学的尝试

语文期末检测成绩糟糕透顶，教师的付出和回报不成正比。我们痛定思痛，重新审视语文教材，深刻分析和领悟教材编排的主要意图，并得出结论：语文教学一方面要抓语文要素，另一方面不能忽视人文思想。要把语文真的教活，教师要明白，我们用教材教学生但不能仅仅停留在教材上！

在第二学期的语文课堂教学上，我们做出了比较大胆的"改革"。针对教材中开篇的两首古诗《村居》《咏柳》，我们摆脱了死抠字词、逐字逐词逐句理解的教学方法。

师：（出示《村居》教学画）你能用一句古诗来描述这张画吗？

《村居》教学画

生：思考，面面相觑。

师：我们先一起来学习一首古诗《村居》。和你的伙伴一起读读这首诗，如果碰到不认识或读不准的字，请伙伴帮帮忙。

生：伙伴同读，解决生字的读音问题。

师：听课文朗诵，用小斜线画出停顿。仿照范读，你也试着读出古诗的韵味。

师：你能用自己的话说说你对这首古诗的理解吗？

生：草长大了，黄莺在飞，这是二月的天。仿佛杨柳醉在春天的烟雾里，儿童放学回来得早，忙趁东风放风筝。

师：重点理解"拂堤杨柳醉春烟"这句。

理解"忙"这个字。拓展训练"忙趁东风_____"，学生根据自己的兴趣爱好填写"踢足球""做游戏""画画"……

师：这是一首描写早春的诗，请你们再想想还有这样的古诗吗？

学生在头脑中搜索、积累。教师可以继续教学下一首描写春天的古诗，发现两首诗的不同。

师：我们再来看这幅图，你能用一句诗来描绘吗？

结果学生都会了。

在《村居》这首诗的教学过程中，我们不难发现，学生有能力理解一些诗句，教师只需要寻找学生有困难的地方加以指导即可。那我们的古诗教学要教些什么呢？在课堂教学中，我们要有意识地将知识生活化、应用化，创造更多的机会让学生思考：这首诗可以用来描述一幅什么画面？在什么样的生活场景中可以用到？

另外，要重视日常积累的"用"。《村居》《咏柳》这两首古诗是写早春的，我们就利用这个机会，帮助学生整理出一系列描写春天的诗。有能力的老师还可以整理和本诗写作手法类似的诗。通过这种方法让学生感受古诗的独特魅力。

在教学过程中，我们也惊奇地发现，现在越来越多的练习题也开始注意到了这点。

读诗意，写诗句

孩子们放学后早早回家，赶忙趁着东风，把风筝放上蓝天。

| 儿 | 童 | 散 | 学 | 归 | 来 | 早 | , | 忙 | 趁 | 东 | 风 | 放 | 纸 | 鸢 |

学生也会觉得这样的习题很新鲜，很感兴趣。教师要及时帮助学生找到解决问题的方法，根据意思或者图画，找到重点信息，正确解题。

（二）阅读理解教学的尝试

针对当前考查学生阅读理解能力的情况越来越多，我们大胆尝试了新的教学模式，即课前为学生准备学习单，要求学生完成，我们根据学生的完成情况掌握其理解程度，有的放矢讲解课文。学习单上的习题是我们备课时，综合了语文课标、教学参考、教材、练习册、教学课件、单元检测等的习题撰写，内容就是本篇课文的教学重点，是学生需要掌握的知识和能力，习题的顺序就是教师课堂教学的顺序。

我们现在正在尝试不同方式来进行教学，要么学生先独立做题，我们后讲课，要么学生一边做题，我们一边讲课。由于担心学生独立做题可能存在浪费时间的问题，我们尝试带着学生一步一步地往前走，等学生有了一定的做题经验、理解能力之后，我们再试着大胆地放手。

（适用于一二年级，作者张爱新）

二、低年级古诗文积累，诗画不分家

在古代诗歌中，有不少是描写"童趣"的。这些诗歌一般都是诗中有画，画中有诗，既通俗易懂，又生动活泼。读来，不由得让学生产生共鸣，忆起童年各种生活景象。

（一）感知诗，看画读诗

村居

【清】高鼎

草长莺飞二月天，拂堤杨柳醉春烟。

儿童散学归来早，忙趁东风放纸鸢。

（第70页"《村居》教学画"）诗人采用了动静结合的手法，将早春二月的勃勃生机展露无遗。本诗落笔明朗，用词洗练。全诗洋溢着欢快的情绪，字里行间透出了诗人对春天来临的喜悦和赞美。

所见

【清】袁枚

牧童骑黄牛，歌声振林樾。

意欲捕鸣蝉，忽然闭口立。

牧童骑在黄牛背上，嘹亮的歌声在林中回荡。忽然想要捕捉树上鸣叫的知了，就马上停止唱歌，一声不响地站立在树旁。

池上

【唐】白居易

小娃撑小艇，偷采白莲回。

不解藏踪迹，浮萍一道开。

莲花盛开的夏日里,从小主人公撑船偷采白莲,到他离去只留下被划开的一片浮萍,准确地捕捉了小娃娃瞬间的心情,小主人公的天真幼稚、活泼淘气的可爱形象,跃然纸上。

小儿垂钓

【唐】胡令能

蓬头稚子学垂纶,侧坐莓苔草映身。

路人借问遥招手,怕得鱼惊不应人。

这是一首以儿童生活为题材的诗作,"蓬头稚子"学钓鱼,"侧坐莓苔草映身",路人向小朋友招手,想打听一些事情,那小朋友却怕惊了鱼连忙摇手制止,真是活灵活现、惟妙惟肖,形神兼备,意趣盎然。

宿新市徐公店

【宋】杨万里

篱落疏疏一径深,树头花落未成阴。

儿童急走追黄蝶,飞入菜花无处寻。

篱笆稀稀落落,一条小路通向远方,树上的花瓣纷纷飘落,却还尚未形成树阴。小孩子飞快地奔跑着追赶黄色的蝴蝶,可是蝴蝶突然飞入菜花丛中,再也找不到了。

(二)品味诗,读诗想画

1. 咏柳之美

师:同学们,生活中你一定见到过这样的景象,你会想到什么呢?

竹外桃花三两枝,春江水暖鸭先知。

泥融飞燕子,沙暖睡鸳鸯。

儿童散学归来早,忙趁东风放纸鸢。

这些诗句向我们展示了美丽的春天,春天给你怎样的感受?今天让我们继续学习一首与春天有关的诗。

①自由练习读古诗,注意读准字音。

(指名读)谁这个字,在一些庄重的场合中要读成 shuí。

师:这些词语小朋友你们认识吗?我们开火车和它们打个招呼吧。

(变色)碧玉、妆、垂下、丝绦、谁、裁出、剪刀。

②把词语带入诗句,这次试着读出古诗的韵味。

③咏柳是什么意思？

师：我们之前学习过的古诗《咏华山》《咏鹅》当中的"咏"字也是这个意思。（板书：咏柳）

④让我们一起用赞美的语气读一读题目。

读了题目，你想知道什么呢？

预设：诗人为什么赞美柳树？

柳树什么样？（解决）

2. 感受柳美

师：你们从哪儿感受出诗人在赞美柳树了？快和你的小伙伴一起说一说吧。

哪组愿意第一个和我们分享？

"碧玉""绿""透"，想象一下这棵树是什么样的？

读"绿丝绦"，你发现它的特点是什么？柔软、垂下来、有很多、很密。想象一下，微风拂过，像绿丝绦一样枝条的柳树什么样？

读"妆"，你仿佛看到了什么？想象她把自己梳妆成了什么样子？她就像一个小姑娘似的，穿上了绿裙子。

你看到了怎样的画面？

你能读一读吗？

（出现楷体"妆"字）我们一起来看看篆体的"妆"字，你发现了什么？

师：想象一下，这棵柳树对着谁梳妆？

诗人多么喜欢这棵柳树呀，请你再美美地读一读这首诗吧。

3. 咏春之美

师：春风像一位能工巧匠，裁出了细细的柳叶，联系生活中你看到的春天美景想一想，它还会裁出什么呢？

生①：它裁出了青青的小草。

师：你想到了哪句诗？

生①：唐代白居易《赋得古原草送别》："野火烧不尽，春风吹又生。"

师：读一读，它让你感受到是怎样的春天？

生①：它让我感受到了一个生机勃勃的春天。

生②：它栽出了美丽的花朵。

师：你想到了哪句诗？

生②：唐代白居易《忆江南》："日出江花红胜火，春来江水绿如蓝。"

师：读一读，它让你感受到是怎样的春天？

生②：它让我感受到了一个万紫千红的春天。

生③：它栽出了小动物们回来的消息。

师：你想到了哪句诗？

生③：唐代白居易《钱塘湖春行》："几处早莺争暖树，谁家新燕啄春泥。"

师：读一读，它让你感受到是怎样的春天？

生③：它让我感受到了一个鸟语花香的春天。

生④：它栽出了春天淅淅沥沥的小雨。

师：你想到了哪句诗？

生④：唐代韩愈《初春小雨》："天街小雨润如酥，草色遥看近却无。"

师：读一读，它让你感受到是怎样的春天？

生④：它让我们感受到是一个润物无声的春天。

师：看到这样一个生机勃勃、万紫千红、鸟语花香、润物无声的春天，大家会想干什么？在我国，春天的习俗很多，哪位同学能向我们介绍你了解的习俗吗？

预设：出去玩儿。（踏青）

放风筝。（放纸鸢）

除此之外，人们会鞭打春牛，希望牛能够为家里多出力耕作，借此祈祷一年的丰收；古人还会在送别亲人时候折下柳枝相赠，这是因为柳和留谐音，人们借此表达对亲人朋友的依依不舍的惜别之情。

了解了这些春天的习俗和活动，你有什么想说的呢？

4. 惜春惜时

在这美丽的春天里，我们来到了户外，看到了这样的景象。一周之后，它会变成什么样子呢？此时，你想说一些什么？

预设：再想看到这美丽的兰花就要等明年了。

春天过得好快呀，我们得珍惜春天。

（板书：惜）

你能想到哪些珍惜时间的名言警句？

一年之计在于春，一日之计在于晨。

一寸光阴一寸金，寸金难买寸光阴。

还有这些，你来读读……

少壮不努力，老大徒伤悲。

明日复明日，明日何其多。

知道什么了？预设：这些诗句和谚语都告诉我们要珍惜时间。

同学们，看这样的情景，你是否也经历过？

（三）回味诗，看画猜诗

看画猜诗，学生们乐在其中，乐此不疲。

（适合一二年级，作者为刘学敏）

三、入情入境，感悟诗情——《回乡偶书》教学设计

《义务教育语文课程标准》（2011年版）指出，语文教学要引导学生"认识中华文化的丰厚博大，吸收民族文化智慧"，"应致力于学生语文素养的形成"，要求"学生诵读优秀诗文，注意在诵读过程中体验情感，展开想象，领悟诗文大意"。

《回乡偶书》是贺知章久居异乡、返回故里时写就的感怀诗，作者80多岁，辞去官职，返回故乡，发现山河依旧，但人事不同，偶有所感，作得此诗，抒发了人生易老、世事沧桑的感慨。从全诗来看，虽写哀情，却借欢乐场面表现；虽为写己，却从儿童一面翻出。

因此本节课在设计时，着重设计了各种形式的诵读，在诵读中理解诗句的意思，在诵读中体验诗表达的情感，同时还结合学生的生活实际创设情境，引导学生入情入境地诵读诗歌，使他们更真切地体悟诗中所蕴含的情感。

四年级的学生对古诗有了一定的积累，也具备了一定的理解能力，能够

基本理解诗句的意思。对于学生来说,在体会诗人由喜转悲的心情变化时有一定困难。基于以上学情分析,我在教学中采取引导式和小组合作式的教学方法。

(一)温故知新

1. 导语

我们先来做个游戏,根据图片猜古诗,看谁猜得又快又准,准备好了吗?
出示《静夜思》《九月九日忆山东兄弟》图片,你猜得真快!同意吗?

2. 配乐诵读思乡古诗与名句

李白《静夜思》:"床前明月光,疑是地上霜。举头望明月,低头思故乡。"

王维《九月九日忆山东兄弟》:"独在异乡为异客,每逢佳节倍思亲。遥知兄弟登高处,遍插茱萸少一人。"

杜甫《月夜忆舍弟》:"露从今夜白,月是故乡明。"

袁凯《京师得家书》:"江水三千里,家书十五行。"

宋之问《渡汉江》:"近乡情更怯,不敢问来人。"

师:读了这些诗句,你有什么发现?

预设:这些诗句都表达了诗人思念家乡的情感。

师:观察得很仔细,你真会学习!诗人们漂泊在外,久居他乡,真有一天回到了自己日思夜想的故乡,又是怎样一幅场景呢?我们一起走进《回乡偶书》。

齐读诗题。(板书课题)

3. 解题

师:有谁知道诗题的意思?请给大家说说。

师:你有没有不同意或者补充的内容?

引导学生理解诗歌题目的意思:回到家乡,偶有所感,写了这首诗。

(二)读正音,明诗意

师:题目我们已经读懂了,诗人回乡都有哪些见闻呢?让我们跟随作者一起进入这首诗中去看一看吧。(过渡)

师：你还记得学习古诗有哪些好方法吗？

预设：结合生字表、认读字表读正音，利用课本注释、查字典等方法理解诗意，在这一基础上感悟诗歌抒发的情感。

师：请你利用同学们刚才说到的方法，尝试着正确地读一读古诗、自己说一说诗句的意思。

通过自由读、指名读，做到正确流利地朗读古诗。通过评价与指导引导学生把握七言绝句"四三"停顿的节奏和重音在第五个字上的规律，读出古诗特有的节奏和韵味。

小组交流，汇报诗歌的意思。

在理解诗句意思的同时指导学生理解"鬓"和"衰"的字义。

在指导"鬓"字时，由小篆引出，"髟"字右边的三撇代表"毛发"，左边表示"长长的"，"髟"字表示"头发"，"髟"字是形旁，"宾"是声旁，"髟"和"宾"组合在一起就是"鬓"，表示脸旁靠近耳朵的头发。摸摸两鬓在哪里。理解"鬓毛衰"的意思：两鬓的头发都斑白疏落了。

（三）解决疑问，深入理解

师：读了这首诗，你有没有什么疑问？

预设1："儿童相见不相识"，贺知章为什么不告诉他自己是谁？

预设2：诗人是什么样的心情？诗中有没有写诗人所感？

预设3：少小离家做什么去了？

预设4：从哪里可以看出诗人从少小到老大的巨大变化？

师：带着疑问再来读一读诗，说一说诗人虽然没有写，但是你又读懂了什么？自己细细地读，看看你自己读明白什么了？

预设："儿童相见不相识，笑问客从何处来"，诗人内心悲伤。

师：你脑海中有这样的情景吗？

1. 客至否？（体会诗人对家乡之情深、归乡途中的期待）

师："笑问客从何处来"，不是一家的人或者不是当地的人，我们尊称他为客人。那么你知道诗中所说的"客"是指谁吗？（板书"客"）

预设：诗中所说的"客"是指贺知章。

师：他到底算不算客人呢？请带着这个问题，再好好地读一读这首诗，然后和同桌交流这个问题，结合诗句说说你的理由。

学生自由地读古诗，同桌交流理由。

预设①：不是客，从"少小离家老大回"这句诗中可以看出诗人小时候离开这里，老了又回来了，是这个村子的人。

预设②：从"乡音无改鬓毛衰"这句诗中可以看出诗人仍然说着一口家乡话，家乡的口音没有改变，不是客人。

补充贺知章生平资料。贺知章在年轻时，就和父亲离开了家乡去长安求学，久居异乡，寄人篱下，他们生活十分艰苦，但是贺知章克服困难坚持读书，因此他的书读得非常好，36岁进士及第，后来还在京城当了官。在83岁那年，他告老还乡，这一别就是50多年呀！

指导学生再读第一句：少小离家老大回。

设计意图：补充介绍《回乡偶书》的创作背景和诗人生平，使学生了解诗人，为进一步体会诗人对家乡的情感做好准备。

50多年过去了，他有了什么变化？可是什么却依旧没有改变？

预设：鬓毛衰，乡音无改。

指导读第二句：乡音无改鬓毛衰。

师：现在再来看看，原来这个看似是"客"的人其实不是远道而来的客人，而是离乡多年的游子"回"到家乡了！我们把离开家乡在外生活的人称为"游子"。这位在异乡生活了50多年的游子终于回到了自己日思夜想的故乡——杭州！心中怎能不激动呢？

师：为什么诗人年纪那么大了最后还要回来呢？（体会诗人对家乡之情深以及归乡途中满怀的期望）

预设：想念家乡，想见家人朋友。（板书：思乡情深）

过渡语：他想念家乡的什么呢？也许是家乡的亲人与朋友，也许是儿时难忘的事，也许是家乡熟悉的景物，请你展开自己的想象，说一说。（家乡的人、事、物）

小组交流，指名说。

预设①：家乡的人。他想念儿时的玩伴，他们曾经一起在小溪里捉虾捕鱼、打水仗；他想念上学时的启蒙老师，忘不了老师对他的谆谆教诲；他想念家乡的亲人，每次生病，他的堂哥都会找来好吃的、好玩儿的逗他开心……

预设②：家乡的景物。他想念自己启蒙的那所学校，在那里他不仅学到了许多知识，还认识了很多朋友；他想念村口那条小溪，他曾经和小伙伴儿们在小溪里捉虾捕鱼，打水仗、学会了游泳；他想念溪边的那棵垂柳，"碧玉妆成一树高，万条垂下绿丝绦"，那里绿荫如盖，是孩子们玩水玩累了休息的好地方；他想念溪边鲜红的野花，"日出江花红胜火"，花朵投影在水中，仿佛把溪水都染红了……

师：他想念家乡的亲人和朋友，那是他人生中最初的温暖，他想起家乡中发生过难忘的事，那是他最纯洁、最美好的童年记忆，他想念家乡的一草一木，那是在他梦中出现过无数次的情景。（小结）

师：想到这些，诗人在归乡途中又是怎样的心情呢？

预设：期待、喜悦。

2. 游子归矣！（体会诗人期待落空，世事变迁、物是人非的伤感）

师：诗人满怀对家乡的思念，满怀对归乡的期待，终于回到了家乡，来到了村口那棵熟悉的柳树下，迎接他的又是什么呢？诗人一刻也不曾忘记故乡，故乡可还记得他呢？

预设："儿童相见不相识，笑问客从何处来。"

在村口嬉戏玩闹的孩子们为什么会认为贺知章是客人呢？自己想一想，小组交流原因。

预设①：诗人离开家乡的时候这些孩子还没有出生，没有见过他，所以认为他是客人。

预设②：诗人离开家乡50多年了，容貌发生了很大的变化，即使是他小时候的朋友也认不出他来了，更别提一次都没有见过他的孩子们了。

师：时隔50多年，诗人终于回到了魂牵梦萦的家乡，他日思夜想家乡的人和家乡的景物都发生了什么改变？

预设①：他记忆中美丽的母校，绿树葱茏的校园只剩下断壁残垣。

预设②：他记忆中一起长大，最要好的玩伴儿，有的久卧病床，有的阴阳两隔，有的老得都记不起来他了。

预设③：他记忆中最疼爱他的亲人，音容笑貌仿佛还在眼前，却只留下了一座孤坟。

师：目睹这些变化，诗人此时是什么样的心情？

师：50多年过去了，在这50多年背井离乡的日子里，诗人一刻也不曾忘记故乡，虽然两鬓已经斑白疏落了，但家乡的口音没有丝毫改变，当诗人满怀喜悦与期待终于回到家乡的时候，却发现家乡的人已经不认识自己了，记忆中的家乡发生了翻天覆地的变化，记忆中的人都不在了，记忆中的地方都变了。诗人心中满是物是人非的感伤，满是世事变迁的感慨。

请带着你的感受，再来读一读这首诗。

（四）入情入境，感悟诗情

师：《回乡偶书》这首诗是漂泊异乡的游子最常吟咏的，因为它很能反映出他们漂泊他乡，终于回到自己的家乡，然而物是人非、世事变迁的感伤之情。

一位久居异国的华侨，年幼时跟随父母移民海外，80多岁时不远万里回到儿时记忆中的家乡，看到记忆中的情景一幕一幕都铺展在眼前，儿时的小伙伴却都已经四散飘零了，他不禁想起贺知章的诗歌《回乡偶书》。

指名读，齐读。（配乐朗读）

一位镇守边疆的将军，为了保卫祖国的和平与安全，远离家乡，戍守边疆，现在他已垂垂老矣，打不动仗了，终于回到日思夜想的家乡，踏上故土的那一刻，他热泪盈眶，不禁吟诵起贺知章的诗歌《回乡偶书》。

指名读，齐读。（配乐朗读）

小结：在异国求学的留学生、在外地工作的人，因为种种原因背井离乡。独在异乡为异客的人，被称为"游子"，游子的心底都有这样一首诗：《回乡偶书》，我一刻也不曾忘记故乡，故乡可还认得我吗？

设计意图：联系学生的日常生活和知识经验，创设具体情境，引导学生体会游子归乡的心情，入情入境之后在朗读中表达自己的感悟。

（五）拓展延伸，积累古诗

后来，贺知章进了村子后了解了家乡50多年来一些变化，他又提笔写下了第二首诗《回乡偶书·二》："离别家乡岁月多，近来人事半消磨。唯有门前镜湖水，春风不改旧时波。"

1. 初读古诗，了解诗意
2. 再读古诗，思考

①什么变了？

预设：离别家乡岁月多，近来人事半消磨。

②什么没有变？

预设：唯有门前镜湖水，春风不改旧时波。

③在变与不变之间，诗人是怎样的心情？

预设1：物是人非事事休。

预设2：感伤、惆怅、难过、孤独。

3. 带着自己的体会再读一读《回乡偶书·二》

设计意图：调动学生多感官参与学习，建立对课堂活动的深刻记忆，激发学生的学习积极性。

（六）教学反思

本节课通过自由读、指名读和评价等方式让学生把诗句读正确、流利，读出古诗特有的节奏和韵味；通过自学、小组交流等方式让学生理解诗意，为进一步理解诗情做好准备；以学生对思乡古诗的积累，拉近学生与新诗的距离。引导学生理解诗题，初步了解诗歌创作背景，为进一步学习《回乡偶书》做好准备，在情感上激发学生的学习兴趣。重点引导学生通过对前两句古诗内容的理解以及想象说话的练习，深刻体会诗人思念家乡、热爱家乡的感情。本节课以课堂学习为核心，能动地扩充学生的积累，激发学生的阅读兴趣。

（适用于三四年级，作者为田晨露）

四、比较阅读，使用历史资料——《学弈》教学设计

《义务教育语文课程标准》对阅读作出要求："能够阅读浅易文言文，并借助注释和工具书理解基本内容。在阅读中揣摩文章的表达顺序，体会作者的思想感情，初步领悟文章基本的表达方法。在交流和讨论中，敢于提出自己的看法，作出自己的判断。"

《学弈》这篇文言文选自《孟子·告子》，通过弈秋教两个人学下棋的事，告诉人们要懂得做事必须专心致志，决不可三心二意的道理。课文文辞凝练，含义深刻，是孟子的传世之篇。学生通过以前的文言文学习，已经具备了一定的阅读理解能力，初步掌握了学习文言文的方法，比如结合注释理解字词句。但对寓言文体的结构和特点体会得还不够深刻，因此，引导学生体会寓言文体特点，并能仿照例文，联系生活实际体会尤为重要。

（一）激发兴趣、入情入境

师：同学们，你们看过电视上的诗词大会吗？其中里面有一个非常有意思的环节，就是根据提示条猜答案。上课之前，我们也来玩一玩这种高雅的游戏，看谁的文学底蕴最深厚。

1. 根据提示猜谜底（如果学生中途猜出，表扬后播出剩余词条）

词条①：一种常见的文学体裁。

词条②：篇幅短小，语言精练。

词条③：其中都蕴含发人深省的道理。

揭示谜底：寓言

词条①：我国古代著名的教育家、思想家。

词条②：他被后人尊称为"亚圣"。

词条③：孟母三迁的故事。

揭示谜底：孟子（孟轲）

词条①：古代"四艺"之一，被称为"手谈"。

词条②：出示围棋图片。

词条③：古代常用一个字表示。

揭示谜底：弈

2. 读词，关联古文内容

出示：寓言、孟子、弈，这3个词语你能想到今天我们要讲什么内容吗？

预设：我们今天要学习一篇寓言故事，这篇故事是孟子写的（孟子与弟子告子的言论），讲的是弈秋教两个人下棋的事。

师：你很会根据词语联想课文内容，这是一个不错的能力。看这3个词语，你能提出什么问题？（如果学生答不上来，可以引导学生看着词语多问几个为什么）

预设①：弈秋是谁？为什么要向他学习下棋？

预设②：弈秋教两个人下棋的结果怎么样？

预设③：是什么原因促使结果不同？

预设④：孟子为什么要写这样一个寓言故事？

（二）初读古文，了解大意

师：同学们很会思考，带着这些问题，我们走进古文中去看一看吧！

1. 自己读课文，指名读（标注重点字读音）

出示：一人虽听之，一心以为有鸿鹄将至，思援弓缴而射之。

通过理解字义、句义，指导难句的读法。

请学生解释：思援弓缴而射之。

出示断句：一人虽听之，一心以为/有鸿鹄将至，思/援弓缴/而射之。

出示：虽与之俱学，弗若之矣，为是其智弗若与？

指导学生读出疑问的语气。

2. 自己再试着读一读，注意语速和停顿，读出古文的韵味

3. 指名一个组读（可以配上音乐）

4. 同桌之间互相说一说课文的意思

5. 一人读原文，一人用自己的话说句子的意思

6. 带着自己的理解再来读一读课文

（组合读：老师读第1句，指名学生读第2、3句，全班学生齐读结尾）

（三）师生讨论质疑

师："书读百遍其义自见"，我们学会朗读古文，再学习起来就事半功倍了。读了这么多遍课文，老师考考你们是否真读明白了！看，这是咱们课文中的一幅插图（出示图片）。

师：猜一猜图上的这三个人分别是谁？结合原文及自己的思考说说你的根据是什么？

预设①：穿蓝色衣服的人是不专心学习的人，因为书上说"一人虽听之……思援弓缴而射之。"他的眼睛没有看棋，而是在看天。

引导：我们还可以用哪些词形容他呢？（三心二意、一心二用……）（板书：三心二意）

预设②：我认为中间的人是弈秋，他手里正比画着，教人下棋，旁边的是专心学棋的人，他的眼睛紧盯着棋盘，十分专心。书中说他"一人专心致志，唯弈秋之为听"。

引导：这个专心致志的人我们还可以用哪些词来形容他？（全神贯注、聚精会神、一心一意……）（板书：专心致志）

预设③：我认为右边的人是弈秋，因为他有胡子，年纪很大，书上说"弈秋，通国之善弈者也"。所以他肯定很老了。中间的是学棋的人，因为他眼睛看着弈秋。

引导：文中有哪些词句可以告诉我们弈秋擅长下棋？（"通国""唯弈秋之为听""善弈者"）

师：大家分析得都很有道理，现在你能看着图，试着用原文讲讲这个故事吗？

师：这两个学棋的人表现差别如此大，结果会一样吗？孟子是怎么说的？（出示：为是其智弗若与？曰："非然也。"）

师：是什么导致他们的学习结果不同呢？你能得出什么结论？（学习态度不同，学习结果也不同，学习、做事情的时候一定要专心致志，才能学到本事）

（四）对比阅读

师： 孟子下的结论到底对不对呢？后人刘子也写了一篇寓言故事。（出示：《弈秋败弈》）

师： 请同学们打开书，读一读《弈秋败弈》，借助书下注释自己理解故事的意思。指名一个学生读一遍，指名一人说说全文的意思。然后再出译文。

师： 对比一下这两则寓言，找找它们有什么相同之处呢？

学生讨论后得出如下结论。一是背景同："弈秋，通国之善弈者也。"都交代了故事发生的背景。二是道理同：专心致志做事才能有收获。三是结构同：都是先说背景，再讲一个故事，最后得出结论。

（变化字体颜色，开头红色、中间黑色、结尾紫色）让学生分别读读这三部分，进行体会。

师： 刘子为什么还要选择弈秋这个人物写寓言故事，而且文章结构都一样，甚至连第一句话都不变，这是不是有抄袭的嫌疑呢？

学生再次深入讨论，引导学生得出如下结论。第一，虽然第一句话相同，但写作目的不同，《学弈》中第一句话是为了引出下文，弈秋棋艺高超，才会有学生来求学，才会引出两个学生的不同态度，得出结论；而《弈秋败弈》中第一句话是为了说明像弈秋这样棋艺高超的人如果不专心致志地做事情也是不行的，两句话看似相同，但作用不同。第二，虽然两篇文章的结构相同，但是选择的事例不同，《弈秋败弈》进一步验证了孟子的话。

师： 说得好！刘子充分运用弈秋这个人物大做文章，就地取材，是何等之妙！

两篇寓言故事都说明了同一个道理，那就是：在智力相当的条件下，专心致志学习才能有所收获，三心二意的人没有收获。

（五）学习写法，联系生活

师： 孟子得出来的结论你同意吗？在你的生活中有没有能够证明这个观点的例子？请你联系自己的生活，仿照两篇寓言的结构说一说。

我在学习（　　）的时候，我（　　），结果（　　）。

（六）文章背后的故事

师：孟子为什么要写这篇寓言呢？他想讲给谁听呢？

（出示图文）

战国时期，齐宣王曾聘孟子为客卿，同时还聘请了其他不同主张的学者。不久，孟子便推辞而去，不愿辅佐齐王，别人认为是孟子嫌齐王不聪明而不愿意辅佐他，孟子便给大家讲了这样一个小故事，他通过一个小小的寓言故事，告诉人们：齐王不能认真地、专心地听从他的意见，所以他才不愿辅佐他，辞别他离开齐国的。

总结：寓言的魅力就在于此，短短70个字，就通过一个简单易懂的小故事，向大家讲述一个为人、做事、治国的大道理。言简意赅但发人深省，这就是古代文学的魅力所在。

比较阅读就是指把内容或形式相近的或相对的两篇文章或一组文章放在一起，对比着进行阅读。在阅读过程中将其有关内容不断进行比较、对照和鉴别，这样既可以开阔眼界，活跃思想，使认识更加充分、深刻，又可以看到差别，把握特点，提高鉴赏力。本节课运用比较阅读的方法，引导学生挖掘文本背后的深层内容，并且关联寓言的历史资料，体会寓言的魅力。

（适用于五六年级，作者为杜一欣）

五、同主题比较——"秋之韵"研讨课

《义务教育语文课程标准》指出，应拓宽语文学习和运用的领域，努力建设开放而有活力的语文课程。阅读是学生开阔视野、丰富知识、获得审美体验、增长人文感悟、提高思维品质的重要途径。引导学生多角度地、比较地阅读同一题材的文本，既能帮助学生感悟和吸收作品的精华，丰富他们的精神世界，又能对古今中外同一题材的作品有立体的认识。为此，我们推出了"秋之韵"的研讨课，通过对不同时期、不同地域、风格各具特色的作家作品进行分析比较，体现课标的训练宗旨，促进学生的语文素养的提高。

（一）教学内容分析

"秋"是作家眼里永恒的主题。它不分时代、不分国界、不分种族，古今中外都有作家对它进行描绘，或宣泄悲伤，或流露无奈，或表达喜悦。作品体裁多样，有古体诗、有现代诗、有古典文、有现代散文。关于"秋"的作品，最早可追溯到《诗经》，最著名的莫过于宋玉的《九辩》。在这些作品中，既有杜甫《登高》的"悲秋"，又有峻青《秋色赋》的"喜秋"，更有欧阳修《秋声赋》的"伤秋"；有中国作家共同关注的"风雨叶雁"，也有西方作家有地域特色的"知更鸟"；有代言中国古代作家悲凉的"蟋蟀"，也有西方作家借蟋蟀书写的喜悦。总之，秋是一个复杂的主题，也是一个丰富的世界。

（二）学情分析

学生对"秋"并不陌生，从小学到七年级，阅读、写作过的文章不止一篇。对秋也存在一定的了解认识，但未必全面。比如，如果教师提问他们对秋的认识，他们中的大多数人会说"金黄色""收获""果实累累"，但极少数人提及秋的悲、秋的凉、秋的忧伤、秋的无奈，对于古代的作品，他们知道的会多一点，对于现代的作品、国外的作品，则知之甚少。通过本课的学习，帮助学生更好更深地了解秋的悲凉、忧伤。同时，对比外国作品，找到异同点，感受西方作家面对"秋"的不同视角，了解中西方的文化差异，使学生对秋的认识更立体、更全面。

（三）教学目标

1. 了解中国文学作品中"秋"的主要意象：风、雨、雁、叶。
2. 感受作品中"悲"的情感，理解中国古代文人多"悲秋"的原因。
3. 对比古今作品，理解不同环境、不同身份、不同时代的作家在描绘秋天时会有截然不同的感受。
4. 对比中外作品，理解中外作品描绘秋时共有的审美意象，并能理解同一意象在中外作品中表达的不同情感。

（四）教学重点及难点

1. 了解中国文学作品中"秋"的主要意象：风、雨、雁、叶。
2. 感受作品中"悲"的情感，理解中国古代文人多"悲秋"的原因。
3. 对比中外作品，理解中外作品描绘秋时共有的审美意象，并能理解同一意象在中外作品中表达的不同情感。

（五）教学过程

1. 整体感知

教师向学生提问，要求学生说出自己对秋天的印象以及作家在作品中往往借用什么事物描写秋？学生作答。这一环节设置旨在帮助学生初步了解秋。

2. 细节研讨

教师组织成果展示，并将学生分为四个小组，要求各小组分别派代表上台展示本组制作的幻灯片，朗读相关作品并讲解。

学生归纳每组作品共同的意象：风、叶、雁、雨。

教师小结，强调通过这些作品能看出，中国作家在描绘秋时，较多地关注风、叶、雁、雨，通过它们表达情感；向学生提问，要求他们说出自己感觉这些作品想要表达的情感，强调中国文人多悲秋，尤其是古代文人，更是如此，并要求学生试分析中国文人多悲秋的原因。

要注意引导学生结合中国文人尤其是古代文人读书入仕，想施展抱负，大展宏图，但往往仕途艰辛，命运多舛，有志难伸来深层次理解"悲秋"。

3. 中西比较

教师提问：中国文学作品也会涉及动物意象，中国作家更多关注什么动物呢？

学生品读峻青《秋色赋》和济慈的《秋颂》。教师需要引导学生得出结论，中国和西方作家在描绘秋时，有共同的关注意象。

在此基础上，帮助学生认识到中西方作家关注的角度同中有异：在选取动物意象时，中西方作品还是有所差异的。中国文学作品中蜜蜂多出现于描绘春季，如朱自清的《春》、杨朔的《荔枝蜜》等，这与英国诗人把它作为颂秋意象有所不同；同样，燕子在中国文学作品中也多出现在春季，无论是颂春还是伤春，这与英国诗人把它作为颂秋意象也有所不同。能看出似乎只有蟋蟀，是中西方作家都关注的，但从作品上看，中国作品中的蟋蟀表达的情感和西方的明显不同，西方作家把蟋蟀当作颂秋对象，认为他是在歌唱，比如济慈的这首《秋颂》，爱尔兰诗人叶芝的《茵纳斯弗利岛》……而中国作家则认为蟋蟀在悲鸣，如宋玉的《九辩》、姜夔的《齐天乐》、贾岛的《客思》……

提问：中国作家作品中的蟋蟀意象，为什么是悲凉忧伤的呢？

引导学生明确：在中国文人眼中，蟋蟀和蝉一样，都是暑生寒亡，生命短暂，入秋之后，消亡就在眼前了，配以萧瑟的秋风，枯黄的落叶，更容易勾起文人们有志难伸，时日无多的凄苦。另外，蟋蟀是典型的夜虫，多出现于黑夜，黑夜往往代表黑暗，代表死亡，尤其是那秋风萧瑟满目萧然、寒凉彻骨的秋夜，同样容易勾起文人们有志难伸，时日无多的凄苦。年少时饱读诗书，满腹才学，胸怀大志，原想大展宏图，干出一番事业，却屡经宦海动荡，饱尝艰辛，及老时已是贫病交加，一事无成，此生唯余残年，内心的那份酸楚悲凄痛心绝望，便自然通过作品加以流露，于是，蟋蟀，作为秋虫和夜虫的代表，便自然成了悲秋的代言人。

4. 教师总结

秋是文学永恒的话题，古今中外作家皆有关注，这其中，有文化相通的地方，也体现着差异。其实，秋是本无所谓喜，无所谓悲的，悲的人多了，秋也就被渲染成了悲秋，就如鲁迅先生所说，这正如地上的路，其实地上本没有路，走的人多了，也便成了路。

（六）教学反思

45分钟的一节课，也许还"意犹未尽"。"秋"，这样一个博大的主题，短短一节课也必定是说不尽道不完的。总体感觉，通过本课学习，学生对秋，一定是有了更丰富、更全面的认识。更重要的是，他们学会了用比较的方式看问题，不再只孤立地着眼一篇文章，他们学会了抓共性，也懂得了找差异。

为了帮学生更好、更立体地理解"秋"，首先通过提问，了解学生对秋天的印象，以此了解学生的需求。之后，再了解以学生现有的知识经验，对描写秋天关注较多的意象有何理解，初步了解后帮助学生整理出风、雨、雁、叶等四个主要意象，由学生展示所搜集的作品，进行朗读分析归类，使学生对中国作家描绘秋所关注的主要对象有了进一步理解。

引导学生从上述作品中找出多数作品的共性特点"悲"，并借此引导学生深入理解中国文人为何多悲秋，再适时加入对比，帮助学生理解为何也会有喜。从本课看，学生不再是从前那样只知悲喜，对于作品流露出的悲喜内涵有了深刻的认识和理解。最后，再对比西方作品，帮助学生理解中西方文化差异，感受视角的不同，感受同一事物、同一角度，表达的情感却有所不同，进而加深理解文化的差异。这样，学生对秋的认识，较之从前简单的悲凉、收获，有了丰富的、立体的认识。

（适用于七年级，作者为孙非）

六、《天净沙·秋思》教学设计

（一）教学目标

1. 能简单了解小令的特点。
2. 能熟练朗诵、背诵本诗。
3. 能理解本诗所描写的内容和表达的思想感情。

（二）教学重点及难点

1. 朗读、背诵诗歌。
2. 理解诗歌所描写的内容和表达的思想感情。
3. 训练想象、联想，培养创造性思维。

（三）教学过程

1. 导入新课

教师向学生介绍马致远及小令。

马致远，字千里，号东篱，大都（今北京市）人，元代戏曲作家、散曲家。有"曲状元"之称。与关汉卿、白朴、郑光祖同称"元曲四大家"。他的散曲描写景物意境优美、语言凝练、流畅自然。马致远年轻时热衷功名，但由于元统治者实行民族高压政策，他一直不得志，一生几乎都过着漂泊无定的生活。他因此郁郁寡欢，在羁旅途中，他写下了《天净沙·秋思》。

在中国古代文学长廊中，宋以前一直以诗最盛行，宋代不仅继承了唐朝的诗而形成了宋诗独具的特点，而又有词的兴起。到了元代，出现了新兴的文学体裁——曲。曲大致分为两种：一是剧曲，二是散曲。散曲没有动作、说白，它包括散套和小令。马致远的《天净沙·秋思》就是有标题的小令。

2.理解诗歌内容感悟诗人情感

（1）朗读本诗，注意诗歌的停顿、节奏。

《天净沙·秋思》

马致远

枯藤老树昏鸦，

小桥流水人家，

古道西风瘦马。

夕阳西下，断肠人在天涯。

（2）感受诗歌意境美——内容与情感。这首小令写了怎样的景、怎样的人、怎样的情感？

①"诗中有画，画中有诗"。老师要求学生说说自己头脑中有怎样的画面。请以"我仿佛看到了……"为开头，说一说、写一写诗句在自己头脑中呈现的画面。

示例："枯藤"。单说"藤"的形态是多样的，把它置于上下文中，也就形象具体了。我们似乎看到了枯萎的藤、颓废的藤、没落的藤、毫无生机的藤，于是"枯藤"这一意象渲染出凄凉、肃杀的晚秋气氛。除此以外，还有如下画面。

几根枯藤缠绕着一棵棵秃树，那凋零了的黄叶在萧萧的秋风中瑟瑟地颤抖，黄昏的天空中点点寒鸦，声声哀鸣……一片悲凉的秋景。

眼前出现了一座小桥，桥下小溪潺潺的流水，不远处还有升起袅袅炊烟的农家小院，那里有晚归的人们。

在萧瑟的秋风中，在寂寞的古道上，饱尝艰辛的游子骑着一匹瘦瘦的老马，在夕阳西沉的余晖中，向远方踽踽而行。

②想一想为什么作者会描绘这样的画面？传达出他怎样的情感？"断肠人在天涯"，在天涯的断肠人，他的精神家园已化作了一片荒芜，他眼中的景自然是满目萧然。于是藤、树、马、水都是萧条的、凄凉的、无助的，其实是人的落魄与哀愁的写照，这是以景托情，融情于景。这景无疑传达出浪迹天涯的游子思乡之情。这景与人，境与情，自然意象与社会境遇，和谐地统一于这首小令中，充分地道出了游子羁旅之悲。

③齐读诗歌，体验游子的悲苦与辛酸。通过朗读，我们体验到了作者穷困潦倒、孤苦无依、颠沛流离的凄苦情思，感受到了作品的意境美。此曲以多种景物并置，组合成一幅秋郊夕照图，让天涯游子骑一匹瘦马出现在一派凄凉的背景上，从中透出令人哀愁的情调，抒发了飘零天涯的游子在秋天思念故乡、倦于漂泊的凄苦愁楚之情。

3. 拓展阅读

《天净沙·秋思》充满了空白和不定的地方，为我们提供了丰富的阅读想象空间，再次朗读诗歌，你能够想象和联想到什么？

分组讨论，合作学习。

说一说你最喜欢诗歌的哪一句，为什么？

说一说原作结构、写作手法特点在哪里？

给原作写一段赏析性的文字。

联想自己或他人的一段与原作类似的思念家乡的经历。

联想出一两句或与原作的意境相同，或表达的情感相同的古诗。

师生交流，展示成果。

4. 教师总结

《天净沙·秋思》以多种景物并置，组合成一幅秋郊夕照图，让天涯游子骑一匹瘦马出现在一派凄凉的背景上，从中透出令人哀愁的情调，抒发了一个飘零天涯的游子在秋天思念故乡、倦于漂泊的凄苦愁楚之情。我们通过朗读诗歌，将文字转化为画面，体会它的意象，总体感受意境，再通过联想和想象感受了作者绘秋的思乡之情，进入它的艺术境界。

最后总结欣赏一首诗（曲）的一般方法：一是从语言入手，再现画面。二是从画面感受意境与情感。三是运用联想、想象，进行再创造，进入它的艺术境界，体味它的魅力。

（适用于八年级，作者为李杰）

七、雁过留声听燕语——诗词意象教学设计

（一）教学目标

在知识与能力方面，了解意象的概念，分清"燕"与"雁"在诗词中的不同形象及作用，根据意象描绘诗词画面，学习描绘画面的方法。

在过程与方法方面，学会运用画面描绘的方法，流畅表达，感悟作者情感。

在情感态度和价值观方面，在积累和感悟中，引导学生感受中国古典诗词所蕴含的丰富情感，认识意象在诗词传情达意上的重要作用。

（二）教学重点及难点

教师要引导学生分清"燕""雁"在诗词中的不同形象及作用，根据意象描绘诗词画面，学习描绘画面的方法；要引导学生学会通过分析诗词中的意象，推敲作者的情感。

（三）教学过程

1. 导入

活动一：根据老师的描述猜成语。

老师讲述苏武牧羊及归还汉朝的故事，导出成语：鸿雁传书，指书信往来。

活动二：根据画面描述写出诗句。

老师描述早春莺歌燕语的画面,导出诗句:"几处早莺争暖树,谁家新燕啄春泥。"

2. 认识意象,分清"燕"与"雁"

阅读《诗经·邶风·燕燕》和《诗经·小雅·鸿雁》,思考两篇文章中对大雁和小燕的描写,可以看出它们的共同点:均为候鸟,表达思念之情。

无论是燕燕于飞的小燕,还是鸿雁于飞的大雁,它们都是冬去春来,按时往返,羽色温润,性格柔和的,这与古代文人诚信、儒雅的气质相符合,所以多出现在文学作品之中,特别是诗词之中。

阅读如下材料,分清"燕"与"雁"。

材料一:

燕,俗称燕子,是一种候鸟,春分前后由南方来到长江、黄河流域,秋分过后又迁往南方。燕子不怕人,常在人前飞来飞去,还喜欢在人家的屋梁上筑巢孵育幼雏,因此又叫家燕。燕子不轻易改变筑巢的地点,给人的感觉如守约的老友。燕子经常成对出现,雌雄之间卿卿我我,成年鸟对幼鸟关爱,莫不与人类相似。因燕子在早春时节经常出现,所以,人们又常借燕子来表现春天的生机勃勃,表达对春天的喜爱之情。如杜甫的"细雨鱼儿出,微风燕子斜",刘禹锡的"冈头花草齐,燕子东西飞"都很容易让人联想到春天的无限生机,表现出作者对春天新气象的赞美。

由于燕子双飞双栖,人们常用来比喻夫妻和谐,称作"燕侣"。如果"燕侣"一旦分开,或者缺少"燕侣",自然会产生思念、痛苦。于是,在古代诗歌中,常用燕子来引发、反衬或暗示夫妻相思之苦、独居之憾。

见燕生悲还有另外的情况——感叹时光流逝、人事变迁、今昔不同。在诗中,燕子的北来南去,象征着季节的变换和年华的交替。"燕",既是指春来秋去的燕子,又使人联想到像燕子那样翩然归来,重寻故旧的人或物。

材料二:

大雁,也是一种候鸟,它却常在秋日的高空成队出现。队形一丝不苟,衬以秋天的萧瑟气氛,愈显一种苍凉的壮美。正是大雁这种本能的流露,暗含了人世间的悲欢离合,更容易牵动人们的羁旅之思,引起对家乡及亲人的思念。

据说大雁还能够传递书信。史载,汉武帝时出使匈奴的苏武被反复无常的单于扣留达19年之久。昭帝即位后,了解到实情,让新派出的汉使对单于说:"汉朝天子猎到一只北来的大雁,雁腿上系着一封信,写着苏武正在北海(今贝加尔湖)牧羊。"单于见道破天机,无法隐瞒,遂放苏武归汉。"鸿雁传书"一词即由此而来。这就更让文人墨客对雁的偏爱和吟咏。

学生快速阅读老师出示的关于燕与雁的材料,了解它们的不同特点,完成下表。

	季节	形象特点	环境氛围	寄托情感
燕	春	轻快敏捷 活泼可爱 成双成对 卿卿我我	春和景明	喜爱赞美 时光流逝 人事变迁
雁	秋	守信有序 鸿雁传书	凄凉萧瑟	忧愁感怀 游子思乡 羁旅行苦

通过阅读完成表格,学生对于大雁和小燕的异同点有了更多的了解,有助于他们理解诗词,消灭古诗默写中的错别字。

学生再根据阅读和积累,选择正确的字填空。

几处早莺争暖树,谁家新(　　)啄春泥。(白居易《钱塘湖春行》)

无可奈何花落去,似曾相识(　　)归来。(晏殊《浣溪沙》)

征蓬出汉塞,归(　　)入胡天。(王维《使至塞上》)

塞下秋来风景异,衡阳(　　)去无留意。(范仲淹《渔家傲》)

乡书何处达,归(　　)洛阳边。(王湾《次北固山下》)

3. 根据诗词内容,写出诗句所描绘的画面

(1)无论是春日还是秋日,无论是大雁还是小燕,诗人都借以来描绘景象表达情感。教师要求学生从上面的诗词句中,选择一首,尝试着描绘诗句所表现的画面。

学生在自己理解的基础上完成选择和画面描述，然后分享自己的作品。老师根据学生的完成情况，提出如下问题：你认为在画面描写中，要怎么做？

（2）方法点拨。教师适时进行归纳总结，在方法论上进行提升。

①如何描绘画面？首先，抓住物象的特点。其次，抓住诗词中对物象的修饰语。再次，合理展开想象和联想。最后，融入作者的感情，表达流畅。

②教师进行示范，让学生能够有更为直观的了解。示范选择的诗句："征蓬出汉塞，归雁入胡天。"这句诗描绘了在春日里，诗人迎着漠漠风沙，就像随风而去的蓬草一样出临了"汉塞"，像振翅北飞的"归雁"一样进入"胡天"。想到自己"单车"出塞，不免寂寞惆怅起来。

（3）审视自己，完善改正，锦上添花。学生结合示例，运用老师给出的方法，修改自己第一次写的内容，修改后在班级中与大家分享，看看两次相比，进步体现在哪些方面。

4. 拓展练习

选词"雁"或"燕"填空并说明理由。

戍鼓断人行，边秋一（　　）声。露从今夜白，月是故乡明。

朱雀桥边野草花，乌衣巷口夕阳斜。旧时王谢堂前（　　），飞入寻常百姓家。

题目的设计，是在学生对大雁和小燕充分了解、对诗词画面描写的方法掌握的基础之上的提升。让学生了解，面对不同形式的考试题目，应该如何把控并做到尽可能地答好。

5. 课堂小结

了解意象的概念。意象，就是包含着作者思想感情的物象。

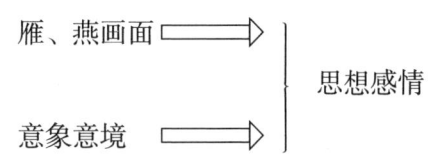

雁、燕画面　⟹　｜
　　　　　　　　｜思想感情
意象意境　　⟹　｜

6. 作业布置

面对美酒，不同的诗人有不同的表述。曹操说："何以解忧，唯有杜康。"李白却说："人生得意须尽欢，莫使金樽空对月。"杜甫说："肯与邻翁相对饮，隔篱呼取尽余杯。"而且同一作者在不同情况下，对酒也有不同的描述。李白也曾写下"抽刀断水水更流，举杯销愁愁更愁。"请你归纳中考古诗词中"酒"这一意象表达的作者不同的思想感情，并选择一句描绘画面。

（适用于九年级，作者为陈玉艳）

八、感悟古诗文情境与形象的教学设计

北京市中考考试说明对古诗文阅读提出要求："阅读古代诗歌，在理解的基础上，注重感悟和运用。对诗歌中感人的情境和形象，能说出自己的体验，提高自己的欣赏品位。理解中华民族优秀传统文化的丰富内涵，从中汲取民族文化智慧，受到熏陶感染。"为了帮助学生在考试中考出好成绩，我们非常重视古诗文的情境和形象的教学。

（一）教学目标

1. 分类并按照题材整理诗文，理解诗文中具有代表性的典型情境和形象的作用。

2. 感受古代文人的所思所行，得到有用的启示。

（二）教学过程

1. 创设情境，激发兴趣

美好的春天，听不同的歌曲。前几天，我在单位加班，心很累，一直在听庾澄庆的《春泥》，后来周末去了公园，很开心，回来的路上不经意间哼起了歌曲《春天来到了》。

同学们，不评价我唱歌的水平，我们可以发现，人在心情低落的时候，对于春天，关注到的是花朵的凋零，落在土地化为泥土的伤感；在心情喜悦的时候，却看到了大地、蜜蜂、风吹树梢的美景。

同是美好的春天，人在不同的心境下，会关注到不同的事物（形象、意象），并将其组合成独特的情境，表达自己的感受。而在古代的歌曲——诗词之中，同样也是如此。

此举以"春天"为切入点,创设引起学生的探索兴趣的情境,带领学生走进诗词的世界。

2. 引发思考,导入课程

用中考说明内容示例。

"燕"在古代十分具有丰富的文化内涵。诗人借"燕"或表现春光美好,或感慨世事变迁。在下面诗句中,与"几处早莺争暖树,谁家新燕啄春泥"一样,借"燕"来表现春光美好的一项是(　　　)

(1)泥融飞燕子,沙暖睡鸳鸯。(杜甫《绝句》)

(2)旧时王谢堂前燕,飞入寻常百姓家。(刘禹锡《乌衣巷》)

(3)无可奈何花落去,似曾相识燕归来。(晏殊《浣溪沙》)

此举从诗词中的具体形象入手,进一步加强学生对于诗词中形象及所构成情境的关注,引出下面的课程。

3. 交流成果,初步感悟

(1)胸怀远大、笑傲人生的形象:杜甫《望岳》、王安石《登飞来峰》、李清照《渔家傲·天接云涛连晓雾》。

导语:中国古代文人年少读书,学孔孟之道修身,心中总有凌云之志,即便人生路中有艰难坎坷,也不忘豪情。我请第一组同学为他们对于胸怀远大、笑傲人生的诗人形象进行分类,并说一说这类诗词中的典型形象和拓展的名句。

评价:根据具体内容进行分类,诗人用宏大的自然形象衬托自己的胸怀与志向。

(2)友人送别、思念故乡的形象:王勃《送杜少府之任蜀州》、王湾《次北固山下》、李白《闻王昌龄左迁龙标遥有此寄》、苏轼《水调歌头·明月几时有》、马致远《天净沙·秋思》。

导语:或远走为官,或被贬边地,或四处游历,中国古代文人的感慨中总少不了离愁别绪,我请第二组同学为他们对友人送别、思念故乡的形象进行分类,并说一说这类诗词中的典型形象和拓展的名句。

评价:夕阳、明月、长亭、歧路,无论是借酒消愁还是儿女沾巾,中国人对于亲人、朋友的情感总是那么浓、那么动人。

（3）男女恋歌、爱恨情长的形象：李商隐《夜雨寄北》《无题·相见时难别亦难》，《诗经·关雎》《诗经·蒹葭》。

导语：除了对友人的情感，中国人重视对家庭的情感，这种细腻的情感让家这个概念更深入人心。下面我请第三组同学为他们对于男女恋歌、爱恨情长的形象进行分类，并说一说这类诗词中的典型形象和拓展的名句。

评价：执着的追求，思念的悲伤让我们更加了解了爱的付出与责任。

（4）寄情山水田园、览物抒怀的形象：崔颢《黄鹤楼》、白居易《钱塘湖春行》、晏殊《浣溪沙·一曲新词酒一杯》、陆游《游山西村》。

导语：观览美妙的风光，总会激发人们心中的不同思绪，下面我请第四组同学为我们介绍他们对于寄情山水田园，览物抒怀的形象的整理。

评价：山水田园、亭台楼阁、小桥流水、炊烟村落，看到这个世界，诗人心中的感动为我们带来了太多的美妙诗歌。

（5）远赴边塞、感悟战争的形象：李贺《雁门太守行》、王维《使至塞上》、范仲淹《渔家傲·秋思》。

导语：为了保卫自己的亲人和土地，战争总是一个不可避免的话题。或一心报国，或祈求和平，奔赴边塞的诗人对战争有着不同的感触。下面请第五组同学们为我们介绍他们对于远赴边塞、感悟战争的形象进行的分享。

评价：孤烟、落日、边关，战争中的场景总是那么孤独与荒凉。中国人民不喜欢战争，中国人民的战争，总是为了保护自己的家园而展开，我们追求和平，却不畏惧战争的来临。

（6）怀才不遇、壮志难酬、心忧天下的形象：杜牧《赤壁》、杜牧《泊秦淮》、苏轼《江城子·密州出猎》、龚自珍《己亥杂诗》。

导语：即便是怀才不遇、壮志难酬，中国文人也忘不了对天下、对百姓的担忧，他们总希望能一展抱负，最后，我请第六组同学为我们介绍他们对于怀才不遇、壮志难酬、心忧天下这一类诗人形象的分类。

评价：先天下之忧而忧，后天下之乐而乐。说来简单，做来何其难！

4. 升华主题，厚植家国情怀

2019年3月，习近平总书记访问意大利时，意大利众议长菲科向他提出了一个问题:"您当选中国国家主席的时候,是一种什么样的心情?"习近平总书记回答:"我将无我,不负人民。我愿意做到一个'无我'的状态,为中国的发展奉献自己。"习近平总书记的"无我"就是一种家国情怀。

看黑板,这些诗歌中对家国的情感如此清晰,根植于我们的血脉,这就是家国情怀。

今天,我们学习了诗词中的意象,也来尝试写一写诗词。

5. 课后作业

除了老师课堂梳理的这些古诗文之外,请整理你学过的其他诗词的意象和情景。

(适用于九年级,作者为史行)

九、古诗词阅读答题技巧的教学设计

(一)教学目标

1. 掌握古诗词阅读中写感受和描写画面的答题技巧。
2. 从自己的答题中发现问题,纠正审题答题习惯。
3. 认知新题型,了解新的古诗词阅读方向。

(二)教学重点

掌握古诗词阅读中写感受和描写画面的答题技巧,不混淆。

(三)教学过程

1. 导入

发现答题中存在的三大问题,为了中考再次巩固答题技巧,纠正不良习惯。

2. 古诗词阅读之红

(1)明确红线的意味

红线意味着不可碰触。在中考备考阶段,读题、审题是毕业考生需要具备的最重要也是最基本的应考能力。在读题的过程中，精神过于放松，注意力不集中或者想当然地认为做过类似题型可以不认真审题，都是碰触了红线。这是在今后的阅读中最需要注重的原则问题。

（2）从自己的答题中总结三大红线

①空题现象。

包括中考在内的初中阶段的考试都是诊断性水平测试，而非选拔性考试。所以更重要的是将学习中的困难点展露出来，而非通过空题的方式加以隐藏。答题的错与对在其次，更重要的是让老师发现存在的学习问题，在今后的教学过程中可以加以侧重。而且空题就没有了得分的机会，按照自己所能尽可能地回答问题，则会有得分的概率。所以不论何种考试中，都建议学生尽可能把能写出的答案写在卷面上。

②混淆概念，对诗词阅读的理解不清晰。

古诗词阅读中最常见的两类问题：一是"作者的感受"，二是"你的体会"，两者虽然同出一源，但在答题过程中需要区分前者是诗词作者在创作过程中的心境，后者则是作为读者阅读后产生的心灵共鸣。不可混为一谈，造成答非所问的情况。

③出现惯性答题情况，造成答非所问。

在审题过程中，由于题目表述与日常所做题目表述有相似的起始句，就误认为是做过的题型，进行想当然的回答，结果答非所问。这是考场大忌，也是阅读的大忌。

（3）强调古诗词阅读中基础的重要性

古诗词阅读的基础即对于诗词最基本意思的理解与掌握，包括了诗句的含义和诗人所要表达的情感。只有掌握了基础，在答题中才能够有所发挥。

3. 古诗词阅读之白

（1）题型示例及错误答案集锦

充分展示学生的错误答案，让学生意识到自己在考试中所犯下的错误，从而知耻而后发奋。同时对类型题的错误进行归类，为后续的讲解进行铺垫。

（2）从错误答案中发现问题，解决问题

借助于对错误答案的分类，将问题集中化，做到有的放矢，精准对标。

让学生在学习的过程中清楚地意识到错误的广泛性，并有针对性地进行改正、提高。

（3）由中考说明中的示例题型明确

由于是第一年增加古诗词阅读题，所以学生在新题型的阅读方法和解题技巧上还是十分欠缺的，对于其中相近的概念也容易造成混淆。充分利用好《中考说明》，让学生掌握古诗词阅读中写感受和描写画面的答题技巧，更明白两者的区别和侧重。写感受更重要的是体验，要着重内心感受，是个性化的表达。而描写画面更重要的是客观，要着重反映诗词写作内容，是共性的认知基础。

（4）明确白色的意思，总结答题技巧

白色代表着明明白白，针对自身存在的问题，和《中考说明》中已有的典型示例，将古诗词阅读的概念理清、方法掌握、理解明白，提高自身的古诗词阅读水平。

4. 古诗词阅读之蓝

（1）展示蓝色的含义

蓝色意味着蓝海，因为是第一年出题，所以一切题型都是在探索阶段，《中考说明》也仅仅是定向，而非定型。所以我们还要有思想准备，灵活应对考试中可能遇到的新题型。

（2）结合各区新题型分类归纳

例1：海淀区一模出现的新题型

例2：朝阳区一模出现的新题型

5. 教师总结

诗词阅读红白蓝，做题可以很简单。

原则红线莫碰触，诗词基础记心间。

错题归纳理明白，各类题型有概念。

应对考试要灵活，遭遇蓝海只等闲。

扎实复习迎中考，高中会师笑开颜。

（适用于九年级，作者为李琛）

第三章

书中自有黄金屋——整本书阶梯阅读实践

第一节　整本书阶梯阅读书目

一、小学生阶梯阅读书目

年级	必读书目
一年级	《中国神话故事》、孙幼军《小猪唏哩呼噜》、赖晓珍《狐狸的钱袋》、任溶溶《没头脑和不高兴》、鲁冰《小蝌蚪吞了一块天》、金近《穿花裙的狼》
二年级	《中华成语故事》、金波《蝴蝶·豌豆花》、[意]卡洛·科洛迪《木偶奇遇记》、张乐平《三毛流浪记》、汤素兰《小老虎历险记》
三年级	《冰心寄小读者》、郑渊洁《皮皮鲁传》《鲁西西传》、葛竞《魔法学校》、曹文轩《我的儿子皮卡：尖叫》、[英]尼古拉·戴维斯《微生物：看不见的魔术师》
四年级	《叶圣陶童话》、[法]蒂皮·德格雷《我的野生动物朋友》、[英]鲁迪亚德·吉卜林《丛林之书》、沈石溪《马戏团的动物明星》、[英]丹尼尔·笛福：《鲁滨孙漂流记》
五年级	[明]吴承恩《西游记》、林海音《城南旧事》、《冰心作品精选》、王会等主编的《科学王国里的故事》、钟肇政《鲁冰花》
六年级	[明]施耐庵《水浒传》、鲁迅《朝花夕拾》、老舍《骆驼祥子》、[法]儒勒·凡尔纳《海底两万里》、[苏]尼·奥斯特洛夫斯基《钢铁是怎样炼成的》、傅雷《傅雷家书》、[汉]司马迁《史记》、[明]罗贯中《三国演义》

二、初中生阶梯阅读书目

年级	必读书目	自主阅读书目	校本阅读书目
七年级上册	《朝花夕拾》（导读：消除与经典的隔膜）《西游记》（导读：精读和跳读）	沈从文《湘行散记》孙犁《白洋淀纪事》李汝珍《镜花缘》[俄]屠格涅夫《猎人笔记》	1.告别童年《安徒生童话》史铁生《我与地坛》《秋天的怀念》

续表

年级	必读书目	自主阅读书目	校本阅读书目
七年级下册	《骆驼祥子》（导读：圈点与批注） 《海底两万里》（导读：快速阅读）	罗广斌、杨益言《红岩》 柳青《创业史》 [美]艾萨克·阿西莫夫《基地》系列	2.感悟亲情 朱自清《背影》 季羡林《自己的花是给别人看的》《怀念母亲》《夹竹桃》
八年级上册	《红星照耀中国》（导读：纪实作品的阅读） 《昆虫记》（导读：科普作品的阅读）	李鸣生《飞向太空港》 [美]蕾切尔·卡逊《寂静的春天》 卞毓麟《星星离我们有多远》	1.青春物语 《汪国真散文诗》 梁衡《把栏杆拍遍》 季羡林《荷塘清韵》《幽径悲剧》
八年级下册	《傅雷家书》（导读：选择性阅读） 《钢铁是怎样炼成的》（导读：摘抄和做笔记）	[挪]乔斯坦·贾德《苏菲的世界》 [法]罗曼罗兰《名人传》 路遥《平凡的世界》 朱光潜《给青年的十二封信》	梁思成《北京城中轴线》 2.人生百态 冯骥才《俗世奇人》 朱自清《欧游杂记》 闻一多《红烛》《七子之歌》《死水》
九年级上册	《艾青诗选》（导读：如何读诗） 《水浒传》（导读：古典小说的阅读）	《唐诗三百首》 《泰戈尔诗集》 [南朝宋]刘义庆《世说新语》 [清]蒲松龄《聊斋志异》	1.理想哲思 《毕淑敏散文集》 季羡林《朗润园随笔》《忘》《槐花》《赋得永久的悔》
九年级下册	《儒林外史》（导读：讽刺小说的阅读） 《简爱》（导读：外国小说的阅读）	钱钟书《围城》 《契诃夫短篇小说选》 [英]乔纳森·斯威夫特《格列佛游记》 [日]夏目漱石《我是猫》	梁实秋《记梁任公先生的一次演讲》 竺可桢《大自然的语言》 2.励志 周国平《各自的朝圣路》《人的高贵在于灵魂》 季羡林《做人与处世》《永久的悔》《成功》

第二节　整本书阅读指导分阶梯

一、绘本阅读的实践与研究

（一）绘本阅读的重要性

研究者发现，3—8岁是人的阅读能力发展的关键期。如果在这个时期能够培养幼儿对阅读产生浓厚的兴趣，养成良好的习惯，形成自主阅读的能力，对幼儿今后的可持续发展将产生重要的积极影响。

近年来，人们越来越清楚地认识到早期阅读的重要性和必要性。作为早期阅读的一种重要读物，绘本在发达国家早已成为家庭的首选儿童读物，也是孩子接触最早的文学作品形式。国际公认："绘本是最适合幼儿阅读的图书。"它的表达形式多样、物象形态生动、色彩鲜明协调，具有文学性、生活性、教育性、情趣性等特点，让幼儿通过绘本阅读喜欢上阅读，学会阅读，陶醉于阅读。

绘本不同于"小人书"、卡通书或其他有图有字的儿童读物。在绘本中图画不再是文字的点缀，而是图书的命脉，具有艺术性、趣味性、连贯性，甚至有些绘本一个字都没有，只用绘画来讲故事。

（二）绘本阅读的方法

清华大学附属中学丰台学校小学部经过探究和学习，研究出了"评价激励导向读"、"多本书整合读"、"学科特色个性读"、"节日课程强进读"和"睡前导读"等多种绘本阅读方法，推出典型课例示范读。

评价激励导向读：让学生感受到阅读的乐趣，是阅读活动持续发展的不竭动力。为了激发学生的阅读兴趣，并能进行有效阅读，我们从学生阅读态度、阅读能力、阅读效果等方面进行评价。阅读力就是学习力，会阅读的孩子便会自我教育。

学科特色个性读：数学绘本就是将数学知识融在生动活泼的故事当中，这就好比把数学进行了加工，让学生体会到数学不一样的"味道"。

节日课程强进读：活动即平台，活动即课程。在深化推进阅读的过程中，结合本校特色，我们也逐渐形成了自己的模式，以每年一次的读书节为契机，掀起阅读的小高潮。诵诗会、朗读会、故事会等形式为热爱阅读的孩子提供了展示的平台。

睡前导读：睡前听绘本有助于提高孩子的理解力、想象力和逻辑思维能力，对大脑的发育很有帮助。对于英文睡前故事，家长们不必纠结孩子能否听懂单词或者大段的句子，优秀的语言环境能够帮助孩子建立英文语感，提高对英文的反应速度，减少对中文解释的依赖。

（三）绘本阅读的课堂实践

在教学实践过程中，我们尝试将两本主题相同、情节相似的绘本进行对比赏析，用联系辩证观点探究绘本的内涵，以提高学生的鉴赏能力和审美情趣。《淡蓝色的围巾》和《躲猫猫大王》就是我们基于主题、情节、表达等多方考虑而选择的对象。在主题上，两本书阐述了孩童之间的友情，饱含无尽的善意，引发人们对"弱势群体"关爱，映射着世间美好的存在——友谊；在情节上，两本书主线明晰，一个"躲猫猫大王"的称号呼唤出一段永恒的时光，一条淡蓝色围巾，连接起一份不变的情谊；在表达上，"连十块钱和一块钱都分不清"的小勇、"力气小、跑步慢、数学差"的洋介与其他正常孩子相比是较为落后的，甚至可以说存在某种障碍，但是两位作者并没有直接说明，而是将其含蓄表达，传递出他们对弱势群体的尊重。在课堂上，我们要求学生以小组展示的形式，利用可视化思维工具"情节绳""情节波"，梳理了故事脉络。通过整体感知对比两本书的异同，形成整体认知。接着通过洋介和小勇分别如何与小伙伴相处的、假如你是他们的朋友你会如何和他们相处的问题的讨论，我们引导学生体会领悟书中情感，学会与人相处之道。在深刻理解两本书深刻含义后，我们再次对比两本书的异同，从细节、图画、作者表达来感悟两本书的表达之美。最后，引导鼓励学生对小勇和洋介离开小伙伴后的生活进行想象，并进行绘本创作。学生在阅读中思考，在阅读中创造，读别人的故事，书写自己的人生。课堂上，学生妙语连珠，表达自信流畅，课堂氛围轻松愉悦，效果显著。

（适用于一二年级，作者为孙姣）

二、小学低年级语文以朗读促阅读

在新一轮的教材改革中，部编版小学低年级语文教材最大的特点是以读为主线，重视优秀传统文化。低年级学生正处于阅读兴趣与习惯养成的关键期。"读"是低年级阅读课的主旋律，也是低年级语文教学的主阵地。如何进行阅读指导，是每个教师必过的"关"，是每个教师必备的基本功。笔者认为，低年级语文教师在教学时，要深入文本，透过词句倾听作者心声，引导学生体验、感悟，激发美好情感；利用诵读经典国学，积淀人文素养；提倡家长和学生一起亲子阅读，营造阅读氛围。此举可有效激发学生的朗读兴趣，促进阅读习惯的养成。

（一）调动情感体验，再现画面情境，进入文本意境

低年级阅读教学，最重要的任务就是培养学生在阅读中积累词语，结合上下文了解词句的意思。文本中有特点的词语，需要下功夫咀嚼揣摩。部编版语文教材一年级下册童话《树和喜鹊》有两个情感鲜明的词语——孤单与快乐。仅从这两个词语的字面上，学生也能很容易领悟出孤单的苍凉与快乐的欢悦。那么，教师还需要"教"吗？应该怎么"教"呢？笔者认为应该引导学生在诵读过程中进一步体悟情感并再现文本意境。

此课共六个自然段。在第二自然段"树很孤单，喜鹊也很孤单"的配图旁，有泡泡提示：读了第一段，我知道了"孤单"的意思。于是，第一段如何指导朗读成了教学中的重头戏。读出"孤单"，听出"孤单"，体验出"孤单"，怎么做呢？

1. "画语"同步

"语"就是"语言",而所谓的"画",不仅指图画,更是指激活学生内心一幅又一幅生动的生活场景。诵读前,教师先让学生用语言描述画面,表达自己的理解,联系生活聊聊"孤单",调动学生的情感体验。这样就让"树""喜鹊"与"我"之间产生了关联,搭建起了情感通行的桥梁。同频共振,容易产生共鸣。借助语言联通生活,搭建起情感通行的桥梁,可以让学生的体验在生活与文字的链接中产生。此时的朗读指导,不需要强调读音,学生心中已经有百般场景,想象与体验同在。学生在平静的状态下,用平缓的语调、平实的声音来诵读,同样也能感受到话语中的情感。语感越好,越能读出味道。

2. **身心俱入**

低年级学生读书,是需要"动"起来的。笔者称之为"移动打靶"。指导低年级学生诵读,可以借助他们童真的心灵以及生动的体态语言,把词语中的情感用动态的表演展示出来、体会出来。例如,《树和喜鹊》最后一段中提到"喜鹊和树打招呼后,就飞出去了""傍晚又飞回来了"。笔者发现"飞出去""飞回来",可以带着表演读,而"打招呼"更是可以拓展想象,将"读"和"演"在合情合理的想象中实现融合。当学生像喜鹊一样,和树打招呼,说:"你好,大树,昨晚做了什么好梦?"情感自然在其中。读的同时,有了这些肢体语言的介入,有了童真心灵的参与,快乐的情感就能洋溢在整间教室,感染每个学生。

词语是表情达意的重要载体。教学时,老师要乐于品味、有感悟,更要善于创设情景引导学生进入意境,有所体验。人的经历虽然各有不同,但情感是相通的。从生活经验入手,调动学生的情感体验,就打开了通向文本意境的大门。进入文本意境中去体验,通过诵读去表达,学生在和文本与作者的共鸣中,获得的不仅是理解,更是领悟和提升。这样的阅读教学,是鲜活的,有生命力的。这样的朗读教学指导,才是有益于学生身心发展及语文素养提升的,有助于埋下一颗生长的阅读种子。

（二）诵读国学经典，训练语文能力，积淀人文素养

国学诵读是传承优秀传统文化的需要，是童蒙养正、立德树人的需要。部编语文教材中，每一册的内容都有涉及国学，国学课堂、晨读更是把它安排进了课程表。低年级的《三字经》《弟子规》《声律启蒙》等国学诵读能否与语文朗读、阅读教学相互补充？教师能否有意识地指导学生，让国学诵读成为语文教学的课外延伸，成为检验语文课堂学习的新阵地？答案是不言而喻的。

1. 读通、熟读文本

教师可以要求学生借助拼音，自由、大声地练习朗读，并让学生选择最难读的和不理解的句子当众朗读。在学生感到理解困难的词语、段落上，教师要有针对性地进行指导，或示范，或指正，或反复训练。通过上述方法，使国学诵读成为朗读教学的新阵地。

2. 听、看国学故事

教师可以让学生看视频的方式，让他们了解国学故事。例如，《弟子规》中说："惟德学，惟才艺，不如人，当自励。若衣服，若饮食，不如人，勿生戚。"意思是说：如果品德、学问和才艺方面不如人，就应该自我勉励，努力赶上，这方面一定要有进取心。但物质方面的享受，就要降低，不要攀比。即使自己生活得比较贫寒，衣服、饮食、房屋、财富等不如别人，心里也没必要忧愁。接下来，教师可以通过国学小故事《阮咸晒衣》帮助学生明白，人活着的关键是他的德性和学识。教师可以再举一个现实生活中的事例，帮助学生树立正确的价值取向。这样的训练不仅强化了学生认真倾听的习惯，而且拓展了学生的知识面，将学习与生活密切关联，学而时习之，学以致用，国学诵读成为课本教学的延伸与扩展。

3. "小老师"讲给你听

教师要求学生选择最喜欢的一段国学内容，自己当老师，讲给小伙伴们听。在这一活动中，"小老师"领读，讲解意思，制作简单的幻灯片，并把自己喜欢的国学相关视频、资料放入。讲解前，"小老师"需要收集翔实资料，组织语言，反复修改、练习。在这一过程中，他们的综合运用能力得到了提

高。倾听、观看的学生，从心里佩服这些同龄的小朋友，促使他们对"小老师"及老师的建议和指导有更好的认同与接受。教师要及时把学生讲解的内容录视频保存，为学生留一份特别有意义的成长资料。诵读国学既弥补了语文课堂教学识字、阅读量小的不足，又在潜移默化中引导学生懂礼貌、知礼仪，成为有教养的孩子。甚至有学生，将背熟的经典用在写作、发言中，出口成章，引经据典，很有深度。

（三）和大人一起阅读，营造阅读氛围，养成阅读习惯

部编版语文教材另一个特色，就是在每个单元都新增了"和大人一起读"的板块。到底该如何"一起读"？

1. 老师绘声绘色地朗读，带动学生

学生刚入学时，非常喜欢儿歌、童话、寓言故事。教师要用好手中的课本，同步拓展阅读，见缝插针地读或讲给学生听励志、行为习惯养成故事等，短小的儿歌、有趣的内容要和学生一起读。教师绘声绘色地朗读、讲解，能把学生带入故事情景中。学生对优美的事物总是特别欣赏，常常听得如痴如醉，欲罢不能，这时他们可能开始模仿老师的样子读书、讲故事。

2. 把听故事、"和老师一起读"设置成一种奖励

奖励那些听讲认真的学生，让他们自己选择喜欢的故事、儿歌，像老师那样读或者讲给同学听。当学生有了阅读动力，他们就会把愉悦的阅读体验传递给自己身边的同学、朋友以及家人。大人每天和孩子一起阅读，这会丰富学生的语言和精神世界。学生们用耳朵获取的文学性语言越多，想象力和理解力就会越丰富，个人的阅读能力也就会越强。

学生对阅读，并不是天生就充满热情和渴望的。尤其是低年级学生，在阅读初始，他们和图书之间必须有媒介——父母、亲戚、邻居、老师等，即那些能将图书带进他们世界的大人。低年级学生，最大的特点就是特别听老师的话，大多学生是和大人一起阅读，从而爱上阅读，学会阅读的。学生身边爱阅读（会阅读）的大人越多，他们爱上阅读的可能性就越大。老师在亲子阅读中扮演着举足轻重的作用。低年级老师引领学生读书的做法能更快传递给家长，老师的言传身教能起到示范、榜样的作用，家校合力，学生的阅

读兴趣才会自然而然地培养起来。

阅读教学最终是要学生养成自觉的阅读习惯，能在生活中经常阅读，获得生活的感悟。学生在家校浓厚书香的浸染中，在老师阅读方式、方法的培养下，会不自觉地经常阅读。学生之间经常讨论的话题是自己最近读了什么书，书中内容特别有意思的是什么，怎样好玩儿、搞笑。他们在谈话、闲聊间进行了好书推荐。学生读出了兴趣，逐渐养成良好的读书习惯，以朗读促阅读教学才真正达到了有效的目标。

（适用于一二年级，作者为刘学敏）

三、以传统文化为契机，提高学生课堂学习效果

在人类历史的长河中，中华民族的祖先用劳动和智慧创造了光辉灿烂的文化。中国的传统文化是我们的民族之根、民族之魂。神话是中华传统文化的重要组成部分，我们可以从中汲取智慧和精神力量。

神话一般可分为三种类型：开辟神话、自然神话和英雄神话。开辟神话反映的是原始人的宇宙观，用此解释天地是如何形成的、人类万物是如何产生的，如《盘古开天辟地》。自然神话是对自然界各种现象的解释，如《女娲补天》。英雄神话表达了人类反抗自然的愿望，如《夸父逐日》《大禹治水》等。神话产生于人类的童年时期，是想象的产物，充满了神奇色彩，在民间广为流传。神话故事是神奇的，充满想象力的，非常适合儿童阅读。在北京版教材中就编排了《女娲补天》《羿射九日》《夸父逐日》《三过家门而不入》《猴王出世》5篇神话课文。

以神话教学为契机，提高学生课堂学习效果，值得每一名语文教师认真思考。

（一）追本求源，神话是文明起源的重要来源

茅盾曾给神话下过这样的定义："神话是一种流行于上古时代的民间故事，所叙述的是超乎人类能力以上的神们的行事，虽然荒诞无稽，可古代人们互相转述，却确信以为是真的。"当原始先民面对着陌生的世界充满恐惧的

同时却又渴望去征服自然、改造自然的时候，神话就诞生了。可以说，神话是中华文明起源的重要来源。

（二）中国神话故事，传承中华民族的精神

1. 中国神话故事，传承中华民族的精神

中国神话故事中的人物一般具有崇高的道德感，他们身上承载的中华民族的精神一直绵延至今。盘古牺牲自己开天辟地；精卫用生命填平大海；夸父长眠的最后一刻，依然没有忘记追日的伟大梦想；大禹为了治水舍小家为大家，三过家门而不入。神话把自强不息、甘于奉献的精神播撒在学生心中。学生通过阅读一篇篇神话，浸润中华文化，传承中华民族精神。

2. 神话作品，充满想象幻想

在远古时代，社会生产力水平很低，人们不能科学地认识世界、解释自然现象，他们借助想象和幻想把自然力和客观世界拟人化。当思考"人类是怎么产生的"问题时，人们创造了女娲用泥巴捏出人类的神话故事。当思考"天和地是怎么形成的"问题时，人们创造了盘古开天地的故事。刮风、下雨、打雷、闪电也有风雨雷电四位神仙各司其职。《山海经》中的异兽，相貌奇特，拥有神奇的能力。人类创造出一个个拥有强大力量的超人超兽来解释自然界中的现象。所以说神话中充满了神奇的幻想，是想象和幻想的产物。

3. 神话故事，情节好听好记

神话是远古人类智慧的产物。它以口口相传的形式流传几千年，可以说是我们中华文明的源头。在早期人类社会，它是民间口头文学，语言活泼，情节生动，往往能用最简单的语言揭示最深刻的内容。神话能够一直传承下来，与它好听好记、曲折离奇的故事情节是分不开的。

（三）有效开展教学，培养学生语文素养

1. 感受神奇，激发兴趣

神话是人类早期的艺术创作，它用质朴的话语为我们描述了一个个神奇、美妙的世界。

"水神失败了，他一气之下，向西边的不周山撞去。不周山是支撑天地的

柱子。柱子一倒，马上天塌地陷。山林燃起大火，洪水泛滥，各种野兽也都出来伤害人类。"学生读到这里就会想象：支撑天地的柱子得多么高啊，天塌地陷是多么可怕！

"相传古代的东方上帝叫帝俊，他的妻子羲和生育了十个孩子，名叫十日。他们住在东方海外的汤谷。那里有一棵无比高的大树，叫作扶桑。按照母亲的要求，这十个孩子要轮流到树上去住，一个住在树上，九个住在树下。这样，地上的人们就只能看见一个太阳。"学生读着就会想，神也有家人，汤谷是什么地方，他们住在那么高的树上。住在树上，天上就有一个太阳。

这样的情节吸引着学生好奇的心。在教学中，教师要抓住这些情节，激发学生阅读神话故事的兴趣。这种大胆想象创造的神奇，与富于幻想的儿童的心理息息相通。学生在学习的过程中，不自觉地将自己融进神话当中，成为神话中的某个了不起的角色。神奇的情节为学生开启了一扇梦幻之门。

2. 了解人物，感悟精神

教材中的 5 篇课文，都有神奇的人物。他们分别是女娲、羿、夸父、大禹和猴王。在教学中，教师要注意抓住主人公所做的事情来深入了解他们的精神品质。

"羿举起神弓，搭上神箭，拉满弓，对准其中的一个太阳射去。箭带着风声呼呼地疾飞，转眼间，一个大火球无声地爆裂开了，流火乱飞，红光四溅。过了一会儿，天上就少了一个太阳，地上的人们觉得凉爽一些了。接着，羿又射掉了第二个、第三个……"这段对羿射日细节描写的内容，通过重点词语"呼呼疾飞""无声""流火乱飞""红光四溅"，让我们感受到羿的神勇、正义。

"山的北边，长出了一大片枝叶茂盛、鲜果累累的桃林，那就是夸父抛出的木杖变成的。夸父要把这些滋味鲜美的果子，送给追求光明的人，使他们解除口渴，一个个精神百倍，奋勇前行。"这样的语句又表现了夸父无私奉献、敢于牺牲、勇往直前的精神。

3. 找准空白，快乐想象

想象力丰富是儿童的特性，神话类课文，往往会留下极大的想象空间。我们找准了这些想象点，就能激发学生的想象思维。

羿接到射日的命令，他是帝俊派来辅佐尧的，现在人间有了苦难，他要去射帝俊的儿子，他会怎么想呢，他会有怎样的心理活动呢？教师可以抓住这一点，让学生想象羿的矛盾和坚定，体会羿是一个正义的神。

在学习《女娲补天》时，教师让学生找一找课文是怎么描写天塌下来的情景，说一说读着这样的文字，你仿佛看到了什么，听到了什么，又想到了什么？在问题的引导下，学生结合自己已有的生活体验展开想象。

学生联系实际生活大胆想象，沉浸在课文的情节中，既理解了课文要表达的意思，又产生了丰富的情感体验。他们的想象力在神话故事里得到充分的发展。

4. 练习复述，发展语言

神话是古代人民口口相传下来的。编入课文的神话故事语言浅显，易于理解，非常适合培养学生口语表达的能力。

复述是贯穿神话教学始终的。对于低年级学生，教材要求复述课文的重点部分。中年级学生可以讲完整的神话故事。高年级学生接触文言名著的一个片段，并说一说文章的内容。如何指导学生复述呢？

我们小的时候都听过奶奶、姥姥讲故事，她们文化不高，但是故事讲起来妙趣横生，令人印象深刻。这是因为她们用自己的口语讲故事，并融入了自己的情感。所以要想让学生复述好，一定要让他们喜欢神话故事，培养他们讲故事的兴趣和愿望。教师要给学生创设一个非讲不可的情境。比如，播放一段孙悟空出世的小视频，看看谁能接着讲后面的故事，要说得比电视剧演得好，让同学们都爱听。

当学生有了讲故事的欲望，我们要适时提供指导方法。我们指导学生在熟读课文的基础上按照文章的叙述顺序进行复述，抓住故事的情节和重点词句，用自己的话讲故事，而不是背诵课文。

学生在讲女娲补天的故事时，首先要了解补天的过程。女娲先是支起一口大锅，冶炼石子，接着驾着云彩去修补一个又一个裂缝。其次要复述重点语句，包括"不知烧了多少天""也不知炼了多少石子""腰酸背痛，一刻也不停歇"等。对于比较长的课文复述，比如《猴王出世》，我们还可以出示连环画，帮助孩子梳理文章的层次。

在讲羿射九日的故事时，我们可以引导学生加入自己的想象，比如是谁去劝羿的、怎么劝的、羿射九日时有什么样的内心挣扎，当时整个天上、人间的场景是什么。

莫言先生曾经说过，他在镇上听说书先生说故事后回到家就讲给妈妈听，讲得比说书先生还要好。他从小就是一个会讲故事的人，长大后写出了一篇篇精彩的小说。所以复述是一个把故事再加工、再创造的过程，学生把故事讲得好听好记，是一个非常有效地提高语文能力的途径。

（四）科学落实神话教学学段目标

不同学段的学生因年龄不同，认知水平和阅读能力存在差异，神话教学的侧重点各不相同。

在教学目标上，低年级学生学习神话，除了识得字词，更为重要的是培养阅读兴趣。在教学中，教师要引导学生充分体会神话的神奇，利用学生的好奇心理，推荐他们阅读更多的既充满神奇色彩又比较简短的神话故事。

对于中年级学生，我们在教学中要继续培养他们阅读神话的兴趣，让他们乐于学习神话。更为重要的是，我们要提高认识，将神话阅读提升到文化浸润和传承的高度，尝试引导学生阅读不同民族的神话。

对于高年级学生，我们在教学中要更加深入地探讨神话文本意义，将神话放在更广阔的文化背景下，对不同民族神话人物进行对比，感悟文化底蕴。

总之，在语文教学中，神话的教学是传承传统文化的重要途径。以神话这一传统文化为契机，我们可以通过多种渠道提高学生课堂学习效果，使他们热爱中华传统文化，立志传承中华传统文化，培养良好的人文素质。

（适用于三四年级，作者为王佳妮）

四、开展好小学名著阅读的心得

《义务教育语文课程标准》指出，小学阶段的阅读教学在母语教育中发挥着奠基作用。兴趣是最好的老师，学生如果对阅读有兴趣，他们就能够在阅读中体会到乐趣，保持阅读的动力。

单纯地把书目推荐给学生让他们完全自主阅读，这对学生来说有一定的难度。为了让学生在保持兴趣的情况下阅读名著，我反复比较了《西游记》《水浒传》《三国演义》《红楼梦》，决定先从他们更能接受的《西游记》入手。《西游记》家喻户晓，从可爱的卡通动画片到电视连续剧，唐僧师徒的形象早已深入人心。我采用了比较自由的阅读方式，让学生独立阅读，对自己喜欢的场景可以用彩笔画下来。如果有不懂的问题，同学之间可以展开讨论。灵活的方式吸引了学生的兴趣，他们扎实阅读，还将他们喜欢的场景画了下来。在他们的笔下，富于反抗精神的孙悟空、憨傻贪吃的猪八戒……跃然纸上。灵活的阅读方式使学生增加了阅读兴趣，热烈的课堂讨论是他们快乐的源泉。

读《水浒传》时，我又换了一种方式。《水浒传》中的108位梁山好汉每人都有一个绰号，而梁山好汉形象是男孩子们喜欢的，所以我在指导阅读时，让学生边画边写，找出人物对应的绰号。学生课后还开展了你问我答的活动，这也加深了他们对人物的理解。针对小说中的重点人物、章节，我还让学生通过插图去叙述，图文结合的方式使学生对小说内容的理解自然而然地加深了。浓厚的兴趣促使学生的阅读积极性更高了，读书的热情互相"传染"。

《三国演义》的阅读难度比较大，为了帮助学生更好地理解其中的内容，我指导他们根据章节内容，从人物的性格特点入手，带着问题读，在文中找出相对应的内容，领略小说的情节，感受人物的命运。

阅读名著，不仅让学生感受文学的魅力，而且使他们陶冶情操，感受真善美。

附：阅读《水浒传》学习单

梁山英雄人物知识概览表

人物	外号	外号由来	品行、性格	主要情节	上梁山原因	歇后语
宋江						

阅读素养是这样培养的：九年一贯制阶梯阅读实践

续表

人物	外号	外号由来	品行、性格	主要情节	上梁山原因	歇后语
晁盖						
吴用						
林冲						
杨志						
鲁智深						
李逵						
武松						
孙二娘						
扈三娘						
顾大嫂						

温馨提示：请你认真阅读《水浒传》并将表格填写完整，补充五个梁山英雄人物，完成全部表格。

（适用于五六年级，作者为张艳辉）

五、挖掘散文美质，提升审美情趣

优美的散文总有其美的潜在性。散文之美出乎自然、朴实和直白的表达，"看似寻常最奇崛，成如容易却艰辛"。散文美的因子总是闪烁、跳动于朴素平淡、自然无华的字里行间。散文不论记人叙事，还是绘景状物，都是作者在真切感受的前提下，在内心与外物相契合的基础上，以敏锐的艺术感觉捕捉到，并用富有表现力的文学语言描绘出来的具有强烈艺术感染力的自然人生（社会生活或自然景色）画面。

学习散文，我们要具备一双善于发现美的眼睛，感受那灵活多变的表现手法，赏析优美的语言，品味激越的感情和丰富的思想，捕捉到只可意会、难以言状的审美享受。

白素云在《文学鉴赏能力的培养》一书中指出："阅读与欣赏优秀的散文，不仅给人以目接千载、神与物游的心旷神怡之感，更启人深思，激人上进的凝神熟虑之妙。在中学文学鉴赏课中，教师要引导学生'注意从不同角度和层面发现作品的意蕴，不断获得新的阅读体验。'"

在教学中，如何从不同角度发掘教材中散文之美，让学生受到熏陶感染，提升审美情趣呢？

（一）体味散文情感美

刘勰在《文心雕龙·情采》中说："情者文之经。""情"就是真情实感。真情实感绝不是靠火爆的词句、多情的绮语，它必须深植于事实的土壤。

作家魏巍在谈到《我的老师》的写作感受时说："在动笔之前，我确实回到我的童年，或者说沉入到我的童年，对那时的儿童世界作了一番遨游。这样，童年时遇到的几个老师，便浮现在我的眼前，尤其是那位蔡老师，又重新激动着我的感情。可以说，那篇文章是真情实感。"魏巍以"老师爱我们""我思念我的蔡老师"为感情线索，串起儿时记忆中一颗颗珍宝：蔡老师温柔的性格，美丽的心灵，课堂内外对学生的爱护和培育，对其生活的关怀和影响，以及其对老师的深深思念。这些虽然都是儿童生活的琐事，但因为处处透露出作者的真情实感，无不染上浓厚的抒情色调，使我们触及蔡老师跳动的脉搏，窥及她慈母般的心地。

在《我的老师》教学设计时，我们就要通过梳理事件，从蔡老师假装发怒、教学生跳舞、观察蜜蜂、读诗、排除作者和同学之间的小纠纷等事，来揣摩字里行间里透露出来的老师对学生的爱。比如，在赏析"仅有的一次"，"从来不打骂学生"的蔡老师举起了教鞭，但就在教鞭将要落下的时候，却轻轻敲在作者举起的石板边上，我们就能从儿童敏感的觉察中体会到，"她并没有存心打的意思"。这一欲行又止的瞬间，透露出蔡老师的热忱与厚爱，她是假装生气的，结果"大伙笑了""她也笑了"。令人气恼的事情反而引起双方会意的笑，师生的感情又是何等的融洽。以心发现心，以爱换取爱，蔡老师赢得了学生的爱戴。

我们可以再从作者和同学一起看老师写字、作者梦里寻师，体味他对老师的感激和依恋。比如，赏析"每逢放假的时候，我们就不愿意离开她。我还记得，放假前我默默地站在她的身边，看她收拾这样那样东西的情景"时，我们可以看到一个副词"默默地"，两个动词"站""看"，写出孩子与自己喜爱的老师依依惜别的深情。这是孩子送别的动人场面，这是孩子表达依恋的方式，没有话语只是默默观察，只希望能在老师身边多待一会儿，多看老师一眼，此时无声胜有声，无声的动作，静态的描写，浓浓的情意胜过千言万语。至于在漫长的暑假里，由于思念老师之切，作者睡梦中迷迷糊糊地往屋外走，去找蔡老师，直到母亲"喊""拉""劝"才又熟睡，可见对蔡老师的情感之深。正是这真情实感，使文章具有强烈的感染力。

回顾整个教学过程，我们从梳理事件入手，重点品词析句，感受文章中蕴含的浓浓的师生情谊。整个学习过程围绕体味散文的情感美展开，让学生受到美的熏陶感染，提升其审美情趣。

"文章不是无情物"。一切作品都寄寓着作者对现实生活的审判评价，渗透着作者丰富的思想感情，具有鲜明的爱憎和独特的艺术魅力。比如，在《两个强盗闯进了圆明园》里，雨果站在捍卫人类文明的立场上，对圆明园进行了极度的渲染和赞美，对英法联军的行为进行了讽刺和谴责。教学时，我们要有目的地采用多种形式指导学生反复诵读，品味课文，他们就会情不自禁地被课文所吸引，激发对祖国灿烂文化的热爱和侵略者强盗行径的愤恨，进入美的境界，体验美的情趣，受到思想情感的熏陶和教育。

（二）感受散文空白美

空白，是一种艺术的表现手法。运用空白手法，可使艺术品虚实相映，形神兼备，达到"此时无声胜有声"的艺术境界。诗人称"空白"为"含蓄"，书法家称它"飞白"，画家称它"留白"。白素云在《文学鉴赏能力的培养》中指出："在散文鉴赏活动中，审美对象——文本，不仅为读者创造出了有价值的艺术形象，而且更为读者提供了耐人寻味的审美想象空间。"

在教学过程中，我们要善于利用散文艺术形象，通过审美想象，感受散文的空白美。

《女兵墓》一文，仅从量血压、堵枪口两件事来反映女兵，既没有过多的正面描写，也没有写姓名籍贯，更多的是通过写在量血压时战士们的配合、牺牲后战士们飞速抢救以及多年后铭记在心来突出女兵的高尚。

我们在对《女兵墓》教学设计时，先梳理完女兵的故事，之后再引导学生深入文本，阅读文章的第8—21段，寻找女兵的高尚具体表现在哪里，再找出表现作者对女兵情感的语句，具体进行概括，并要求认真圈点出依据，进行分析。此时的分析就是结合文本以及当时生活实际去理解。

在理解文本的基础上，我们让学生展开想象，说一说自己眼中的女兵，女兵的行动是否产生了激奋人心的力量，是否强烈地震撼人的心呢？

学生根据课文内容联系生活实际谈理解和感受，在文章的空白处，展开想象的翅膀，用动人的理解和想象发挥散文空白美。

通过这样的环节，调动学生的想象，女兵的形象更加高大、感人，这正是感受散文空白美的实效，学生的审美想象得以发展。

（三）品味散文自然美

自然美就是现实生活中自然物的美。日月星辰、山川草木、花鸟虫鱼等都属于自然美。人们说，美育像春风，无处不在，令万物充满生机。美育又像春雨，润物细无声，深刻影响着人的精神世界。语文教材中的众多佳篇，以优美语言，多角度、多层次、全方位地表现了大自然的美。从南国《周庄水韵》到北国的《济南的冬天》，从西北的《白杨礼赞》到北京《西花厅的海棠花开了》，哪一篇不令人心醉，哪一篇不令人神往。教师可抓住作品中充满诗情画意的自然美，唤起学生美感、陶冶学生情操。

（四）欣赏语言美

文学是语言的艺术，语文课堂的教学应该是一种语言欣赏活动。学生在欣赏文学作品时接收到各种情感信息而动情，其中有对美好事物的热切向往，有对高尚人格的至诚赞颂，有对恶势力的愤怒鞭挞，也有对生命的执着追求，这些给学生以真、善、美的感染和熏陶。语文教师在课堂上应引导学生推敲文中传神的词语，让学生体会、感受词语的美妙。学生在教师的引导下，反复去琢磨，才能体会出词语之妙、词句之美。比如，《济南的冬天》中"这一圈小山在冬天特别可爱，好像是把济南放在一个小摇篮里，它们安静不动地低声说：'你们放心吧，这儿准保暖和'"，用了比喻的手法，将济南比作婴儿，把老城四周的小山比作"小摇篮"，把小山写得那般温暖，把济南城写得那么舒适。作者再用拟人的手法，把济南的小山模拟成一个母亲对孩子的呵护和安慰"它们安静不动地低声说：'你们放心吧，这儿准保暖和'"，充满了慈爱，再现了这个理想境界温暖、舒适特点，渗透了作者对济南冬天的喜爱之情。苏联教育家苏霍姆林斯基曾说："唤起人类行为的自我教育……乃是一种真正的教育。"可见，教师准确地把握并积极引导学生披文入情，自觉接受审美情感教育，具有现实意义。

在散文教学中，我们要在"智育"过程中以"美育"温润，从文学赏析的角度去把握散文情脉，从人、事、境的融合中，使学生展开想象的翅膀，进行散文艺术的再创造。挖掘散文美质，感受散文美的意蕴，学生就可以受到美的熏陶，提高审美情趣。

语文教学应像春雨、像清风、像枫叶、像瑞雪，开垦荒陌的心田，涤荡污浊的心灵，使以静态的文字沉睡在课本中的美质语文还其本色。教师要以自己的才情，使语文教学具有美学风范，使学生真正地喜爱语文。

附：名著任务单及具体方法

阅读时间	书名	作者	读的书页（章节）
	《猎人笔记》	屠格涅夫	
我的积累			
我知道 （整体感知）	（概括情节，时间、地点、人物、起因、经过、结果）		
我欣赏 （美句摘抄）	（景物＋修辞＋特点）		
我理解 （理解感悟）	（人物＋事件＋性格）		
我质疑 （探究思考）			
同学评语		老师评语	

（适用于初中，作者为张珍娟）

六、初中名著阅读方法及策略指导

书籍是人类进步的阶梯，名著阅读成为中学生的必修课。初中阶段，学生的课外阅读书目从以前的 3 年 10 本书，增加到目前的必读书 12 本、选读书 24 本，阅读量大大增加了。随着教育改革的进行、部编版教材的普及，学生的中考压力也在增加。中考的考试科目从原来的 6 门文化课加体育，到现在的 9 门文化课"全开全考"，学生的学习任务更加繁重，甚至周末也要去参加开放性科学实验课为中考成绩添砖加瓦。在面对日益增加的学习压力、日益繁重的学习任务的情况下，如何在有限的课余时间内把名著读明白成为摆在中学生面前的一道难题。结合近几年我的一些教学经验，在此，谈一下阅读名著的一些行之有效的策略。

随着阅读书目的增加，各类型名著也都出现在了我们的书单上。比如，科普型《昆虫记》、报道型《红星照耀中国》和哲学科普型《苏菲的世界》

等。我在此主要针对的是小说类名著的阅读，这也是中学生名著阅读中占比最大的一部分。

（一）名著阅读指导应注意的问题

百度百科中对于名著是这样定义的：名著就是指具有较高艺术价值和知名度，且包含永恒主题和经典的人物形象，能够经过时间考验经久不衰，被广泛认识以及流传的文学作品。从这个定义中，我们可以解读出很多名著阅读的指导方法，避免学生走进误区。

1. 名著是一个热门的 IP，易吸引学生的关注

名著，尤其是古典名著，相对于现在流行的网络文学来说，的确佶屈聱牙。在学生习惯于碎片化阅读的当下，让他们捧着一本大部头图书去津津有味地阅读，有些强人所难。即便教师不厌其烦地教导学生读 1 部名著的作用胜过读 10 部网络小说，但是认识到这件事的重要性和真正将认识付诸行动之间还存在一定的距离。

但是我们必须看到的是，名著是"被广泛认识以及流传的文学作品"，也是一个热门 IP，存在吸引学生的因子。举个简单的例子来说，每年改编《西游记》或者《三国演义》的影视作品不在少数，学生往往在不经意间就看了。这其实就是一个非常好的进行名著导入的兴趣点。比如，同样是改编自《西游记》，为什么有的影视作品火了，口碑票房双丰收，而有的影视作品却被贬得一文不值，票房惨遭滑铁卢？是把原著内容篡改了让观众不买账的？再比如，《西游记》中的妖魔鬼怪众多，为什么被改编翻拍最多、最出名的是"白骨精"？《西游记》中哪些章节是被观众熟知、被导演反复改编翻拍的，其他情节为什么没有这些章节热门？等等。这些问题都可以激发学生对原著产生浓厚的兴趣，从而让他们开始阅读。通过阅读，他们就会思考这些现实问题，这样就把枯燥的古典文字和丰富多彩的现实生活联系到一起，让他们真正地了解名著的魅力所在。

2. 读名著应着眼于长远

名著之所以是名著，是因为经受住了时间的考验，经久不衰。但也正因为如此，名著与学生生活的时代背景差距很大。原著不同于改编，里面的用词都极具时代特征，而初中生的语文积累还远远达不到能轻易忽视用词的水平，这就造成了他们即使有兴趣翻开名著阅读，但很快就又会失去阅读兴趣——读不懂，读不下去。

我所教的学生大多数生活在基层社会，他们对于骂人并不陌生，甚至嘴里也会不经意间说一些骂人的词，但对于名著中涉及的詈词，如唐僧的口头禅"不当人子"，梁山好汉的口头语"腌臜泼才""鸟厮"等，反而摸不着头脑。这样的情况多了，学生也就对人物对话感觉莫名其妙，从而对名著渐渐疏离。

在这种情况下，教师需要指导学生学会跳读、略读。对于不懂的地方，可以暂时略过，甚至只要把名著的大概故事情节捋顺就可以了。因为名著对于年仅十三四岁的学生来说，想要通过一次阅读达到全面甚至深刻理解内容是不现实的。教师应该给学生传递的是终身阅读的习惯。这里说的终身阅读习惯并不是说阅读习惯贯穿终身，而是对于一部名著来说，人生的不同阶段阅读会有不一样的感受。所以要让学生避免产生"毕其功于一役"的想法，让一本名著可以陪伴终身。这样阅读起来也会轻松很多，就像毕淑敏所写的《常读常新的〈人鱼公主〉》中所说的，不同的人生阶段对于名著中内容的关注点是十分不同的，大可不必觉得自己读不懂或者已经读透了。恰恰因为名著中包含着一些永恒的主题，更需要慢慢地咀嚼品味，从中汲取营养。这也是名著的魅力所在。

教师应该给学生定一些符合他们水平的阅读目标，而对于反复出现的一些不理解的点，老师更应该予以讲解，让学生在一定的程度上理解文义，不让名著与学生之间的距离成为学生疏远名著的理由。

3. 围绕轻松阅读下功夫

名著之所以能够经久不衰，被广泛认识以及流传，正是因为其真实性，谈的是永恒的话题，刻画的是个性鲜明、符合人性的人物。读懂名著，人们既要有对人性的认知，又要有对现实的理解。初中生正处在青春期，对世界的一切都在探索之中，对名著难以吃透理解在所难免。尤其是我校许多学生来自普通家庭，家长为了他们的成长付出了巨大的努力，但他们并没有真正体会家长的艰辛劳苦。鲁迅先生说："真的猛士敢于直面惨淡的人生，敢于正视淋漓的鲜血。"生活在太平盛世的青春少年不可能有鲁迅先生所说的勇气，他们更偏向于轻松的阅读体验，拒绝沉重的话题。

这是不可回避的问题，也是我们希望通过阅读名著带给学生的精神的洗礼。

为了让学生爱上名著，在教学过程中，我更加注重学生的阅读体验。除了必须学生了解的内容以外，尽量让学生能够轻松地面对名著。比如，《骆驼祥子》中祥子的人生悲剧，几乎所有指导书籍都会指向社会的黑暗，旧社会对人性的摧残。但是，看着祥子一次次跌倒的众人真的在现实新社会中就不再出现了？对于生活环境相对单纯的学生来说，面临的问题往往还是简单的，真正的两难问题甚至困境问题还很少接触。那么，我们不妨借助名著，让他们体会一下成年人的"烦恼"，既能让很多现实问题变成虚拟问题，不再那么直接和残酷，又能引导学生逐渐了解社会，理解家长的艰辛。

我曾经尝试过将《骆驼祥子》中的虎妞和小福子进行符号化，让学生去做出选择，这其实就是所有人在现实中都会面对的两难问题。虎妞的特点是丑、粗俗、有钱、真心对祥子好、对祥子的事业有帮助；小福子的特点是美丽、善良、善解人意、对祥子好、穷、家庭像无底洞一样需要贴补、对祥子的事业没有帮助甚至是羁绊。面对两位候选人，祥子如何选择呢？这是当代很多年轻人遇到的择偶难题。限于自身的各项条件，年轻人很难找到完美的对象。

在《骆驼祥子》中，祥子实际上像乌龟一样放弃选择，听之任之。在现实中，学生也有放弃选择的。这种将残酷现实符号化的做法，既让学生与现实隔离，又能让学生体会到成人世界的情况，丰富了学生的视野，促进了学生对外界的了解和思考。同时，将祥子的婚姻悲剧进行解构，有助于学生接受名著，不逃避对现实的认知。这其实就是名著不论如何改编，依旧保持自己生命力的原因。

（二）品读小说类名著的方法

阅读小说类名著时，学生往往会陷入纷繁复杂的故事情节中，尤其是一些非线性发展的小说。比如，初中三年级要阅读的《儒林外史》，其故事跨越几十年，不仅没有明确的时间线，而且不是单一的主人公，让人读来感觉非常零碎，难以理解。这就需要教师通过自己的阅读经验或者阅读指导来引导学生找到一些线索，将小说串联起来读。此举会让学生跳出故事情节，发现小说展示的本质内容，同时帮助学生提高自主阅读能力。

其实如何阅读小说，还是可以从小说的定义入手把握的。小说就是以刻画人物形象为中心，通过完整的故事情节和环境描写来反映社会生活的文学体裁。小说有四个重要组成部分：人物形象、故事情节、环境描写和社会生活。下面笔者从这四个方面入手谈谈如何品读小说。

1. 以人物形象为线索

小说是以刻画人物形象为中心的，它最重要的不是跌宕起伏的故事情节，而是想要刻画的人物形象。换句话说，在小说阅读教学时，理解人物的重要性是高于了解情节的。在课堂上，如何帮助学生从纷繁复杂的故事情节中剥离出人物形象呢？笔者以为主要有以下两个途径。

一是以人物的成长变化为线索。长篇小说中的人物，尤其是主人公很难保持一成不变的形象。他们往往随着年岁的增长、事情的发展变化而成长。他们的成长要么发生在潜移默化中，要么通过典型的故事情节来表现。不论是哪一种情况，学生往往容易在阅读中忽略，这就需要教师在阅读指导中及时指出，让学生领会，同时引导他们运用这种方法解决其他问题。举例来说，在阅读《三国演义》这部小说类名著时，学生很容易被许多刻板的印象影响，如曹操就是奸臣，他心怀叵测、狡诈多疑。但实际上，曹操并非从一开始就是这样的，而是随着地位越来越高，权力越来越大，他才逐渐形成了上面所提到的性格特点。教师在引导学生通读小说之后，将曹操在初期时献刀刺杀董卓和后期借与韩遂阵前说话离间韩马（超）关系，以及"捉放曹"和"华容道"中曹操走向末路进行对比，就会发现曹操在对待类似事情时处事方式的改变。面对强大敌人时，他在初期会以身犯险，不惜同归于尽，后期则会运用智谋，寻找机会。面对生死存亡时，他在初期会大义凛然地将生死置之度外，在后期却会委曲求全留得有用之身。教师如果询问其中的原因，学生就会主动地从他的身份、地位、权势等方面分析，从而更好地理解曹操。与此同时，学生学会了对比，对人情世故会有一些认识。教师此时再给学生提供一些不涉及很多情节的人物，如东吴吕蒙（恰好是《孙权劝学》中的一位主角），让他们练习剥离出单独情节来看吕蒙的成长，学生则会更加了解小说是如何通过事件来刻画人物的。

当然，人物的成长变化未必都是积极向上的，如《骆驼祥子》中的祥子就越来越走下坡路，但剥离故事情节，通过前后相似事件的对比来看，就会让学生有跳脱出故事顺承变化的视角，重新审视人物形象，这对于初中生来说是一种提升。

二是以相似人物的共同点为线索。小说中出场的人物往往数量庞大，《水浒传》《三国演义》《儒林外史》更是动辄几百上千个人物穿梭来去，学生只是粗读一遍经常出现对不上号、张冠李戴的事情。基于此考虑，将人物分类，甚至脸谱化是让学生更方便准确地了解人物形象的有效方式。其实这也是生活中横比和纵比的方法，在此笔者就不再展开说了。

其实以人物形象为线索对小说进行品读还有很多的方法，有些也会激发学生的兴趣，比如让人物穿越到其他时代（包括现代）或者将两个人物置换，通过这样的想象激发学生思考。

2. 以故事情节为背景

对比现代快餐式的网络小说，我们就会发现，学生之所以不容易接受传统小说包括文字并不深奥的《围城》《鲁滨孙漂流记》《白洋淀纪事》等，主要原因在于情节的设置上。网络小说以两三千字为一章，往往一两章抓不住读者就会没有了市场，所以在开始的故事情节中，高频次的刺激是必不可少的，只有到了中后期读者群稳定了，才会采用传统叙事方法，铺陈开来宏大的场面。反观传统小说，往往在前期为中后期的故事高潮做铺垫，交代大的时代背景、人物关系等，很少在前期就高潮迭起吸引读者，这容易让学生失去阅读兴趣。笔者尝试过一些方法，也受到一些有经验教师的启迪，在此分享两个比较实用的策略。

一是设置悬念，品读细节。《红岩》是一部红色经典，虽然故事读起来让人感到辛酸难受，但其中主人公的不屈精神鼓舞了一代又一代的中华儿女。对于这样一部红色经典图书，很多学生反映读不下去，情节抓不住人，内心愤懑也无法发泄。甚至有的学生觉得，我们的生活现在如此美好，为什么非要揭开伤疤去体会残酷？虽然教师可以讲大道理，但是如果没办法让学生有读书的意愿，"强按头"也无济于事。

为了激发学生对本书的阅读兴趣，笔者先要求他们尝试读一章内容，然后从出场的人物，揣测这些人物的未来命运。比如，感觉谁会叛变革命，谁会被抓，谁可能侥幸逃脱等。学生阅读起来就会抓住蛛丝马迹，体味故事情节中透露出来的些许信息。这种设置打破了学生被动接受图书内容的惯性，用自己的视角来审视故事，提升了主动参与感。当然，这种方法只适合那些学生并不了解内容的小说。如果是像《西游记》这样大家都了解一些内容的小说，如此设置就会适得其反。笔者所教的大多数学生的阅读量并不大，对于初中要求阅读的书目，他们熟悉得也不多，灵活运用悬念设置，像《海底两万里》《鲁滨孙漂流记》这类探险类小说，都可以引发学生的阅读兴趣。

二是打乱时空，错位阅读。对于比较熟悉的小说，学生显然不会为故事情节所吸引。那么我们怎么让学生踏实地阅读《西游记》《水浒传》这类已知故事情节的小说呢？

在《西游记》的阅读中，笔者让学生对照电视剧所演情节找不同，就像"大家来找碴"一样，看似一致，实际上会有很多不同。比如，在《西游记》原著中，孙悟空大闹天宫时，根本没到达凌霄宝殿，但是在影视剧中，孙悟空往往是登上了凌霄宝殿的。虽然这些情节不影响大局，但学生通过对比寻找不同，将原著读了下去，这就是一大收获。在《西游记》前半部分，孙悟空因为势单力薄，大意失手，被抓了一次。后面他保护唐僧西天取经，一路上能够整治、抓住孙悟空的妖魔并不少。于是，笔者让学生通过阅读，总结"抓猴妙法"，激发了学生阅读兴趣。

3. 跳读背景描写

小说，尤其是一些历史背景宏大的小说，初中生读不懂。比如，雨果的名著《巴黎圣母院》对于18世纪的法国巴黎人文环境和政治环境进行了很深入的描写，这对于研究18世纪法国历史有很大的帮助。但对于初中生来说，理解起来有些难度。《水浒传》开篇就是天罡地煞临凡，《西游记》开始就讲天地之数，理解这些知识，需要一定的积累，初中生还达不到这一水平。所以在阅读指导时，笔者会让学生跳过背景描写。

4. 讲读社会生活

语文是一门工具课，同时具备人文性。语言文字是人与人沟通的桥梁，它不仅具备工具性，而且承载着情感道理，具备人文性。古典名著小说的语言风格、写作手法是值得人们学习借鉴的模板，同时，它反映出的社会生活也能够指导学生如何面对自己的人生，理解社会现实。因此，小说所反映的社会生活是非常需要教师给学生讲解明白的，不能完全依靠学生自己的感悟。知人论世，语文不能够将小说所反映的某个时代的社会生活讲成历史课，而应该结合当下的许多实事让学生切身体会社会生活的变化。比如，祥子之所以最后堕落，如果只是刻板地讲解为旧社会黑暗的政治体制所致，那么学生有可能半懂不懂，甚至不懂装懂。笔者将祥子的待遇与如今的清洁工人的待遇进行对比，给学生看了一段某明星呼吁为杭州环卫工人上保险的视频，让他们直观感受不同时代社会底层的生活待遇的不同。学生很难从小说中直接读出这些感受，而是需要老师给予引导和讲解。

写了这么多阅读方法和指导策略，笔者就是希望抛砖引玉，引起同人的思考，让学生养成阅读名著的习惯。

（适用于初中，作者为李琛）

第三节 教案中的整本书阅读指导

一、课内阅读《小马过河》及课外阅读拓展

（一）指导阅读《小马过河》

1. 故事导入

师：小朋友，喜欢听故事吗？今天老师给大家带来了一个经典故事，想听吗？老师配乐讲《小马过河》的故事。

师：喜欢这个故事吗？这个故事就来自这本注音读物《365夜故事》，想

不想亲自读读，再次走进这个童话故事呢？

2. 精心指导

（1）借助拼音自读故事，不认识的字看看拼音，读不通的地方反复多练练。

（2）阅读交流：①小马过河遇到了什么困难？②牛伯伯和小松鼠分别是怎么说的？③小马最后过河了吗？它是怎样过河的？④读了这个故事，你懂得了一个什么道理？

集体交流，讨论，教师相机点拨。

3. 分角色表演

（1）4人小组合作表演（4人分别扮演小马、马妈妈、牛伯伯、小松鼠）。

（2）指名学生戴头饰上台表演，师生共同评议。

（二）介绍我最喜欢（最不喜欢）的故事人物

师： 同学们，喜欢这个故事吗？像这样精彩的故事，在这本《365夜故事》中，还有很多。它们能领我们步入一个个童话王国，感受其中的乐趣，领略它们的精彩。你们愿意和它们交朋友吗？

1. 在小组内介绍自己最喜欢（最不喜欢）的故事人物，并说出喜欢（不喜欢）的理由

比如，我最喜欢《猴子和鳄鱼》中的小猴子，因为这只小猴子非常机灵，当遇到危险的时候，它一点儿也不慌张，能自己想办法摆脱危险。再比如，我最不喜欢《懒熊买西瓜》中的熊哥哥和熊弟弟，因为它们两个实在是太懒了，结果一个好好的西瓜被它们糟蹋了，小朋友可不能向它们学习，我们要做勤劳的好孩子。

2. 上台介绍自己最喜欢（最不喜欢）的故事人物，尽量跟别人介绍得不一样

3. 小结

师： 听了大家的介绍，那些故事中的人物在我们脑海中更加栩栩如生了，印象极其深刻！刚才大家介绍的×××、×××，老师还不太熟悉，但听了你们的介绍，我对这个故事非常感兴趣，想一睹为快，你们有同感吗？

心动不如行动，赶快到故事中去走一遭吧！

（三）小小故事会

1. 小擂台

以4人为小组单位，先在小组内进行讲故事比赛，赛出小组内的"小擂主"。讲故事要求声音响亮、态度自然、有声有色。

2. 大比拼

各组的"小擂主"再进行大比拼，由老师和同学一起做评委。最后胜出的几位同学为班里的"故事大王"。

（四）开展阅读竞赛

以4人为小组单位，开展读书竞赛活动。看哪组同学读的故事最多。每两周评比一次。

（适用于一二年级，作者为曹洪坤）

二、《龟兔赛跑》教学设计

（一）阅读目标

一是以"童话"为主题，让学生忆童话、看童话、讲童话、学童话，激发阅读童话的兴趣。二是教师通过指导童话《龟兔赛跑》，让学生获得课外阅读的学习方法。三是让学生了解阅读途径，从而达到教学延伸的目的。

（二）课前热身活动

热身活动主要包括歌曲唱童话，图片、影片忆童话，关键词语聊童话。

（三）读书印象——走进童话《龟兔赛跑》

教师谈话导入，推荐童话作品《龟兔赛跑》，同时介绍目录，要求学生谈读《龟兔赛跑》的印象。

（四）欣赏性阅读——我的表情我做主

主要包括：教师归纳常用的读书方法，介绍创意读书法，即用表情符号表达阅读时的心情。学生尝试，边读边画。随后师生进行我读你猜活动。

（五）自主性阅读——我的感受我来谈

师：你们的朗读太精彩了。老师心中有几个问题，你们能帮助老师找到答案吗？先在小组内讨论，等会儿告诉我答案，好吗？一是兔子为什么邀请乌龟和它赛跑？二是兔子为什么会在比赛时睡着？三是乌龟为什么累得不行了，还要坚持继续爬行？四是为什么最后乌龟跑赢了兔子。

小组讨论，指名回答，其他同学补充。

随后学生举行辩论，题目是假如你是这只乌龟，你会接受兔子的邀请参加比赛吗？

教师对辩论进行小结，并提出问题"读了这个故事，你收获了什么？或者说你知道了些什么？"

教师小结读书方法。刚才我们把读书过程中的疑问提出来，然后再一起解决了，这也是我们读书的一种方法，它叫提问法。

（六）拓展阅读——开启阅读途径

教师推荐同类美文，要求学生了解阅读途径。我们的口号："读书让我快乐，读书让我增添力量。"

人们常用以下几句话来说明书的重要性。教师展示如下谚语课件并要求学生读。

高尔基：书是人类进步的阶梯。

莎士比亚：书籍是全世界的营养品。生活里没有书籍，就好像没有阳光；智慧里没有书籍，就好像鸟儿没有翅膀。

雨果：书籍是朋友，虽然没有热情，但是非常忠实。

帕斯卡：对于每一本书，都必须学会阅读。

师：我们的读书还只是刚刚起步，希望大家把读书当作自己生活中不可缺少的一种娱乐，一位可以陪伴终身的伙伴，愿大家能在书的海洋里尽情遨游，成为博览群书的小博士。最后响起我们的读书口号："读书让我快乐，读书让我增添力量。"

（七）课后延伸——升华情感制作书签

教师要求学生课后收集读书名言制作成自己喜欢的书签，送给你的好朋友，好吗？

（适用于三四年级，作者为曹洪坤）

三、《西游记》阅读交流活动

《西游记》为明代小说家吴承恩所著。自问世以来，《西游记》已被译为英语、法语、德语、意大利语、西班牙语、俄语、捷克语、罗马尼亚语、波兰语、日语、朝鲜语、越南语等，被尊为中国古典四大名著之一。

《西游记》作为中国古代第一部浪漫主义长篇神魔小说，是魔幻现实主义的开山之作，学生对其非常感兴趣。他们已经具备一定的阅读能力和理解能力。大部分学生看过《西游记》的电视剧或者电影。小部分学生阅读过西游记的某一片段，如"三打白骨精"等。但是，从笔者与学生私下的交流中发现，他们对《西游记》的作者、创作背景、部分情节不甚了解或者对这些内容的认识是错误的。

针对上述问题，笔者决定带他们走进《西游记》，了解《西游记》的作者及创作背景，感悟原著的风采，开发他们的想象力，领略中华文化之美。

（一）学科活动目标

【知识目标】

1. 了解《西游记》的作者、创作背景及世界地位。

2. 了解《西游记》的故事情节。

3. 了解《西游记》中主要人物的特点。

4. 了解《西游记》的思想内容、主要特色、国际影响等。

【能力目标】

1. 在活动中培养学生的调查能力、阅读能力、想象能力、理解能力和与人交往、合作及分享的能力。

2. 学会调查、收集、整理资料的方法，培养收集信息、处理信息的能力。

3. 培养学生良好的阅读习惯，提高文学素养和写作能力。

【情感目标】

1. 通过各种实践活动获得丰富的经验和积极的情感体验，让学生爱上阅读，养成良好的阅读习惯，激发学生阅读兴趣，并从阅读中感受文学的魅力！

2. 通过各种活动培养学生的合作意识、团队精神，分享合作与交往的快乐。

3. 通过展示、演讲、表演等形式培养学生的自信心，加深阅读体悟。

（二）实践活动前，指导学生确定研究主题

1. 师生交流，引出研究主题

师：你们都看过《西游记》吗？

生：看过。

教师出示课件，欣赏相关人物及故事情节的图片。

师：你们知道每张图片上展示的都是什么故事吗？

生：有的知道，有的不知道。

师：那你们想不想知道《西游记》里还有哪些精彩的故事呢？

生：想。

师：那从今天起，我们就一起认真研读一下《西游记》。对于这本书，你有哪些想要了解的呢？

学生自由发言，随后教师总结学生发言，确定研究主题，包括作者、创作背景及世界地位，主要人物的特点，具体的故事情节，《西游记》的思想内容、主要特色、国际影响等。

2. 分组并选择研究主题

根据班级情况，将全班学生分成6个小组。每个小组选出一名责任心强的学生任组长，并选择研究主题。

（三）实践活动中，指导学生完成研究

1. 指导学生可以通过上网或者前往图书馆查阅资料，了解作者基本情况、创作背景及《西游记》的国际影响，做好记录，并制作课件。

2. 给学生布置假期阅读任务，由家长监督，按时完成阅读任务。学生可以以文字或者画画的方式记录阅读感受。

3. 开展阅读分享活动

一是全班开展《西游记》阅读主题会，集体交流收集的资料，谈读后感。二是以话剧表演的形式再现《西游记》精彩故事情节，升华阅读体验。

（四）活动收获

一是通过对《西游记》的学习和体验，学生更加了解它的文化蕴涵、思想内容及主要特色，体会中华文化的源远流长和博大精深，激发学生对中华文化的热爱之情。二是通过《西游记》阅读体验活动，学生的调查能力、阅读能力、想象能力、理解能力和人际交往能力得到提升，他们完善了调查、收集、整理资料的方法，培养了良好的阅读习惯，提高了文学素养和写作能力。

附件一：

我最喜欢的《西游记》人物

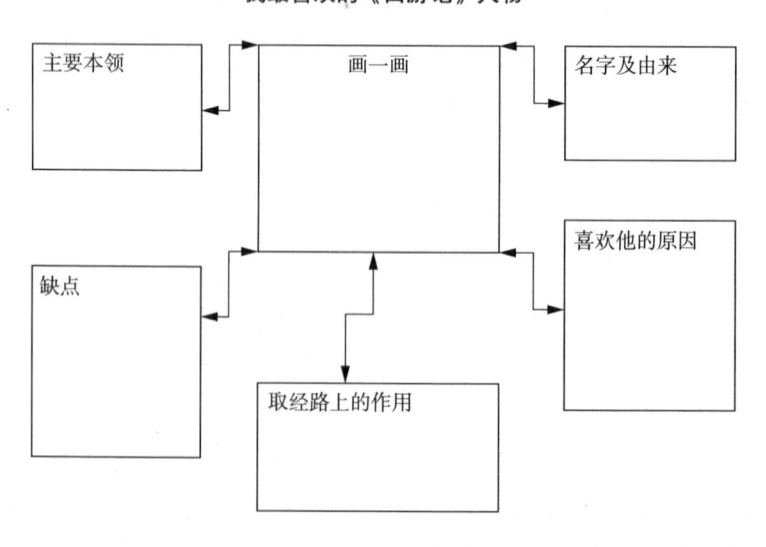

（中心：画一画；主要本领；名字及由来；缺点；取经路上的作用；喜欢他的原因）

（适用于五六年级，作者为于秋影）

四、家国情怀：阶梯式阅读名家名篇

阅读是初中学生语文学习的重要内容，新课程改革要求学生的实践活动不低于课时的 10%。清华大学附属中学丰台学校正在推进阶梯式阅读的研究课题，本堂课也是课题实践的一个尝试。基于学生已在初中入学时学习过朱自清《背影》、鲁迅《风筝》，又有精读老舍的长篇小说《骆驼祥子》的课外任务，为此，我们安排学生利用周末的休息时间在家长的带领下参观鲁迅故居和老舍故居，并总结自己的参观体会。本堂课对学生的阅读和实践活动进行总结，抓住文中的重点语句，帮助学生体会作者的情感，争取提升学生对这些名家作品的理解和认识。这几篇文章距离现今比较远，学生对内容和作者思想的理解可能还停留在较浅的层次。所以教学时，教师要在学生自己读书的基础上，给予充分的点拨与指导。

（一）教学目标

一是通过教学，学生再次阅读篇章语句，加深对作品的理解；二是学生通过对实践活动感想的交流，理解作者的情怀；三是学生联系实际谈感受，促进他们心灵的成长。

（二）教学重点

结合所学课文，通过实践活动交流，让学生深入品读作品，了解作者基本情况，理解作者的情怀，感悟出家国是一体，没有国家的强盛，个人就不可能有幸福美好的生活。

（三）课前准备

1. 走访故居，初识作家

学生参观鲁迅故居、老舍故居，通过实地考察、了解、研究，为了解现代文学巨匠和传统文化奠定坚实的基础，拓展知识面，提升自己的文学素养。

2. 参观成果呈现和评价

学生要把参观获得的资料做活动记录，以随笔、手抄报、幻灯片等形式呈现。此外，学生要与家长交流沟通，由家长给学生的活动成果做评价。

（四）教学过程

1. 交流参观后的活动成果

师生重温经典片段，之后由学生展示自己所做的幻灯片、随笔和手抄报，谈对作品的感受，谈对鲁迅、朱自清、老舍的初步了解。

2. 品读作品，感悟情怀

（1）结合作品片段，感受作家对社会、对民族命运的关注。

我恍然大悟似的，便跑向少有人去的一间堆积杂物的小屋去，推开门，果然就在尘封的杂物堆中发现了他。他向着大方凳，坐在小凳上；便很惊惶地站了起来，失了色瑟缩着……我即刻伸手折断了蝴蝶的一支翅骨，又将风轮掷在地下，踏扁了。论长幼，论力气，他是都敌不过我的，我当然得到完全的胜利，于是傲然走出，留他绝望地站在小屋里。后来他怎样，我不知道，也没有留心。(《风筝》片段)

作者体会到了自己对儿童天性的摧残，感到无比的痛心。儿童的自由成长关系着民族的未来，对儿童天性的摧残是多么愚昧的行为。鲁迅用《风筝》这篇文章，呼唤让孩子们的童年生活快乐起来！既要有读书学习，也要有适当的娱乐，孩子们的生活才能幸福。

鲁迅是民族的脊梁，民族魂，在孩子的教育方面，没有人像鲁迅这样发出呼唤！

祥子真想硬把车放下，去找个地方避一避。可是，看看浑身上下都流水，他知道一站住就会哆嗦成一团。他咬上了牙，蹚着水，不管高低深浅地跑起来。刚跑出不远，天黑了一阵，紧跟着一亮，雨又迷住他的眼。

拉到了，坐车的连一个铜板也没多给，祥子没说什么，他已经顾不过命来。雨住一会儿，又下一阵儿。祥子哆嗦得像风雨中的树叶。(《骆驼祥子》片段)

最开始的祥子是一个勤劳善良、有理想的劳动者。为了自己的梦想他一直在努力。但是现实生活残酷无情，几经波折后，他的美好品德也逐渐丧失。病态社会产生病态的人。所以，老舍先生是通过祥子的悲苦命运，揭露那个时代背景下更多劳苦大众命运的悲惨。

我看见他戴着黑布小帽，穿着黑布大马褂，深青布棉袍，蹒跚地走到铁道边，慢慢探身下去，尚不大难。可是他穿过铁道，要爬上那边月台，就不容易了。他用两手攀着上面，两脚再向上缩；他肥胖的身子向左微倾，显出努力的样子。这时我看见他的背影，我的泪很快地流下来了。（《背影》片段）

这一段的动作描写，细致地刻画了父亲攀爬月台的艰难，表达了父亲对儿子的关爱，最能表现文章的中心。父亲的爱是深沉的，文章充分表达了作者对父亲的依恋和感激之情。

（2）寻找三位作家的共同之处。

所选作品内容各不相同，但是，三位作家都在用自己的作品呼唤什么？

他们无疑盼望着国家的安定、民众的生活得到改变。知识分子的家国情怀，就是把自己的小家与国家、民族的命运联系起来，关注社会、关注民族的命运。

3. 阅读养心，提升自己

要求学生谈对作品的新感悟、新收获。

教师在课堂出示一些关于家国情的名言。主要包括：屈原"长太息以掩涕兮，哀民生之多艰"，唐代杜甫"安得广厦千万间，大庇天下寒士俱欢颜"，明代顾宪成"风声雨声读书声，声声入耳；家事国事天下事，事事关心"，宋代范仲淹"先天下之忧而忧，后天下之乐而乐"。同时，教师要强调读书人对国家命运的关注是一直存在的，也是一直传承下来的。我们在阅读文学作品时，不能只停留在作品本身，要联系时代背景，联系作者的经历和国家的命运，这样我们对作品的理解也就会更加深入。

4. 课堂总结

阅读是与作者的情感沟通，丰富了我们的内心世界。阅读的快乐不在于人家告诉了你什么，而在于你的心灵得到了滋润，你的内心像花儿一样汲取到营养。你会变得比从前更丰富、更美好，你的心灵也慢慢强大起来。

（五）课后反思

本节课将学生的实践活动与课堂阅读相结合，提高了课堂学习的效率，丰富了学习内容。课堂注重对家国情怀的理解，注意对传统文化的渗透，这拓展了学生学习的内容，也加深了他们对鲁迅、朱自清、老舍作品的理解和作者家国情怀的感悟。此举有助于引导学生在阅读时关注作品、关注社会、关注百姓生活，这是中国文化的根基，是民族传统所在。

《完善中华优秀传统文化教育指导纲要》指出"鼓励各地各学校充分挖掘和利用本地中华优秀传统文化教育资源，开设专题的地方课程和校本课程"，要"坚持课堂教育与实践教育相结合"。既要充分发挥课堂教学的主渠道作用，又要注重发挥课外活动和社会实践的重要作用。所以我们要借助课堂教育和实践体验来培养学生对文学作品的深入理解，弘扬传统文化。

（适用于七年级，作者为赵艳芬）

五、《一棵小桃树》《丑石》《一只贝》群文阅读教学案

（一）指导思想和理论依据

《义务教育语文课程标准》在有关文学阅读与写作任务的要求中指出：一是运用专题阅读、比较阅读等方式，设置情境，激发学生阅读兴趣，引导学生读、鉴赏、探究与写作。二是文学作品的阅读与写作，应以学生自主阅读、讨论、写作、交流为主。应结合作品的学习和写作实践，由学生自主梳理探究，使所学的文学知识结构化。三是教师应向学生提供有效的学习支持。比如，做好问题设计，提供阅读策略指导，适时组织经验分享和成果交流活动；在学习过程中相机进行指导点拨，组织并平等参与问题讨论；创造更多展示交流学生作品的机会或平台，激发学生文学创作的成就感；引导学生进行自我反思性评价，为学生提供观察记录表、等级量表等自评互评的工具，促进学生不断进步。

（二）教学背景分析

部编教材七年级下册第四单元有《陋室铭》《爱莲说》《紫藤萝瀑布》等托物言志的文章，学生已学习过。《一棵小桃树》《丑石》《一只贝》都是托物言志文章。三篇文章有相同点，又有不同点，学生在比较中更能理解《一棵小桃树》的思路，拓宽视野，理解同类文章的不同之处，获得群文阅读的策略。

（三）教学目标

一是通过研究讨论，比较异同，找到三篇文章的关联点，获得群文阅读的方法。二是通过了解作者的身份经历，理解作者的写作意图。三是通过改写或补写结尾，理解托物言志的手法。

（四）教学重点和难点

一是通过研究讨论，比较异同，找到三篇文章的关联点，获得群文阅读的方法。二是通过了解作者的身份经历，理解作者的写作意图。

（五）教学过程

1. 导入新课

我们今天学习三篇文章，之前同学们初读了课文《一棵小桃树》，自读了《丑石》《一只贝》，并提出了很多问题，几位同学帮我做了梳理。我发现同学们提出的问题多是单篇的局部探究，当然也有同学提出的问题涉及三篇文章。

（出示问题）一是三篇文章有什么关联？二是为什么三篇文章写不好看的东西？三是为什么作者先写它们不好的地方，再写它们好的地方，最后结论是它们总是让人那么喜欢、难忘？四是这些作者都经历过吗？五是为什么作者用的多是托物言志的写作手法？

这些问题不仅涉及了内容、写作手法和作者，还涉及了行文思路、写作意图、作者经历和背景等，提示我们读三篇文章的思路，尤其是三篇文章有何关联。

2. 探究三篇文章的关联

要想知道三篇文章的关联，我们要了解一下它们的主要内容。下面，我请同学讲述《一棵小桃树》《丑石》《一只贝》的内容。

了解完内容，我们就可以思考这个问题了。

为什么三篇文章写不好看的东西？同学们提出这个问题就已经有比较意识了，这是在比较三件事物的什么？

同学们讨论，小组展示板书。

答案预设：

相同点——作品描写的物外形不好看、生存环境不好、都经历了磨难并且都很坚持、作品表现手法。

不同点——作品描写的物、物经历的磨难程度、物坚持的内容、作品呈现的方式。

这些作者都经历过吗？教师出示内容，学生介绍。

贾平凹出生于一个普通的农民家庭，家中人多，比较贫困，父亲是乡村教师，母亲是普通的农民。

童年的贾平凹身体发育慢，个头矮，打架吃亏，体育课发愁，看女孩玩都难为情。他只好呆坐默想，有些孤僻了。

14岁初中毕业（1970年父亲因政治问题回乡务农，家里经济一落千丈，他也背上"黑五类"的恶名）后，贾平凹回家当了农民。他身材瘦小、体力差、嘴笨，每天只能挣3个工分，老乡们都不愿意和他搭帮干活。

"老乡们全不喜欢我作他们的帮手，大声叱骂，作贱。队长分配我到妇女组里去做活，让那些35岁以上的所有人世的忌妒、气量小、说是非、庸俗不堪诸多缺点集于一身的婆娘们来管制我，用唾沫星子淹我。我很伤心，默默地干所分配的活，将心与身子皆弄得疲累不堪，一进门就倒柴捆似的倒在炕上，睡得如死了一样沉。"

但是他从小学习好，字也写得好。在书中得到了知识、朋友，也得到了村民的尊重。他替人写信、记账，获好评外，有时还能混一顿好吃的。一个偶然的机会，他为水库工地写标语，因此而改变了他的一生。他在水库工地上出色的表现，不仅使他重新找回做人的自尊、自信，萌发了文学创作的冲动,而且被上边推荐到西北大学中文系学习。

当然,贾平凹的创作之路并非一帆风顺。刚开始创作时,他的投稿经常被退,"源源不断地给人投过去,又源源不断地退回来"。到大学毕业时,他被退回的手稿已经装了两大箱子。同宿舍的同学还故意把退稿信翻出来,贴在贾平凹的床边。贾平凹把这当作一种激励。

王国维《人间词话》:"昔人论诗,有情语、景语之别,不知一切景语皆情语。"王国维还说:"以我观物,故物皆著我之色彩。"人在对客观事物进行观感时,会将自己的主观感情色彩倾注到客观事物上。为什么在这三篇文章中,作者先写它们不好的地方,再写它们好的地方,最后结论是它们总是让人那么喜欢、难忘?三篇文章均托物言志。

《一棵小桃树》:坚持梦想。

《丑石》:坚守自己,不屈于误解,寂寞生存。

《一只贝》:坚持自己,坚忍,化育磨难,产生新物。

教师要求学生模仿《丑石》的结尾,为《一棵小桃树》改结尾或为《一只贝》续写结尾。

教师要求学生读一读三篇文章的结尾,明确三篇文章的"志"。

学生读。

模仿:我感到自己的可耻,也感到了丑石的伟大;我甚至怨恨它这么多年竟会默默地忍受着这一切;而我又立即深深地感到它那种不屈于误解、寂寞地生存的伟大。

3. 结合三篇文章学习谈获得的人生启示

学生谈。

4. 获得的群文阅读方法

一是分别概括主要内容。二是比较异同点(内容、背景、写作手法)。三是探究相关文章的关联点:同一作者看作品内容、写作手法、写作年代和作者写作时的心境;同一主题看作品内容、写作手法、不同作者;同种手法看作品内容、作者、作品主旨。

(适用于七年级,作者为张珍娟)

六、《骆驼祥子》情节梳理和主题探究

（一）指导思想和理论依据

《义务教育语文课程标准》指出，学生通过语文课程，要"欣赏文学作品，有自己的情感体验，初步领悟作品的内涵，从中获得对自然、社会、人生的有益启示"，要"对作品中感人的情境和形象，能说出自己的体验；品味作品中富于表现力的语言"。

语文课程是实践性课程，应着重培养学生的语文实践能力，而培养这种能力的主要途径也应是语文实践。语文课程是学生学习运用祖国语言文字的课程，学习资源和实践机会无处不在、无时不有。因而，学生应该多读多写，日积月累，在大量的语文实践中体会、把握运用语文的规律。

北京中考语文考试说明指出，学生应该了解作品的主体内容、主要人物的性格特征和精神品质、作品的思想意义和价值取向，对作品的主题、人物、语言等有自己独特的感受和体验，并从作品中获得对自然、社会、人生的有益启示。

（二）教学背景分析

《骆驼祥子》为部编版语文教材七年级下册的必读书目。它以祥子的"三起三落"为发展线索，以祥子和虎妞的"爱情"纠葛为中心，两相交织，既通过祥子与周围人的关系，把笔触伸向不同阶级、不同家庭，揭示他们的生活面貌，真实地反映了社会的黑暗景象，又借此揭示了祥子悲剧的必然性与社会意义。《骆驼祥子》有着丰富、多变、细腻的心理描写。祥子个性沉默乃至木讷，作者通过对祥子动作、语言等的描写，通过别人眼睛的观察，借助祥子眼中景物的变化，来反映祥子的心理变化。《骆驼祥子》还有鲜明突出的"京味儿"，对北京的风俗民情、地理风貌、自然景物进行了细腻的描写。老舍将祥子及其周围各种人物置于他熟悉的北平下层社会中，从虎妞筹备婚礼时对民俗的交代，到祥子拉车时对北平的情景交融的描写，都使小说透出北平特有的地方色彩。在烈日与暴雨下拉车的祥子，对瞬息间变化莫测的大自

然的感受，既切合北平的自然地理情况，又与祥子这个特定人物的身份相一致。学生通过自读、做札记、做手抄报，已经了解了《骆驼祥子》的大致内容、主题、人物关系等，也通过参观老舍纪念馆了解了作者的基本情况以及创作《骆驼祥子》的背景等，但是他们对作品的了解流于表面，对人物情节很难进行深入的理解，需要教师做进一步的阅读指导。

（三）教学目标

一是梳理故事情节，了解人物经历。二是梳理人物关系、背景资料和作者资料等，理解小说主题。

（四）教学重难点

一是梳理小说情节、人物，理解小说主题。二是理解祥子堕落的原因。

（五）教学过程

1. 导入新课

今天我们一起阅读交流《骆驼祥子》。本学期，我们已经认真阅读了这本书，做了札记，游览了老舍故居，收获很多，但也提出了一些问题。有些问题，随着阅读的深入，已经解决了，但还存在一些问题尚未解决。

一是祥子为什么自暴自弃？二是祥子为什么会走到今天的地步？三是为什么祥子讨厌拉车了？四是为什么说祥子是不幸的？五是为什么祥子败给了"现实"？六是祥子为什么要屈从现实？七是为什么倒霉的事情都发生在祥子身上？八是为什么祥子不努力挣钱，不拼命了？九是祥子为什么又变了？十是为什么祥子变得游手好闲了？十一是为什么祥子要干坏事？十二是祥子为什么不再想去拉车？十三是为什么祥子变不回以前的祥子了？

其中，第一、二、三、四个问题涉及祥子的经历，第六、七个问题涉及祥子的现实生活，第八、九个问题涉及作者的意图等。今天我们就从这三个方面回顾祥子的经历，理解祥子的现实生活和作者的意图。

2. 回顾祥子的经历

现在我们围绕第一、二、三、四个问题来上课，请同学们从书中找到祥子的变化。

学生读书，并找到相关章节。

答案预设：

体面的、要强的、好梦想的、健壮的、高大的、有追求的祥子变成了堕落的、自私的、不幸的、个人主义的末路鬼。

祥子刚到北平来是什么样子？学生读书，并找到相关章节。

答案预设：

他没有什么模样，使他可爱的是脸上的精神。他头不很大，圆眼，肉鼻子，两条眉很短很粗，头上永远剃得发亮。是的，到城里以后，他还能头朝下，倒着立半天。这样立着，他觉得，他就很像一棵树，上下没有一个地方不挺脱的。他确乎有点像一棵树，健壮、沉默，而又有生气。他有自己的打算，有些心眼，但不好向别人讲论。

祥子身上为什么产生这么大的变化？学生梳理情节，在黑板上画情节，一人画一人解释，随后进行小组讨论。最后教师进行总结。

3. 理解祥子的现实生活

第六、七个问题涉及祥子的现实生活。现实生活中除了祥子遇到的事之外，还要面对什么人？

学生梳理人物关系，指明在祥子的生活中，有哪些人，出现在哪个阶段，并在曲线上标注出来。探究这些人对祥子的人生起了什么作用，祥子对他们的看法。

答案预设：

看看自己的手脚，祥子不还是很年轻么？祥子将要永远年轻，教虎妞死，刘四死，而祥子活着，快活的，要强的，活着——恶人都会遭报，都会死，那抢他车的大兵，不给仆人饭吃的杨太太，欺骗他压迫他的虎妞，轻看他的刘四，诈他钱的孙侦探，愚弄他的陈二奶奶，诱惑他的夏太太……都会死，只有忠诚的祥子活着，永远活着！

最后，教师对祥子的现实生活进行总结。

祥子从农村来到城市，原本是希望依靠自己的勤奋、顽强求得独立的生存地位的，但他不断受到摧残，这其中既有抢他车的大兵，又有不给仆人饭吃的杨太太；既有欺骗、压迫他的虎妞，又有愚弄他的陈二奶奶，以及诱惑他的夏太太等。正是这些兵匪特务、社会渣滓组成了一个庞大的网，不断地盘剥、压迫祥子，最后毁了他的理想，吞噬了他的灵魂，摧残了他健壮的身体，使他蜕变成了一头走兽。从此，他失去了对生活的信心，彻底地从先前热爱拉车，到讨厌拉车，到最后拉不动车；从先前忠实义气，变得厚颜无耻；从先前矢志不移，到自暴自弃，自甘堕落，最后完全蜕变成了一个麻木不仁、没有了魂灵的人。

4. 理解作者的意图

第八、九个问题涉及作者的意图。作者写了什么来表明他的态度？我们来看下面这一段文字。

他要把车放下，但是不知放在哪里好。想跑，水裹住他的腿。他就那么半死半活的，低着头一步一步的往前拽。坐车的仿佛死在了车上，一声不出的任着车夫在水里挣命。

雨小了些，祥子微微直了直脊背，吐出一口气："先生，避避再走吧！"

"快走！你把我扔在这儿算怎回事？"坐车的跺着脚喊。

祥子真想硬把车放下，去找个地方避一避。可是，看看身上，已经全往下流水，他知道一站住就会哆嗦成一团。他咬上了牙，蹚着水，不管高低深浅地跑起来。刚跑出不远，天黑了一阵，紧跟着一亮，雨又迷住他的眼。

拉到了，坐车的连一个铜板也没多给。祥子没说什么，他已顾不过命来。

作者写出了社会的冷酷，写出了祥子所处的社会黑暗和劳动人民生活悲苦。

我们从文中找出作者对待祥子的态度变化的原句。

苦人的懒是努力而落了空的自然结果，苦人的要刺儿含有一些公理。

人把自己从野兽中提拔出，可是到现在人还把自己的同类驱到野兽里去。祥子还在那文化之城，可是变成了走兽。一点儿也不是他自己的过错。

答案预设：这表明了作者对祥子的同情。

当然，也有人对此发表了自己的看法。比如，钱理群 1998 年指出，这表明了老舍在祥子所代表的下层城市贫民身上所发现的人与人之间的冷漠、个人奋斗道路破灭以后的苟且忍让，在一定程度上反映了中国国民性格中的某些弱点。

祥子的没落，除了祥子所处的社会的原因外，还有个人的原因。这就是苟且忍让。

《骆驼祥子》作为经典，被译成各种文本，其中英译本《骆驼祥子》的结尾是这样的。

夏夜的清凉，他一面跑着，一面觉到怀抱里的身体轻轻动了一下，接着就慢慢地偎近他。她还活着，他也活着，他们现在自由了。

作者同意吗？学生揣摩回答。

老舍在 1950 年版《骆驼祥子》自序中写道："祥子把小福子从白房子中抢出来，皆大欢喜。译者在事先未征求我的同意。"

5. 游览老舍故居的收获

我们参观了老舍故居，展示同学们游故居的照片以及读书的手抄报。看看我们对理解对祥子的态度有什么帮助？

今天我游览了位于北京市东城区的老舍故居。……老舍先生的故居十分简朴，并不多的家具，朴朴素素的衣物，最多的就是他看过的书，写过的文章。……在看了老舍故居之后，我也明白了他的作品为什么取材于市民生活，他的写作为什么多采用生活中烦琐的小事。因为他生活在一个并不大，且很平凡，甚至平凡到丝毫不起眼的小四合院，但是他笔下的文字却将这些平常得不能再平常的小事描绘的活灵活现，脱颖而出。

教师总结：作者出身贫寒，了解下层人民生活，对他们充满同情。这说明你们读出了自己的感悟。读完《骆驼祥子》，你获得哪些启示？

学生谈感受。

（适用于八年级，作者为张珍娟）

七、《海底两万里》教学设计

（一）教学目标

一是通过专题分类探究，对原文有针对性的阅读。二是对小说的内容情节和人物形象有更具体的了解，并更好地理解科幻小说的特点。三是加强学科交流，体现大语文的特点。

（二）教学重难点

通过专题探究，对小说的内容情节和人物形象有更具体的了解，并更好地理解科幻小说的特点。

（三）教学过程

1. 回顾全书阅读过程并说明专题研究的内容

本书是凡尔纳1866年开始创作的长篇科幻小说。凡尔纳是法国著名的科幻小说和冒险小说作家，被誉为"现代科学幻想小说之父"。《海底两万里》是他的幻想小说三部曲之一，也是他的名篇佳作之首。我们利用了快速阅读的方法，在3周时间内完成了全书的阅读。快速阅读是一种基本阅读技巧，可以帮助我们尽快地把握全书的内容。像《海底两万里》这样的科幻小说，往往有跌宕起伏的故事情节，有扣人心弦的悬念，读者很急切地想知道故事或者人物的结局，用快速阅读的方式，有利于整本书的推进。

在快速阅读完成后，我们根据本书的特点，分为了5个专题：一是绘制航行路线图并撰写航海日记；二是绘制潜水艇简易图并介绍；三是进行奇妙的海底世界探究；四是介绍《海底两万里》涉及的科学知识；五是介绍尼摩船长。我们将以小组抽签的方式，选定了每组同学需要探究的主题，并给予探究任务的具体方向和做法。在此基础上，完成了二次阅读。由于本书是科幻小说，同学们在探究时，不仅仅完成了语文的阅读任务，更是把语文、生物、物理和地理等学科的知识相融合，形成了跨学科的统一教学。

2. 专题的任务提示

关于绘制航行路线图并撰写航海日记。同学们要先绘制一份简单的"鹦鹉螺号"潜水艇的航行路线图，标明时间、地点，然后从小说中选择印象最深、最感兴趣的事件，写几则航海日记。这要结合地理方面相关知识，以日记的形式，归纳典型事件，进而理解人物。

关于绘制潜水艇简易图并介绍。小说中的"鹦鹉螺号"是什么样子的？是根据什么科学原理制造出来的？以什么为动力？内部结构如何？同学们根据这些问题绘制一份"鹦鹉螺号"潜水艇的简易图，标明其各个部位的名称和功能，并写一篇简介。这艘潜水艇和今天的潜水艇有什么异同？这需要结合物理知识，通过科学的手段，证实小说的可信度，进而学习科幻小说的特点。

关于奇妙的海底世界探究。小说中瑰丽的海洋世界让人心驰神往，同学们一定发现了很多奇妙的动植物，见识到了海底奇特美丽的景象。有哪些生物难以忘记？它们出现在现实生活中吗？它们有怎样的特点和习性？这需要结合生物学科，通过海洋生物的探究，了解作者丰富的想象力。

关于介绍《海底两万里》涉及的科学知识。奇妙的旅行中，处处隐含着科学的奥秘。庞然大物——"鹦鹉螺号"潜水艇、功能强大的潜水服、攻击力极强的电击枪等，你还能发现哪些科学知识？这与物理学科相结合，更深入感受科幻小说以科技为依托，注重文学性和知识性的特点。

关于介绍尼摩船长。小说中的灵魂人物尼摩船长是个怎样的人？请你根据作品的内容，以最后返回陆地的法国生物学家阿龙纳斯的身份，给一个亲密的朋友写一封信，向他介绍尼摩船长其人。（与美术学科相结合，在介绍人物的同时，绘制肖像，更好地展示人物的魅力）

3. 小组合作完成探究，并制作海报、幻灯片等，辅助自己的交流展示

4. 课上交流展示

学生分别展示以上5个专题内容，教师随后分别点评。

关于专题一，任务小组撰写的航海日记，选取了小说中的典型事件，结合航海地图，让我们更加清晰地了解了整个航行的过程，对于人物和情节也有了更多的认识。同时，对于尼摩船长，我们也有了新的认知。

关于专题二，小说中海底探索的主要交通工具就是庞然大物"鹦鹉螺号"，任务小组对它的绘制和介绍，让我们更好地了解科幻小说所展现的科技奥秘。

关于专题三，小说中多次写到了海底世界的绚丽和奇妙，通过任务小组的展示，我们对于海底的未知世界多了几分憧憬，也了解到科幻小说大胆的夸张、丰富的想象这一特点。

关于专题四，小说中的科技元素随处可见，这也体现了科幻小说是"科学与幻想的集体"这一特点，具备"科学元素"，以已知的科学知识与科技成就为基础，对未来的科学发展与科技成就进行深入推测，让人们感受到科技的魅力。

关于专题五，尼摩船长是小说里的主人公，也是一个带有浪漫、神秘色彩，非常吸引人的人物。他如大海一般兼具热情、冷酷、和善、危险、温和、暴躁、随和、任性等特点，通过任务小组的介绍，结合具体的故事情节，我们更好地了解小说中的灵魂人物，感知了他的形象。

5. 课堂总结

不同于其他的小说，科幻小说注重知识性，内容要有科学方面的知识，并不是说有想象力有文采就可以了。想要写出有实力的科幻小说是非常不容易的，这要求作者本身对科学事物非常了解，而且需要有文学才华。

科幻小说最大的特征就在于，它赋予了"幻想"的科技在未来具有实现的可能性，甚至有些"科学幻想"在多年以后，的确在科学上成为现实。因此，科幻小说就具有了某种"预言性"。

阅读交流的目的和意义在于，同学们能积极参与，提出针对性的问题，开展合作交流，提升自身认知。通过对科幻小说的研读，我们对于其中的典型人物和故事情节有更多的了解，对于科幻小说的特点有更多的关注，对于大学科的特点有更多的认识，打通学科界限，做到学科互融。

（适用于八年级，作者为陈玉艳）

八、探究生命的意义——《永久的生命》《我为什么活着》教学设计

（一）教学分析

作为哲理散文，《永久的生命》《我为什么活着》简短、隽永、耐人寻味。两篇文章是中外作家从不同角度对生命意义的探究。其中，《永久的生命》探讨的是个体生命是暂时的，但整体生命是永久的。《我为什么活着》探讨的则是生命有意义在于有追求、有境界。文章议论较多，哲理深刻。在教学时，教师需要通过链接补充相关资料，联系学生的现实生活，帮助学生逐步理解生命的意义。初中二年级学生已经接触过托物言志散文和写人叙事散文，初步具备整体感知课文、理出思路、揣摩作者情感意图的能力。学习这两篇散文，学生第一次接触议论较多的哲理散文，内容较为理性和抽象，距离他们的生活较远，理解起来有一定难度。基于情况，本课设想进行有关生命意义的哲理散文的群文阅读，从学生的知识水平、理解能力及兴趣经验出发，努力营造适合学生参与的教学环境，从而在体验、感悟的基础上，培养学生分析语言、处理信息、合作交流的能力，树立正确的价值观。

（二）教学目标

一是梳理文章的关键句，理解作者观点，领会其中的人生哲理。二是分析比较同类文章，理解文章的内涵，总结哲理散文的阅读方法。三是通过质疑提问、比较分析、概括提炼，理解文章的主旨。四是探寻作者的思想境界，领会文章的人文内涵，结合实际谈认识，获得有益的人生启示。

（三）教学重难点

一是分析比较同类文章，理解文章的内涵。二是哲理散文阅读方法的运用与提炼。

（四）教学过程

1. 初读课文，质疑提问

同学们，今天我们一起学习《永久的生命》《我为什么活着》这两篇散文，进行群文阅读，探索生命意义。课前，学校其他老师已带领大家进行了初读，同学们也提出了自己的疑问，丰富而细致，很多涉及文章的关键。在此基础上，我进行了归纳总结分类。一是探究生命为什么是永久的；二是探究我为什么而活着；三是探索生命的意义；四是比较两篇文章。下面我们就在同学们所提问题的引导下，进行对生命意义的探究。

2. 探究生命为什么是永久的

什么叫作永久的生命？这个问题好不好回答，怎么解答？应该从文中找相同或相近的语句，作者表达观点的语句，也叫关键语句，恰好有些同学的问题涉及了关键语句，同学们先讨论这些问题，看看能不能令人豁然开朗。

下面分组讨论，一组一个问题，每组推荐一个发言人，时间3分钟。

一是小草一万年前这样，一万年后也这样，为什么？为什么说小牛犊是永远的？二是怎么理解"生命它分开来是暂时的合起来却是永久的"。三是人死了就没了，但为什么消灭不掉生命？四是前面说我们都非常可怜，但为什么又说不应该为此感到悲观？五是为什么生命在那些终于凋谢的花朵里永存，它们矛盾吗？

小组讨论时，老师巡视。每组同学派代表发言。

第一组——小草本来是柔弱的，但能抵抗风寒，一年一年延续，小牛犊也是，一代代生命在延续，说明了生命是流动的，神奇的，不断创造新的生命。这就是生命永久的原因。

第二组——生命分开来是个体，是暂时的，像旅客一样，对于生物整体来说是永久的。

师：关于这一点冰心的《谈生命》谈到了更大的视角，请看补充资料，速读，冰心的观点在第几段呢？

生：在文章的第四段"宇宙是一个大生命，我们是宇宙大气风吹草动之一息。江流入海，叶落归根，我们是大生命中之一叶，大生命中之一滴。在宇宙的大生命中，我们是多么卑微，多么渺小，而一滴一叶的活动生长合成了整个宇宙的进化运行。"

师：在宇宙大生命中我们是非常渺小的。当然宇宙这个大生命也是永久的。

第三组——这个问题有两层意思。一是作为生物体的人死了，他个体没有了，但是他繁衍的后代还存在，是永久的。二是作为人来说，他的所作所为、精神、品质都会为人类其他人更好的生活延续，精神等也是永存的，因此生命是永久的。

第四组——前面说非常可怜，是因为过去的就过去了，我们无能为力。后边说因为生命是流动的、延续的、蔓延的，有顽强的生命力应该心情舒畅，不应该悲观，应该乐观。

师：那个体遇到不幸或痛苦该怎么办？去年咱们学的一篇文章，也写到类似的观点，当花和人遇到不幸，应该是什么样的态度？宗璞的《紫藤萝瀑布》：花和人都会遇到各种各样的不幸，但是生命的长河是无止境的。这是互文推断。

生：豁达或乐观。

师：冰心的《谈生命》里也有类似的内容，这也是互文推断。

生：我们生命中不是永远快乐，也不是永远痛苦，快乐和痛苦是相生相成的。在快乐中我们要感谢生命，在痛苦中我们也要感谢生命。快乐固然兴奋，苦痛又何尝不美丽？要感谢生命、珍惜生命。

第五组——师：凋谢的花朵，不断给世界带来色彩和芬芳。我们再用互文推断的方法，想想去年学的一首诗，写到了凋谢的花化成了什么？

生：化作春泥更护花。

师：为什么能护花了呢？

生：化作春泥、化作养分不断给世界色彩和芬芳。

师：其实对于人来说也如此，同学们看补充资料《有的人》，哪种人是凋谢和不朽共存的？

答案预设：鲁迅。他因为俯首甘为孺子牛，所以就是人们永远记住他，为别人的成长奉献力量所以人们永远记住了他。

师：从落花、从鲁迅身上我们看到了什么精神？奉献（板书），他们用自己的养分、精神、勇气、力量，为生命的延续贡献力量，让世界更为丰富多彩，实现真正意义的生命价值。

其实，古今中外有很多人凭借自己的精神和贡献做到了不朽。咱们要学的另一篇文章的作者罗素就是这样的一个人。我们下面通过探索他为什么活着，了解他的人生追求和精神境界。

3. 探究我为什么而活着

（1）师：为什么叫"我为什么而活着？"这体现了作者怎样的境界？
要想回答这个问题仍要回文章去找什么内容？

生思考回答。

答案预设：

关键语句，也就是总结概括的句子。

第一段：对爱情的渴望，对知识的追求，对人类苦难不可遏制的同情，这三种纯洁但无比强烈的感情支配着我的一生。

师：为什么这句话就能回答这个问题？

答案预设：

因为支配着我的一生。还有，就是文章的二、三、四段分别从追求爱情、知识、同情苦难等几方面来谈的。也就是说这句话确实概括了全文的内容。

也有同学有更深的困惑。

（2）师：尘世被作者形容得很苦，而且自己也深受其"害"，为什么还愿意再活一次？我们看文章内容，怎么作答。

生速读文章，思考回答。

答案预设：

我寻求爱情，首先因为爱情给我带来狂喜；我寻求爱情，其次是因为爱情解除孤寂；我寻求爱情，最后是因为在爱情的结合中，我看到圣贤和诗人们所想象的仙境的神秘缩影。这就是我所寻求的，虽然它对人生似乎过于美好，然而最终我还是得到了它。

我以同样的热情寻求知识，我希望了解人的心灵。

我试图理解毕达哥拉斯的思想威力，即数字支配着万物流转。这方面我获得一些成就，然而并不多。

我渴望减轻这些不幸。

追求爱情是因为爱情可以给人带来喜悦，可以使人摆脱孤独，可以让人领略人生最美好的境界。知识使人类的精神更加充实，眼界更加开阔，给人带来无穷的乐趣。

点拨：痛苦为什么会让他感到值得？我们可以看罗素的资料，这样更充分地理解他的内心世界。

知人论世，识人明理，补充罗素的相关资料。

他胸怀宽广，勇于承担，要为解除天下的苦难而活着，付出是值得的。为人类苦难而呼号，身体力行，89岁还静坐并为此坐牢，这是痛苦的，又感到无能为力，但付出不觉得遗憾，是值得的。除此之外，他写书是让人民大众学会哲学，认为可以普及大众，认为理性可以解除苦难，人道主义的思想，乐观自信，勇敢、执着。他是在更高层次上实现生命价值，超越了个人的得与失。是富有同情心和博爱的体现。

4. 探索生命的意义

（1）《永久的生命》中，你感悟到了什么？《我为什么活着》中，你感悟到了什么？

学生思考回答，答案预设：

从严文井的《永久的生命》看，个体生命是暂时的，生物总体是永久的，凋谢和不朽混为一体，要豁达、奉献；

从罗素的《我为什么活着》的探索来看，努力追求，为别人做出贡献，让生命有意义。虽痛苦但值得。

（2）生命对我们意味着什么？

我们今天学习散文两篇，同时也链接了《谈生命》《有的人》《己亥杂诗》《紫藤萝瀑布》，可以结合咱们涉及的文章谈，也可以结合自己的实际情况谈。

《谈生命》：个人渺小，但要感谢生命，不管快乐与痛苦。

《有的人》：虽死犹生，精神永存，要奉献。

《己亥杂诗》：凋谢中延续永存，要奉献。

《紫藤萝瀑布》：虽有痛苦不幸，也要豁达，对未来充满信心。

生谈，答案预设：

①应该有追求、虽然会遇到困难，我要乐观，不仅仅要为自己着想，还要为他人着想。

②努力追求，过好自己的一生。遇到困难，还要坚定信念。

今天我们围绕两篇散文进行了生命意义的群文阅读，你们有没有发现两篇文章虽然作者来自不同国家，但文章是有相似点的？

5. 比较两篇文章，两篇文章有相似点？

答案预设：

①都在谈生命的意义，一个谈的生命为什么是永久的，应该乐观奉献；另一个谈的是自己一生的追求，努力追求，为他人痛苦也值得，实际是博爱，为他人着想。

②作为哲理散文，在表达上，都是在题目中先有一个总起的问题，通过概括性语句表达观点。

点拨：我们也获得阅读哲理散文的方法：

阅读存疑、圈画关键、互文推断、识人明理、比较分析。

今天我们围绕生命意义读了两篇文章，补充四篇诗或文，实际上也是生命意义的群文阅读。在不同作者文章、不同体裁文章中，我们找到它们的相似点、关联点，进行比较阅读，这是异中求同，在同一主题中，它们的侧重点不同，是同中求异，这也是群文阅读的原则。同学们，今天我们这节课获得了对生命意义的丰富认识、启示，也获得了阅读哲理散文以及群文阅读的方法，希望我们今天的探究对你关于生命意义思考和阅读同类文章有启发和借鉴。

6. 板书设计

<pre>
                生命
       个体   有限的
       生物总体   永久的
         ↓   ↓
    豁达 乐观 奉献   不懈追求……
</pre>

7. 教学反思

两篇文章，选择材料、写作角度不同，但都是透过现象深入本质，揭示出生命的意义和价值。用生动的形象或自己的一生，来展现生命的探索，自然万物生命在延续，精神在闪耀、传承，诠释了豁达奉献的人生追求，表达乐观向上的人生态度。

这正如朱圣权、姚翠艳在《哲理散文写作的思维视域探微》指出，"哲理散文就是用种种形象来参与生命的探索，揭露万物之间的永恒相似，它因其深邃性与心灵透辟的整合，给我们一种透过现象深入本质、揭示事物的底蕴、观念，具有震撼性的审美效果"。

两篇文章互为注解，相辅相成，让读者对生命意义有一完整的认识，编排在一起更加深了对每一篇文章内容的理解：每个人都应该有追求，不仅仅要为自己着想，还要为他人着想，为永久生命的延续做出贡献；虽然会遇到困难，要乐观、豁达，坚持不懈，坚定信念。两篇文章，相得益彰，这可能就是编者的真正意图。

本设计依据教材和编者的意图以及本人研读教材的感受，整合出"生命意义的探究"这一主题。具体教学内容的选择依据学生课前提问，分析学生的问题点和困惑点，明确学生理解文章知识和思维的障碍点，确立文章解读的取舍点以及资料的补充和连接点。在上课时展示所有学生的提问以及老师的归纳，引导学生提问的指向性，上课时研究的问题就是学生课前提出的问题，讨论的问题后面打出每个提问者的名字，学生得到肯定和激发，探究积极性很高。

我们通过从对生命意义的探究角度解读两篇哲理散文，对不同作者、不同内容的两篇文章，找到它们的相似点、关联点，进行比较。实际上，它们同为一个主题，侧重点不同，这是同中求异，这也是群文阅读的原则。通过解读，可以获得对生命意义的丰富认识、启示，也获得了阅读哲理散文以及群文阅读的方法。这也是两文联读的另一个收获。

（适用于八年级，作者为张珍娟）

九、从《在烈日暴雨下》到《骆驼祥子》的教学设计

（一）教学目标

1. 知识与能力：品析人物动作、心理描写，体会人物感情；
2. 过程与方法：通过品析人物心理、感受的词语、句子，学生能说出人物的心理和情感，从而理解人物的命运和文章主题；
3. 情感态度与价值观：感受人物的悲惨命运。

（二）教学重点及难点

1. 教学重点：通过品析人物心理、感受的词语、句子，学生能说出人物的心理和情感，从而理解人物的命运和文章主题；
2. 教学难点：深入理解人物情感及命运。

（三）学情分析

初三下学期学生已初步具备赏析小说的能力和品析语言的能力。通过调查、谈话了解到学生基本能理解文章的情节结构，对人物形象也有一定整体认识。但由于文章内容距离学生的生活实际比较远，学生对这样的内容理解起来有一定难度；另外学生在阅读方面缺少细致研读文本的习惯，因此对特定情境下人物的情感及命运感受不深。

（四）设计思路

在第一课时整体感知文章内容和分析景物描写的特点的基础上，本节课以柳树特点导入新课—感知人物心理—品味词句理解在特定情境下人物的情感—结合全文，深入探究理解人物命运和文章主题。

（五）教学过程

1. 导入新课

上节课我们细致地分析了本文的景物描写段落，其中柳树这一细节写了

多次，这些加点词写出了当时柳树柳枝处于什么状态？

其一：街上的柳树像病了似的，叶子挂着层灰土在枝上打着卷；枝条一动也懒得动，无精打采地低垂着。

其二：风忽然大起来，那半天没动的柳条像猛地得到什么可喜的事，飘洒地摇摆，枝条都像长出一截儿来。

其三：风过去，街上的幌子，小摊，行人，仿佛都被风卷走了，全不见了，只剩下柳枝随着风狂舞。

其四：一阵这样的风过去，一切都不知怎么好似的，连柳树都惊疑不定地等着点什么。

生：速读、勾画、交流、补充。

小结：柳树柳枝在恶劣的天气下，受烈日炙烤、受风雨摆布的状态。

（设计意图：以旧带新，理解景物的特点，为理解人物心理情感作铺垫。）

2. 感知心理

请你找出祥子烈日下所做的事及表现心理的语句，填写下面的表格。

事件	表现心理的语句	心理特点概括

生：通读、梳理、填空、交流。

答案预设：

事件	表现心理的语句	心理特点概括
烈日下第一次出车	有些胆怯了 他不敢再动了	不得不出车 充满矛盾
烈日下第二次出车	可是再也坐不住了，爽性出去试试 不知怎么好了，始终懒得张罗买卖	

（设计意图：以旧带新，理解景物的特点，为理解人物心理情感作铺垫。）

3. 品味与品析

（1）品味感受

细读祥子烈日下拉车的经历，体会一下特定环境下人物的情感（感受）。

思路：（　　）语句，表现祥子（　　）感受，说明祥子（　　）情感（性格）。

示例 1：

<u>一跑，就喘不上气来，而且嘴唇发焦，明明心里不渴，也见水就想喝。不跑呢，那毒花花的太阳把手和脊背都要晒裂</u>，表现祥子<u>焦渴、矛盾</u>的感受，说明祥子<u>在烈日下拉车的痛苦</u>。

示例 2：

<u>虽然腿懒、身软，心里不舒畅，可是再也坐不住了，爽性出去试试</u>，表现祥子<u>忍着身体不适坚持工作</u>的感受，反映了祥子的<u>勤劳、顽强、不怕苦</u>的性格。

生： 速读、勾画、交流、补充。

小结： 作者细致地刻画了祥子矛盾的心理和痛苦的感受，为了养家糊口，祥子不得不强忍痛苦在烈日的煎熬下奔走卖命。这样揭示了恶劣的自然环境在祥子身上施加的重压。

（2）品析词句

请读下面的文章，看加点的词换掉或删去之后，效果有什么不同？

祥子的衣服早已湿透，全身没有一点干松的地方；隔着草帽，他的头发已经全湿。地上的水过了脚面，湿裤子贴住他的腿，上面的雨淋着他的头和背，冲着他的脸。想跑，水贴住他的腿。他就那么半死半活地，低着头往前拉。坐车的仿佛死在了车上，一声不出地任凭车夫在水里挣命。祥子真想硬把车放下，去找个地方避一避。可是，看看浑身上下都流水，他知道一站住就会哆嗦成一团。他又跑起来。

祥子的衣服早已湿透，全身没有一点干松的地方；隔着草帽，他的头发已经全湿。地上的水过了脚面，湿裤子裹住他的腿，上面的雨直砸着他的头和背，横扫着他的脸。他不能抬头，不能睁眼，不能呼吸，不能迈步。他要

165

把车放下，但是不知放在哪里好。想跑，水裹住他的腿。他就那么半死半活地，低着头一步一步地往前拽。坐车的仿佛死在了车上，一声不出地任凭车夫在水里挣命。祥子真想硬把车放下，去找个地方避一避。可是，看看浑身上下都流水，他知道一站住就会哆嗦成一团。他咬上了牙，蹚着水，不管高低深浅地跑起来。

生：细读课文、勾画语句，在书上写出自己的理解。

答案预设：

"直砸""横扫"从正面写暴雨对祥子的无情袭击；"裹"写出祥子在暴雨中拉车的艰难；四个"不能"与四个动词紧相呼应，构成排比，写祥子在暴雨下难以忍受的感觉。"水裹住他的腿"，"半死半活地，低着头一步一步地往前拽"，"他咬上了牙，蹚着水，不管高低深浅地跑起来"，真实地描写出祥子在暴雨中拼命的形象。

点拨：

以上分析可以看出，本文把烈日和暴雨与祥子的感受和心理活动交织起来写，用恶劣的自然环境衬托了祥子拉车的痛苦和遭遇的悲惨。

（设计意图：通过比较改文与原文的区别理解人物在暴雨下感受和情感。）

4. 深入探究

（1）祥子在烈日和暴雨下拉车的痛苦感受是否仅来自自然界的烈日和暴雨？

读提示中老舍谈《骆驼祥子》的创作时说过的话：车夫"不但吃的苦，喝的苦，连一阵风，一场雨，也给他的神经以无情的苦刑"，从文中找到来自社会生活方面压力。

学生读课文，结合课文相关内容分析、搜索、筛选相关信息。

答案预设：

贫苦——如果"今天还不至于挨饿"，祥子就不会出来在烈日和暴雨下拉车。

冷酷——如果坐车人不那么冷酷无情，祥子就可以"避避"再走。

教师总结：祥子在烈日和暴雨下拉车的痛苦感受不仅来自恶劣的自然环

境，更来自人与人之间的冷酷关系，来自造成底层劳动人民贫苦的根源——人剥削人、人压迫人的社会环境。

（设计意图：结合作者的写作目的和文章相关内容，理解人物命运及社会主题。）

（2）结合文章内容，说说"祥子哆嗦得像风雨中的树叶"都写出了什么？

思路：判断是否用修辞—找相关内容—看突出什么特点。

学生说理解思路，交流、补充。

总结：用比喻的修辞手法，文章中写柳枝在风雨中痛苦、不能自主，柳叶更是如此。祥子在烈日和暴雨中拉车饱受煎熬，也不能听从自己的安排。把哆嗦的祥子比作风雨中树叶，既写祥子当时不舒服的身体状态，也暗示像祥子一样的劳动人民的命运像风雨中的树叶一样无法自控。

（设计意图：通过文章含义丰富语句的理解，加深对人物命运的理解。）

（3）请结合《骆驼祥子》中祥子的经历来谈。

学生梳理祥子的经历。

答案预设：

祥子的三起三落：

一起：来到北平当人力车夫，苦干三年，凑足一百块钱，买了辆新车。（精神向上）

一落：有一次连人带车被宪兵抓去当壮丁。理想第一次破灭。

二起：卖骆驼，拼命拉车，省吃俭用攒钱准备买新车。（不甘失败）

二落：干包月时，祥子辛苦攒的钱也被孙侦探骗去，第二次希望破灭。

三起：虎妞以低价给祥子买了邻居二强子的车，祥子又有车了。

三落：为了置办虎妞的丧事，祥子又卖掉了车。（自甘堕落）

总结：祥子在烈日和暴雨下拉车的痛苦感受不仅来自恶劣的自然环境，更来自人与人之间的冷酷关系，来自造成底层劳动人民贫苦的根源——人剥削人、人压迫人的社会环境。

总结明确：祥子从农村来到城市，原本是希望依靠自己的勤奋、顽强去求得独立的生存地位，但他却不断受到摧残，这其中既有抢他车的大兵，又有不给仆人饭吃的杨太太;既有欺骗、压迫他的虎妞,又有愚弄他的陈二奶奶,以及诱惑他的夏太太等。正是这些兵匪特务、社会渣滓,组成了一个庞大的网,不断地盘剥祥子,压迫祥子,最后,毁了他的理想,吞噬了他的灵魂,摧残了他健壮的身体,使他蜕变成了一头走兽。从此,他失去了对生活的任何企望和信心,彻底地从先前热爱拉车,到讨厌拉车,到最后拉不动车;从先前忠实义气,变得厚颜无耻;从先前矢志不移,到自暴自弃,自甘堕落,最后完全蜕变成了一个麻木不仁、没有了魂灵的行尸走肉。

(设计意图:由单篇到学生整本书阅读,理解文章内容。)

(4)第二小组的同学们以人物为线索梳理了《骆驼祥子》的内容,制作了祥子的人物档案,并从这个普通人力车夫的故事中理解了小说的主题。请你选出与原作内容不符的两项(只填序号),并写出你对小说主题的理解。

人物档案

◀姓名▶ 祥子　　◀身份▶ 人力车夫

◀生平▶ ①勤劳健壮的农村小伙祥子到北平选择拉洋车谋生,他像骆驼一样努力干活,得了个"骆驼样子"的绰号。②他省吃俭用三年买了一辆新车,路遇大兵,保了命却丢了车。③祥子继续租车为曹先生拉包月,又被孙侦探敲诈去全部积蓄。④无奈回到车厂,刘四爷给他买了车。他和刘四爷的女儿虎妞结了婚。⑤后来虎妞难产而死,他只好卖车安葬虎妞。⑥经历了这三起三落,祥子失去了生活的信心,自甘堕落成了行尸走肉。

学生思考回答,答案预设:①④黑暗的社会不让好人有出路。

(设计意图:学以致用,深入理解内容。)

(5)北京人艺著名导演梅仟把老舍的小说《骆驼祥子》改编成了话剧。以下是《骆驼祥子》剧本的结尾部分。请你说说话剧和小说在结尾部分有什么不同。

【屋外有喊福子的声音:"福子!有人找你!"福子犹疑地朝外望了望,低下头。】

168

祥子：福姑娘，去吧，有人找你呢！

小福子：唉！……唉，祥子你打算怎么样呢？以后的日子……

祥子：这个家我也不要了，人埋了，东西卖了，我就走！

小福子：你到哪去？

祥子：我去找小顺子。

小福子：那我……（欲言又止）

祥子：有一天我要是混好了……我准来看你。

小福子：也好。那我就等着你。（她走到门口，又回头望望，眼里含着希望的泪光。）

【祥子把桌上的灯捻得更亮。】

【远处叫卖号外的声音："看看汀泗桥大战的新闻……号外！看号外……"】

【窗外风狂雨暴！】——幕落

（全剧终）

学生思考、回答。

答案预设：小说结尾祥子成为好吃懒做的行尸走肉，话剧结尾祥子对生活仍抱有信心；小说结尾小福子上吊自杀，话剧结尾小福子怀着希望活着，等待祥子回来。

（设计意图：理解作者的意图。）

（6）以下是不同时期的文学评论名家对《骆驼祥子》的评论，你最认同哪一种评价？请结合你的阅读体验说明理由。

洋车夫、老妈子、便衣警探、车厂老板、妓女、摆小摊的，他们出没的场景是大杂院、小茶馆和街边巷口。在老舍的笔下，他们都有了生命，有了灵魂，使我们透解他们也有梦想，也有奋斗，也都活鲜鲜地惹人爱、惹人愁，可歌和可泣。——司马长风（1976）

老舍在祥子所代表的下层城市贫民身上所发现的人与人之间的冷漠、个人奋斗道路破灭以后的苟且忍让，在一定程度上反映了中国国民性格中的某些弱点。——钱理群（1998）

学生思考回答。

答案预设：我认同司马长风的看法。例如小说中高妈虽然是一个不起眼的小人物，但她的善良、热心肠依然能给读者留下深刻印象。在祥子不小心摔伤的时候，高妈十分关心祥子的伤情，并给自尊心很强、打算辞工的祥子以心理安慰。祥子最终留下来就得益于高妈的热情挽留。这是老舍以极简约的笔墨塑造得极为成功的形象之一。

答案预设：我认同钱理群的看法。因为在《骆驼祥子》中，我能看到乘客的冷漠，在暴雨下祥子拼命拉车，乘客却对他没有半句关怀。我还看到了祥子在小福子死后吃喝嫖赌、行尸走肉的生活状态，这种梦想破灭后的苟且反映出小人物性格中的弱点。

总结：在老舍的笔下，像祥子这样的劳动人民贫苦无法主宰自己的命运，现在我们衣食无忧、可以设计安排自己的生活，请珍惜我们现在的幸福生活吧。

5. 布置作业

课下阅读老舍的作品《骆驼祥子》。

6. 课后反思

这节课的设计由初步感知到品味语言，再结合全文理解人物命运和主题，由浅入深，层层深入。

7. 板书设计

在烈日和暴雨下

祥子拉车

痛苦　煎熬

无法自控

（适用于九年级，作者为张珍娟）

十、《艾青诗歌》品读会教学设计

（一）教学目标

通过诵读诗歌，理解诗歌内容，感受诗人情感。

通过诵读与鉴赏，简单品味诗歌的意境。

通过学习诗歌，感悟生活中真诚美好的情感。

（二）教学重难点

1. 教学重点：借助诵读和品析，感知诗歌的主要内容，感受诗人热烈丰富的情感。

2. 教学难点：能通过朗诵进入诗歌的意境，表达自己对诗歌的理解。

（三）教学过程

1. 导入

简单总结以前活动，导入本次品读会。

2. 学生展示

分小组活动：（1）朗诵诗歌。

（2）说明选诗原因。

（3）介绍背景知识。

（4）感知诗歌内容，感受诗人情感。

（5）诗歌推荐，呈现推荐理由。

第一组《雪落在中国的土地上》

问题①这首诗一共描绘了几幅画面？它们有什么相同点、不同点？

你对哪幅画面最有感触，和大家谈谈你的想法。

问题②诗中多次重复"雪落在中国的土地上，寒冷在封锁着中国呀……"每次重复诗人的情感都会跌宕起伏，说说你对这种重复的理解。

第二组《关于眼睛》

问题①结合诗歌内容，你认为这是一双怎样的眼睛？

问题②为什么作者在诗歌中说"你说最美丽的是眼睛，我说最可怕的也是眼睛"？

（在解决问题的过程中，读思结合，引导学生通过具体词句、诗人创作背景，并适当调动个人生活体验读懂诗歌、感受诗人情感。）

3. 提升拓展

选择生活中打动你的一双眼睛或是一个眼神、一个动作、一件事物……自己命题或是以《无题》为题，写一首小诗，并简单说说自己的构思。

（适用于九年级，作者为李杰）

第四节　丰富多彩的阅读校本课

一、"经典剧目我来秀"活动教学

初一语文校本课的主题是"经典剧目我来秀"，让学生把学过的经典文章改编成课本剧。编演课本剧是新课标的要求，新课标在"课程性质与地位"中明确指出："语文是最重要的交际工具。"这就是说，学语文是为了"用"，达到表达思想、交流情感、传承文化的目的。

编演课本剧正是实实在在的"用"。它要求学生对课文有正确的感知、深刻的理解，对剧本有大胆的发挥和较强的记忆，它可以帮助学生把书面文字转换成适合于舞台的口头语言、形体动作，变死的课本知识为活的演出实践；同时要求学生发挥想象，培植感情，磨炼毅力，还要求学生有很好的相互协调与配合能力。演好一出语文课本剧，不仅可以培养学生听说读写的语文能力，而且是培养学生活动能力、组织能力、创造能力和良好品质的有效途径之一。如果把学生的生活体验、心理因素比作一潭水，那么，我们的课本剧编演，就好比是投水之石，石击才能浪起。它将为学生打开一个新的活动天地，从而吸引千百万颗蓬勃向上的心。在那里，他们可以大显身手，他们年少旺盛的精力也将得到正当有益的引导。在老师的指导下，排演课本剧，换个味道学课文，学生们定会觉得"不一样"。

（一）语文课本剧教学的设计流程和实操步骤

1. 激趣

教师介绍前人编演课本剧的成功经验和收获喜悦，让学生产生过一把瘾的强烈渴望，为活动的顺利开展打下思想和情感基础；还根据每位学生的特点设计才艺展示；有时还穿插对一些经典课本剧的欣赏以及点评。

2. 分组

以自愿为原则，学生分成若干小组，推举出负责人，人人动手改编课文。由于是自由组合，大家都不想落后，学习热情明显提高。

3. 选择

选择过程完全是学生自主的过程，学生充分讨论，积极参与。选择过程实质也是一个学习的过程，学生必须了解戏剧的特质，选择矛盾冲突激烈、情节性强、人物性格鲜明的课文，而这正是活动成功的关键。

4. 阅读

我们要求学生把课文改编为剧本，如果课文是剧本，就要有自己创作的成分。要改编、创作课本剧，阅读时需要具备戏剧常识，如了解幕、场、人物说明、舞台说明等，体会"没有冲突就没有戏剧"的特点，理解个性化、动作化的戏剧语言。阅读的时候要了解背景，熟悉内容，理解主题，把握人物形象等。

5. 改编

如果课文是课本剧，学生往往照抄课本里的人物对话和舞台说明，这时应让学生明确：改编时要适当增删。因为演出时间限制在十分钟内，所以改编应该大刀阔斧地砍掉枝节，保留和创作一些能强化戏剧冲突、突出人物性格的对话和动作的内容。当然，无论是人物对话、舞台说明，还是矛盾冲突的设计，都是为主题服务的。删减或增添，既要适合于剧情发展及人物性格的需要，又要适合舞台演出。

6. 排练

戏剧的排练，安排一周的时间。整篇课本剧分成几幕，每组学生排练一幕。整个过程要求学生尽量正规化。每组选出一个导演兼编剧，导演根据剧情和人物气质特点选择合适的演员。

7. 汇演

到了激动人心的那天，各组倾注全部的热情，把最精彩的演出带给了观众，使每次汇演获得了很大的成功。学生们表演得很投入，观赏的同学们也非常认真，不时报以热烈的掌声。本学期依次进行了《羚羊木雕》《背影》《白雪公主》《风筝》的编演。

8. 评价

本学期对课本剧编演的评价包括三部分：一是老师现场评价。我们对学生在"剧本改编""表演语言""形体动作"等方面分别评价。二是学生评价。在汇演后，组织学生讨论，评论编演的水平及得失，重点是指出创新和成功之处，同时提出今后努力的方向。

（二）课本剧活动教学的效果和意义

在课本剧的编演过程中，教师充当的是指导者、参与者和配合者的角色，而学生才是主角。在一周的排练过程中，学生遇到困难会随时请教老师，老师给予详细正确的指导，包括对课本剧改编的指导。这种新型的教学方式有效地提升了教学效果，锻炼了学生的才干。具体表现在：

1. 促学习热情

学生由于拥有了学习的主动权和充分的自由，在课本剧编演过程中无不透露出浓厚的学习兴趣和强烈的学习热情，不需要往常的"威迫""利诱"，不需要语重心长、苦口婆心的教育，充分表现了"我要学"的积极心态。

2. 练创造能力

"一千个观众就有一千个哈姆雷特"，阅读鉴赏是一种创造，改编课本剧是一种创造，表演更是一种创造。汇演时，观看的学生把台上形象与自己创造的形象进行对照，把别人对形象塑造表现的技巧与自己的努力结果相对照，不断调整充实，使形象更为丰富，台上台下，创造成果在会聚、交流、深化。活动教学让语文课堂真正成为培育创造种子的佳壤。

3. 练协作能力

课本剧编演的整个过程是一个互相配合互相协作的过程，哪一个环节出了问题,演出都不会成功。

4. 练运筹能力

排练汇演的时间虽然只有一周,但要做的事情千头万绪,如果不能及时理出个轻重缓急,合理配置资源,提高工作效率,要在不影响正常教学秩序的同时排出一个精彩成功的课本剧,是非常困难的事。

课本剧的编演对语文教学,对学生的综合素质的提高是一个极大的促进,学生在活动过程中发展和锻炼了健康的情感,健全的人格,在活动过程中体验了成功的喜悦。

(适用于七年级,作者为张珍娟、冷冰、孙非)

二、《红岩》课本剧课程

随着教学改革的不断深入,教学理念纷至沓来。让学生在宽松愉悦的氛围中激发对语文的兴趣,学到语文知识,培养语文能力,提高语文教学质量,是目前语文教师需要不断进行反思和改进的问题。

本着让学生在兴趣中学习语文,在学习中激发学生的语文兴趣的宗旨。在学校冬令营期间,我们初一语文开设了《名著阅读课本剧》课程,在三天的课程中,学生要完成对名著《红岩》的阅读,并通过筛选情节,最后形成课本剧。三天课本剧的学习、排练过程如下:

第一天熟悉情节:学生完成阅读之后,通过看电影《烈火中永生》,再次熟悉《红岩》的情节。之后精心挑选四个情节,让学生分成四组排演。学生自己按照剧情分配角色后,再各自熟悉自己的角色内容。

第二天熟悉演出:学生在把握情节之后,相互对台词,对角色进行加工并演练。

第三天展示成果:学生分组对自己组的情节做现场展示。

经过三天的课程学习实践,学生们不仅再次熟悉了名著内容,同时通过自己的理解对文本进行了再加工,使之形成了自己的阅读体验,对语文学科的学习有了新的体会,同时提高了自己的语文素养。

(适用于七年级,作者为贾军、李琛、陈玉艳)

附：

精彩的冬令营
——语文阅读课感受

初一（2）班　谢雨蔓

前几天刚考完试，我们清华附中丰台学校开展了前所未有的冬令营。

这次冬令营共3天，有30多门兴趣课呢。打花棍、抖空竹、文化设计、篮球等。不过，我最爱的还是语文阅读课。

阅读课可不是写作文哦，我们的阅读课是在演话剧的过程中度过的。因为我们刚刚接触演课本剧，所以还不能像演员一样专业，可我们胜在认真，演的也十分有趣。

这次，我们演的是红色经典读物《红岩》的故事。我们小组这次演的是"小萝卜头之死"，主要人物有：陈岗、刘思洋和小萝卜头。我在这次表演中饰演的是小萝卜头。看这个标题就知道，我在这次课本剧中是主角，无疑，我的任务最为重要。这次演出不但考验我们的演技，还考验我们的团队协作能力。为了这次演出，我们十分努力，该背词的背词，该串词的串词，每个人都有自己的工作。每个组里还有一个导演，主要负责剧里剧情的修改。

在上台表演之前，我们组还发生了一次小矛盾。

快到我们表演时，我问组里的同学要不要演陈岗回忆的部分，同学们都说要演。其实我本来心里想的是：如果这段能不演就不演，这样我也就不会给组里拖后腿。但是想想也只是想想，我的想法依旧遭到同学们的一致反对，于是决定硬着头皮上吧，尽自己最大的努力去演。

虽然心里这么想着，但是因为演技的不足，在表演中还是闹出了笑话。我因为一个同学饰演的角色太搞笑而笑场，还读错了几个字，但这场表演并没有因为我的过失而宣告失败。因为在我心中，我们的表演可比第一组好多了！

最终，经过我们的努力，我们的表演获得了老师和同学的一致好评。我感到十分自豪。

经过这次表演，我懂得团队协作的重要。俗话说：单丝不成线，独木不成林。同学间的友好相处还是很重要的。同时，我也懂得了，表演不是只靠一个人就能完成的，而是需要大家同心协力一起完成。这就是团结的力量吧！

三、《探秘〈西游记〉》校本课程

（一）教学分析

《西游记》是一部中国古典神魔小说，为中国"四大名著"之一。书中讲述唐朝法师西天取经的故事，表现了惩恶扬善的古老主题。但作为明朝四大奇书之一的《西游记》在如今经常被误读为儿童文学或普通的神怪斗法小说，《西游记》是初二学生课外经典名著阅读的必读书，然而误读的存在使一些学生自认为从小看过动画片的自己已经熟知《西游记》而放弃了精读细研原著。这无疑是一种缺憾，同时也是读书习惯的培养缺失。在考试越来越强调素质能力的今天，有能力对所读经典图书进行精研细读是每一个中学生都应该具备的语文素养。而且这份素养并不仅仅只运用在文学名著的研读上，对于学生将来面对的课程或者专业书籍都有极大的帮助，更有助于提高个人的精神品质。

对所有人来说，初中阶段正是形成和矫正行为习惯的关键时期，这一时期所培养的优秀品质和能力将极大地影响今后的一生。从专业的角度对学生的读书方式和研究方法给予正向引导，对学生今后的个人精神发展非常重要。《探秘〈西游记〉》校本课程，通过精研细读后的分析，让学生知道一些书中语言所蕴含的丰富内容，提高学生学习和读书研究能力，初步建立对《西游记》的正确观念，进而激发他们对《西游记》乃至于古典名著的热爱，培养学生必备的、可持续发展的语文素养，对学生终身发展都具有重要意义。

（二）课程目标

【知识与技能】

1. 知道了解《西游记》的故事梗概和所反映的社会内涵。
2. 获得精研细读的读书和研究能力。

【过程与方法】

1. 通过讲座示范和自读，初步学会通过文章细节推测文章主旨的方法。
2. 通过听讲座锻炼倾听和钻研方法。

【情感态度与价值观】

1. 学习唐僧师徒不畏艰险，一路奋斗终取真经的进取精神。
2. 培养学生对读书尤其是读古典名著的热情与兴趣。

（三）课程纲要

课题名称	教学内容	课时	教学方式
西游的本质	了解《西游记》的内容以及唐僧西游的目的	1课时	讲座
西游本是一个局	了解西天取经的真正缘由：如来佛为了传经而布下的一个局	1课时	探究、讲座
《西游记》里最重要的"坏人"	通过准确认识观音菩萨的几次出场，了解《西游记》中的观音菩萨形象	1课时	探究、讲座
大闹天宫始末	梳理大闹天宫始末，探究孙悟空的真实实力，了解大闹天宫事件的最大受益者究竟是谁	2课时	探究、讲座
唐僧的身世之谜	探究书中唐僧的真实身世到底如何以及作局的关键人观音菩萨的作用	1课时	探究、讲座
西天取经的"开始"	探究西天取经真正的开端，如来传法、唐僧降生、观音传经、唐僧西游、悟空出山	1课时	探究、讲座
唐僧的桃花运	梳理唐僧在取经途中所遇到的美女诱惑并明确唐僧是如何应对的	1课时	探究、讲座
孙悟空的3次离队	梳理孙悟空3次离开取经队伍的前因后果，细看其中玄机	1课时	探究、讲座
唐僧肉的36种吃法	探究明确吃唐僧肉是否真能长生不老，唐僧的多灾多难跟吃其肉可长生是否有关	1课时	探究、讲座
西游一定要打妖精吗？	探究历经八十一难过程中打妖精的必要性，认清西游路上打妖精的真实原因	2课时	探究、讲座
猪八戒和沙僧在队伍中的作用	猪八戒好吃懒做，沙和尚存在感不强，那么他们进入西游取经队伍的作用只是充人数吗？	1课时	探究、讲座
西游队伍几人赔本几人赚	了解西游5人队伍在取经后所得功果中占到便宜和吃亏的人员及其原因	1课时	讲座
最艰辛的磨难	探究取经途中最艰辛的两次磨难以及最后的解决之道	2课时	讲座
《西游记》给予我们的启示	神魔小说《西游记》到底在告诉我们什么？做人的道理、真实的社会。《西游记》对现今社会仍有很大启示	1课时	探究、讲座

（四）课程评价标准

1. 评价内容

（1）参与学习活动的态度

通过学生在活动过程中的表现来判断，如是否认真参加每一次读书和研究课题活动。

（2）学习和探究方法技能的掌握状况

对学生在听讲座过程中所体会的学习方法和参与探究《西游记》内容的过程所培养出的研读书籍技能水平进行评价。

（3）学生的学习成果

讲座式学习的结果可以用多种多样的形式展现，一张手抄报、一份课题研究、一篇专题小论文、一次主题演讲甚至是根据《西游记》原著进行的改编剧等都可以完美呈现学生的学习成果。

2. 评价方式

采取教师评价与学生自评、互评相结合，平时上课成绩与期中期末汇报成绩相结合的评价方式。

3. 评价量规

评价项目	评价内容	得分
教师评价（50分）	学习态度（20分）	
	课堂参与积极性（10分）	
	作业情况（20分）	
同学评价（25分）	学习态度、参与情况（25分）	
自我评价（25分）	学习收获、体会（25分）	

（五）部分课程讲稿内容

《西游记》到底讲了一个什么故事？

作为一部小说，《西游记》想通过这样的故事告诉我们怎样的道理呢？

读故事我们是应该听任作者讲述还是应该时时存疑，探索内涵呢？

混沌未分天地乱，茫茫渺渺无人见。
自从盘古破鸿蒙，开辟从兹清浊辨。
覆载群生仰至仁，发明万物皆成善。
欲知造化会元功，须看西游释厄传。

全文开头用一首诗确定了《西游记》的写作主旨，为什么看《西游记》？是要知道造化会元功的，知道了能怎么样？是能够释厄的。这才是《西游记》这部小说的主题思想。

大闹天宫，天宫到底受到了哪些损失？

第一次当弼马温嫌官小，大闹时，仅打了一张办公桌，没和任何人交手。

第二次偷桃子、偷酒、偷金丹。也是没与任何人交手就下界去了。

接下来打的倒是非常热闹，巨灵神、哪吒、四大天王、木叉、二郎神纷纷登场。可惜，战场并不在天宫。

从八卦炉出来后，发了一次狠：取出如意棒，打得九曜星闭门闭户，四大天王无影无形，打到灵霄殿外，遇到佑圣真君的佐使王灵官在这儿值班。两个在灵霄殿前斗得不分胜败，佑圣真君又调36员雷将，把大圣围在垓心鏖战。孙悟空殴打的对象大都是上不了台面的仙！

结果被如来佛一巴掌扣在了五行山下，孤独地度过了500年。

实际上天庭都损失了些什么？

①1张办公桌；②一些高级蟠桃；③一次酒宴的酒；④五葫芦金丹；⑤翻倒了炼丹炉；⑥一些低级神仙战败。

可以看出，这些东西并不是多么珍贵，最重要的还是让天庭丢了颜面。

大闹天宫谁是受害者谁是受益人？

受害者：

①孙悟空——被压在五行山下500年；

②天庭——损失了面子，坛坛罐罐。

这个孙悟空也没有多大能耐，他连个二郎神都搞不赢，怎么就敢来闹天宫？他究竟是占的谁的势？是什么人在背后撑腰？

受益人：

玉皇大帝怀疑如来佛，所以才会在精英未出的情况下叫如来佛来收拾孙悟空！

如来佛来了，冷笑道：你那厮乃是个猴子成精，焉敢欺心，要夺玉帝尊位？他自幼修持，苦历一千七百五十劫。每劫十二万九千六百年。你算，他该多少年岁？你那个初世为人的畜生，如何出此大言！趁早皈依，切莫胡说！但恐遭了毒手，性命顷刻而休，可惜了你的本来面目！

收拾了孙悟空后，玉帝召集众神开欢庆宴会。

如来佛当时是这样说的："今欲立名，可作个安天大会。"

各仙老异口同声，俱道："好个'安天大会'！好个'安天大会'！"

（六）课程总结

以《西游记》为基础的校本教学课——《探秘〈西游记〉》，通过引导学生探究《西游记》内容，不仅让学生学到如何解读文章，增强他们的阅读兴趣，而且让他们喜欢名著，和《西游记》成为好朋友，受到高尚情操与趣味的熏陶，丰富了精神世界，综合提高了语文素养。

1. 课堂开展情况

上课由自读探讨和讲座指导两种方式交替进行。先让学生读原著，谈对于文章内容的理解。在学生有一定感悟的基础上，由老师进一步探秘解读。最后用一节课的时间对所学内容和所探讨的问题进行有奖问答，激发学生阅读的兴趣，提高他们的阅读能力。当然，学生一般采用通读或泛读的方式，对文章进行覆盖性阅读，而我则采取精读细读的方式对文章中存在的疑点一一进行解读。在这一过程中我特别强调圈点批注式的阅读，即徐特立先生所说的"不动笔墨不读书"的方法。要求学生们读书时：可以做读书卡片，进而摘抄精彩片段、撰写读书心得；更要在读的过程中在书白处做好圈点勾画、批注，也可以写读书笔记或当时读时所产生的感悟。

2. 课外阅读课成效

学生们通过上《探秘〈西游记〉》课程，都对《西游记》这部书有了一些自己的感受：开始逐渐形成细读名著的习惯，甚至有个别学生可以对老师未讲的内容率先提出自己的问题和看法，进行新一轮的解读实践。相信这样继续下去，学生可以形成自己的读书方法。

通过读书活动，我们的校园溢满书香，我们的教育充满幸福。有人说，阅读就好比闲时沏上一杯茶，品着茶味，嗅着书香，在一种安静、闲适的环境下，去追求一份充实与精神的愉悦，这已足够。

（适用于八年级，作者为李琛）

第五节　交流展示分阶梯

一、《走进经典　润泽心灵》展示活动

最是书香能致远，寒冬时节暖人心。2018年1月23日，清华附中丰台学校初一年级开展了"走进经典　润泽心灵"读书交流展示活动。

展示活动中，既有独到见解的《猎人笔记》札记分享，又有《朝花夕拾》《镜花缘》的整本书内容介绍；还有从名著阅读中选取感兴趣的内容进行经典原创舞台剧的尝试精彩：原创舞台剧《孤狼》让我们领略了俄国农村的风土人情，《三打白骨精》的短剧表演幽默风趣，《荷花淀》精彩演绎则带我们置身战火纷飞年代，名著表演《君子国》让同学们领略了好让不争谦谦君子之风，《朝花夕拾》情景剧再现了整本书的精彩情节。

各班声情并茂地朗诵表达了对亲情的呼唤，对理想的追求，对祖国的热爱。整个活动不仅展示了同学们之间的团队合作，也展示了个人独特的青春风采。

根据评委会老师的认真评审，评出最佳表演、最佳编剧、最佳导演、最佳旁白等奖项。

陈敬川校长分享了他的学习成长经历，他勉励同学们珍惜现在的优越条件，多读书，多参与，多展示，全方位提升自己的素养。

本次展示活动得到了初一年级主任杨志红和各班主任以及语文组老师、

热心家长的大力支持。

读书、览名人故居、悟家国情怀的读书实践活动，让孩子们对名著阅读有了更多的思考和感悟。初一年级师生用自己的行动不断探索多彩读书生活方式，对阶梯阅读，做了有益的探索与尝试。

（适用于七年级，作者为张珍娟、冷冰、孙非）

附：

《走进经典，润泽心灵》读书交流展示会活动主持稿

A：尊敬的老师们。

B：亲爱的同学们。

合：大家好。初一年级《走进经典，润泽心灵》读书交流展示会活动现在开始！

A：书是一道厚重的门，垂青着每一位敲门者。

B：那敞开的门，是一口淘不完的井，是一座掘不尽的矿。

A：书籍是我们一生的精神财富。

B：阅读与我们相伴一生。

A：当岁月尘封了所有的过往时间和空间，断绝了一切回路，是什么将生活转化为回忆沉淀为永恒？是书籍，它用优美的文字、浪漫的情怀、真实的故事、感动人的情感描绘出来。

B：每读一本书，就像遇到了一位良师，似与圣贤对话，如同今哲低语。这种境界能使人忘记一切得失荣辱，拥有一份恬淡求知的心境。有时书又是益友，读着它起伏跌宕的故事、娓娓叙说的气氛，心情久久难以平静，所以说书是我们的良师益友。

A：在这个学期中，我们阅读了许多中外名著，我们认真阅读，学会了精读，跳读，浏览，相信每一个同学都有大大小小的收获。

B：是啊！书中的每一个人都是那么的鲜明。鲁迅先生笔下有学识的藤野先生、善良的长妈妈，贤惠的水生嫂，神通广大的孙悟空，朴实的渔民，还有《猎人笔记》中一个个贪婪的地主。

A：高尔基曾说："屠格涅夫创作的《猎人笔记》是世间最美的文字。"许多同学都产生了自己的想法，下面有请一班的同学来说一说他们的感受吧。

B：感谢陈炜豪同学的分享，同学下面看看短剧《孤狼》。

A：看过国外的名著，再来看看文学大家鲁迅先生撰写的《朝花夕拾》。

B：二班的同学对其中的《从百草园到三味书屋》非常感兴趣，他们也为大家带来了一个小短剧，让我们来看一看吧。

A：在这六本书中大家最喜欢的是哪一本呢？

B：看来许多同学对《西游记》是情有独钟，下面请看《三打白骨精》。

A：感谢这些同学的精彩演出，现在让我们将时间推移到抗日战争时期，去到那个战火纷飞的年代。一班的同学在《白洋淀纪事》中选取了一个故事为大家带来了一个独幕剧，请大家欣赏《荷花淀》。

B：同学们，他们演得精不精彩？他们用精湛的演技，熟练的语言给大家带来了视觉的盛宴，下面请初一（五）班的同学来为大家介绍《湘行散记》和《镜花缘》。

A：我国是最早有文字的国家之一，一本本精彩的书籍是由一个个文字构成的。

B：而这些正是我中华上下五千年的文化积淀，请听诗歌朗诵《我骄傲，我是中国人》。

A：崔心悦同学朗诵的《我骄傲，我是中国人》让我作为一名中国人而无比自豪。

B：是啊。现在的中国是那么的强盛，但是国家的发展不免会受到挫折，我们都挺过来了，俗话说："这个世上没有人可以保护你，坚强，是你唯一的出路。"而高尔基的《海燕》，让我们看到了勇敢、自信、不屈服。

A：海燕在暴风雨来临之前常在海面上飞翔，有了大雨的疯狂，就有悄然无声飘落着的毛毛细雨，像是无数蚕娘吐出的银丝。千万条细丝，荡漾在半空中，迷迷漫漫的轻纱，披上了黑油油田野。细雨的朦胧，请听《雨巷》。

B：当你感到孤独的时候，那么就找一个你信任的人去陪伴你，如果问陪伴是什么，我想陪伴是温暖的，它意味着这个世界上有人愿意把最美好的东西给你，那就是时间。

A：而在我们每一个人的生命当中会遇到各种各样的陪伴：比如说这会儿你我之间，就是一段短暂的陪伴；比如我们的学生时代和我们的同学，那是几年的陪伴；还有一种陪伴是生命里血脉注定一生的陪伴，那就是我们和父母之间的陪伴，倾听诗朗诵《门前》。

B：在顾城的诗中陪伴就是这样简单而美好，在生活中，我们不免遇到小摩擦。但是我们总想从其他人身上寻找问题，推脱其自身的毛病，有多少人可以做到自我检讨，下面请听高志菲同学朗读《批评之前，先检讨自己》，请同学们认真倾听，好好去思考。

A：改正了自身的不足。如何让自己的生命绽放光彩，下面请五班的同学来为我们大家朗读《让生命之花常开不败》。

B：对于生命，初一（三）班的张磊同学也想要说说自己的理解，下面请他带来《活着是一种责任》。

B：青春是一个可塑性很强的时代，也是一个让自己绽放精彩的时代，下面请听修泽铭同学朗诵的《青春的范儿》。

A：一只小小的纸船一个大大的梦想。在泰戈尔的《纸船》中梦想就是一只小小的船，它会带领着我们驶向成功的彼岸。请听向辅雅朗诵《纸船》。

B：有梦就去追，有险就去闯，绽放自己的精彩来回报我们脚下的土地，来回报我们的祖国，请听赞歌《我爱你中国》！

A：今天的阅读活动到此就结束了，今天同学们用不同的形式向我们展示了他们的收获。

B：在前期我们参观了鲁迅博物馆制作的精美展板。这些活动都让我们受益匪浅。

A：这些成果，当然也离不开三位语文老师，年级组长杨老师和五位班主任对于我们的支持和鼓励。

B：在此我们要感谢这些帮助过我们的老师。

A：下面请所有的领导和老师为我们选出今天演出的优胜者。

B：下面请领导颁奖，大家掌声欢迎！让我们恭喜这些同学。

A：腹有诗书气自华，最是书香能致远！

B：让我们以行为步，迈向书籍的大海。

A：让阅读伴随我们成长。

B：让阅读成为一种习惯。

合：我读书，我快乐，我读书，我成长！今天的活动到此结束，谢谢大家！

《猎人笔记》札记赏析

初二（一）班

安得留沙是一个自以为是的人，从一开始朴实的小伙，到一个油头滑面、认不清现实的人，在文中"就大谈起自己的天才、自己的成就，谈自己如何发展、如何前进……其实他的本事勉勉强强，只够画很一般的肖像"。这一个前后的对比，更是写出了安得留沙的自以为是，这也是他到浪沙堡后养成的习惯，这就上演了人的惰性，因社会的影响，将一个质朴的人"熏"成一个过度自信、自以为是的人。

名著短剧：《猎人笔记之孤狼》

初一（一）班

旁白：傍晚时分，下起了暴雨，在电光中我瞥见大路上有一个高高的人影。

孤狼：什么人？

我：你是什么人呀？

孤狼：我是这里的护林人。

我：屠格涅夫。

孤狼：哦，久仰大名！您是回家去的吧？

我：是回家。可你瞧，多大的雷雨呀……

孤狼：是呀，大暴雨！

旁：一道白晃晃的电光把这个护林人从头到脚照得通亮，紧接着响起急促而爆裂的雷声。雨下得倍加起劲了。

孤狼：不会很快停下来的。

第三章 书中自有黄金屋——整本书阶梯阅读实践

我：怎么办呢！

孤狼：要不，我带您到我家去吧。

我：劳烦您了。

旁白：我们走了一大阵子，我的带路人终于停下脚步。

孤狼：我们到家了，老爷。

小女孩：来了，来了。

孤狼：快给老爷照路，您的马车我会拉到棚子里去。

我：你一个人在家？

小女孩：就我一个人。

我：你是，护林人的女儿？

小女孩：是。

孤狼：您或许不习惯用松明照亮吧。

我：没事，谢谢。你叫什么名字？

孤狼：我叫福马，外号叫孤狼。

我：原来你就是孤狼呀，伙计，人家说你是什么人都不放过的。

孤狼：我是尽自己的职责，总不能白吃主人家的饭呀。

我：怎么，你没有内人当家的吗？

孤狼：没有。

我：那是已经过世了吗？

孤狼：不是……是的……已经过世了。跟一个过路的城里人私奔了。

场景：小女孩垂下头，婴儿大哭，小女孩奔向摇篮。

孤狼：给，喂给他，（递给小女孩一个奶瓶）也把他们抛下了。

孤狼：老爷，您大概不吃我们那种面包吧？可我这儿除了面包……

我：我不饿。

孤狼：不饿就算了。我应该给您生个茶炊，可是我没茶叶……让我去看看您的马。

场景：他出去了，随手把门碰上了。

我：你叫什么？

小女孩：乌丽塔。

187

孤狼：雨快要停了，您要回去的话，我就把您送出林去。
我：拿这玩意儿干什么？
孤狼：林子里有人在捣鬼，……在偷砍马谷地方的树。
孤狼：从院子里听见的。
孤狼：喏，……喏，瞧，专挑这样的晚上。
我：那我跟你一块去，……好吗？
孤狼：好的，我们立刻捉住他，然后我再送您回去。走吧。
听不到，在哪呢？
砍倒了……
哪里走？站住！
砍树人：饶命！
孤狼：你休想跑……
我：放了他吧，我赔这棵树。
孤狼：嗨，转过来，笨蛋！
砍树人：把那斧头捡起来吗？
孤狼：当然捡起来！
场景：孤狼不声不响地用左手抓住马鬃，用右手抓住偷树贼的腰带。我们便往回走，好不容易才回到那座小屋。
孤狼：雨又大了，只好再等等了。要不，您躺一会儿？
我：不了，谢谢。
孤狼：我本来想把他关到贮藏室里去，可是那门闩……
我：让他待在这儿吧，别折腾他了。
砍树人：福马，哎，福马。
孤狼：你要干什么？
砍树人：放了我吧……是饿得没法呀……放我走吧。
孤狼：我可知道你们这种人，你们整个村子就是贼窝。
砍树人：放了我吧，实在是饿得没法……孩子们哭着要吃的，真的没法子。
孤狼：我说了，不行。我也是做不了主的，东家会追究我的。

砍树人：好啊好啊！你这可恶的凶手！你喝基督的血吧！喝吧！……

你这蛮子，吸血鬼，我对你说了这么半天你听见了吗！

孤狼：你喝多了吧，怎么破口骂人啊？你疯了？

砍树人：我喝多了！……也没有花你的钱，你这可恶的凶手，畜生、畜生、畜生！

我无所谓了！不管怎样都是死嘛！没有马叫我到哪里去？

你把我杀了吧，不都是这么回事儿吗？饿死，这么死，横竖都一样。都死了吧。老婆、孩子，都死个一干二净！……可是你呀你等着吧，早晚会跟你算账的！

（孤狼站起来）

打吧，打吧，那你就吃了我吧，你就掐死我吧。

孤狼：你这家伙……我要治治你！

砍树人：我有什么好怕的？饿死，打死，反正是死。可你呢，等着吧，会有受报应的时候。你这凶手，杀人凶手，畜生，你就欠天打五雷轰啊你！……你等着吧，你跳蹿不了几天！人家会绞死你，你等着吧！

孤狼：闭嘴！（护林人大喊一声，跨前两步）

砍树人：我偏不闭嘴，你这凶手，野兽……你作威作福长久不了，等着吧！

旁白：孤狼一下子把腰带给农人从胳膊肘上抽开了，抓住他的衣领，把他的帽子拉到眼睛上，开了门，一下把他给推了出去。

孤狼：带着你的马滚吧！听，他走了！下回我就不饶他！

（半小时之后，他把我送出了森林尽头）

《朝花夕拾》课本剧

初一（二）班

旁白：不必说碧绿的菜畦，光滑的石井栏，高大的皂荚树，紫红的桑椹；也不必说鸣蝉在树叶里长吟，肥胖的黄蜂伏在菜花上，轻捷的叫天子（云雀）忽然从草间直窜向云霄里去了。单是周围的短短的泥墙根一带，就有无限趣味。油蛉在这里低唱，蟋蟀们在这里弹琴。翻开断砖来，有时会遇见蜈蚣；

还有斑蝥，倘若用手指按住它的脊梁，便会啪的一声，从后窍喷出一阵烟雾。何首乌藤和木莲藤缠绕着，木莲有莲房一般的果实，何首乌有臃肿的根。有人说，何首乌根是有像人形的，吃了便可以成仙，我于是常常拔它起来，牵连不断地拔起来，也曾因此弄坏了泥墙，却从来没有见过有一块根像人样。如果不怕刺，还可以摘到覆盆子，像小珊瑚珠攒成的小球，又酸又甜，色味都比桑椹要好得远。这里就是鲁迅最喜欢的百草园！

鲁迅：在这个令我十分喜欢的百草园里面有个传奇故事，是长妈妈告诉我的，先前，有一个读书人住在古庙里用功，晚间，在院子里纳凉的时候，突然听到有人在叫他。答应着，四面看时，却见一个美女的脸露在墙头上，向他一笑，隐去了。他很高兴；但竟给那走来夜谈的老和尚识破了机关。说他脸上有些妖气，一定遇见"美女蛇"了；这是人首蛇身的怪物，能唤人名，倘一答应，夜间便要来吃这人的肉的。他自然吓得要死，而那老和尚却道无妨，给他一个小盒子，说只要放在枕边，便可高枕而卧。他虽然照样办，却总是睡不着——当然睡不着的。到半夜，果然来了，沙沙沙！门外像是风雨声。他正抖作一团时，却听得豁的一声，一道金光从枕边飞出，外面便什么声音也没有了，那金光也就飞回来，敛在盒子里。后来呢？后来，老和尚说，这是飞蜈蚣，它能吸蛇的脑髓，美女蛇就被它治死了。这个故事的教训是：所以倘有陌生的声音叫你的名字，你万不可答应他。

鲁迅：从长妈妈给我讲的故事里面我知道了做人之险，这个故事在我的脑海里面浮现了很长时间。

旁白：鲁迅在这个百草园里面每天过得十分快乐，和闰土一起抓鸟，这个百草园如同鲁迅的乐园一样，但是……

鲁迅父亲：鲁迅，你过来一下。

鲁迅：（鲁迅玩得很开心慢慢地走了过来）父亲我在，什么事情？

鲁迅父亲：这附近有个十分有名的书屋，还是全城最严厉的书屋，你应该进去好好学习学习了！

旁白：鲁迅心里面充满了忧愁以及绝望，自己反思着到底做错了什么？

鲁迅：为什么父亲要把我送进三味书屋，也许是因为拔何首乌毁了泥墙罢，也许是因为将砖头抛到间壁的梁家去了吧，也许是因为站在石井栏上跳下来吧……都无从知道。总而言之,我将不能常到百草园了。我的蟋蟀们!我的覆盆子们和木莲们!

旁白:就这样鲁迅跟百草园道了别,走进了全城最严厉的书屋……

旁白:鲁迅入书屋第一件事是要两个拜,一拜孔子,二拜先生。

鲁迅:在百草园的时候我有很多东西都还没有了解,这回终于可以向老师请教清楚了!

旁白:鲁迅朝寿镜吾走了过去,先对老师行了个礼。

鲁迅:先生,"怪哉"这虫,是怎么一回事?

寿镜吾:不知道!(很不高兴,脸上还有着怒色)

旁白:有一次……先生在书房里面大叫了起来。

寿镜吾:人都到哪里去了!

旁白:学生们看他们这样连忙走了过来……

寿镜吾:读书!

学生们:铁如意,指挥倜傥,一座皆惊呢!金叵罗,颠倒淋漓噫,千杯未醉嗬……

旁白:过了几年,鲁迅的父亲突然生病了,请来了两个名医。

医生:先生,这病看来很不轻了,用药怕还得重一点吧。

主人:可以。

医生:"凭票付英洋贰佰元整。"下面仍是署名,画押。

旁白:鲁迅因为这件事找来了这两位名医,来帮助父亲治病。

医生:"踏破铁鞋无觅处,得来全不费工夫。"药引寻到了,然而还有一种特别的丸药:败鼓皮丸。这"败鼓皮丸"就是用打破的旧鼓皮做成的。水肿一名鼓胀,一用打破的鼓皮自然就可以克伏他。清朝的刚毅因为憎恨"洋鬼子",预备打他们,练了些兵称作"虎神营",取虎能食羊,神能伏鬼的意思,也就是这道理。可惜这一种神药,全城中只有一家出售的,离我家就有五里,但这却不像平地木那样,必须暗中摸索了。

旁白:医生给坐在床上的父亲把了把脉。

医生:我有一种丹,点在舌上,我想一定可以见效。因为舌乃心之灵苗……价钱并不贵,只要两块钱一盒……

父亲：（摇了摇头）

医生：我这样用药还会不大见效，我想，可以请人看一看，可有什么冤愆……医能医病，不能医命，对不对？自然，这也许是前世的事……

父亲：（沉思了一会，摇了摇头）

旁白：鲁迅的父亲因为没有及时得到治疗去世了……

鲁迅父亲：（闭上眼睛，躺在床上）

衍太太：鲁迅，鲁迅，你父亲要断气了！

衍太太：快叫呀！

鲁迅：父亲！！父亲！！

衍太太：（催促的）快叫呀！继续叫呀！！

鲁迅：父亲！父亲！！！父亲！！

旁白：鲁迅一直叫着，一直叫着，直到鲁迅父亲逝去了，鲁迅才停了下来。

旁白：在后来，鲁迅因为父亲得病，决定去日本学习医术，来救国。

旁白：东京也无非是这样。上野的樱花烂漫的时节，望去确也像绯红的轻云，但花下也缺不了成群结队的"清国留学生"的速成班，头顶上盘着大辫子，顶得学生制帽的顶上高高耸起，形成一座富士山。也有解散辫子，盘得平，除下帽来，油光可鉴，宛如小姑娘的发髻一般，还要将脖子扭几扭。实在标致极了。

旁白：鲁迅在日本留学的时候，碰见了藤野先生……

藤野先生：大家好，我是藤野严九郎，以后我就是你们的老师，还请多多指教！

鲁迅：听说藤野先生是穿衣服太马虎了，有时竟会忘记带领结；冬天是一件旧外套，寒颤颤的，有一回上火车去，致使管车的疑心他是扒手，叫车里的客人大家小心些。

旁白：过了一星期，在鲁迅上课的时候……

藤野先生：我的讲义你能抄下来吗？

鲁迅：我可以抄一点。

藤野先生：拿来我。

旁白：有一回藤野老师将鲁迅叫到了研究室里面，翻出讲义上的一个图案，是下臂的血管，指着图。

藤野先生：你看，你将这条血管移了一点位置了。——自然，这样一移，的确比较好看些，然而解剖图不是美术，实物是那么样的，我们没法改换它。现在我给你改好了，以后你要全照着黑板上那样的画。

鲁迅：（心里面不服气，想着）图还是我画得不错；至于实在的情形，我心里自然记得的。

旁白：解剖实习了大概一星期，藤野先生又叫鲁迅去了，他很高兴，仍用了极有抑扬的声调对鲁迅说。

藤野先生：我因为听说中国人是很敬重鬼的，所以很担心，怕你不肯解剖尸体。现在总算放心了，没有这回事。听说中国的女人是裹脚的，但不知道详细，所以要问我怎么裹法，足骨变成怎样的畸形（叹息），总要看一看才知道。究竟是怎么一回事呢。

旁白：到第二学年的终结，鲁迅便去寻藤野老师。

鲁迅：我将不学医学，并且离开这仙台。我想去学生物学。

旁白：就这样，鲁迅离开了日本，回到了中国，研究救国方案。

所有演员总结：《朝花夕拾》中出现的四个主要人物，是作者的保姆、恩师、朋友和父亲。长妈妈——有愚昧迷信的一面，但她身上保存着朴实善良的爱，令作者永生难忘。从长妈妈身上，我们看到鲁迅对底层劳动人民的感情：他既揭示他们身上愚昧麻木的一面，也歌颂他们身上美好善良的一面。

名著短剧：《西游记之三打白骨精》

初一（三）班

第一幕

（悟空走在前头，时不时抓耳挠腮。八戒牵马。唐僧款款地坐在白龙马上，念诵南无经。沙僧挑着担，正艰难地走着）

沙僧（放下担子，疲倦地说）：师父，大师兄，二师兄，前面好像有户人家，吾等可以前去讨些斋饭来填填肚子。

八戒（一脸馋相）：那还不快快前去讨些吃的来，我看前面的人家又耕田又绩麻，看来甚为富裕哩！

悟空（跳到八戒前面，狠狠戳了他一指头，不屑）：呆子！枉你顶个天蓬元帅之名！这山周围，妖气缭绕！你难道瞧不见吗？

八戒（跑到唐僧面前，抬头说道）：师父，这妖猴纯属是为了自己偷懒，不去化斋，你还不快念紧箍咒来？

唐僧（闭眼，心平气和指着悟空）：善哉！善哉！南无阿弥陀佛。行者，您还不快快去讨些斋饭来？

悟空（双手抱拳，驾起云来）：师父保重，俺老孙去也！

（孙悟空下场，白骨精身披披风，站在高高的山上，眺望着师徒四人，冷笑道）

白骨精：哈哈哈哈！听说吃了唐僧肉可以长生不老，今天他倒是不请自来了。

（白骨精摇身一变，挎上小篮子，款款地走过来）

唐僧（对八戒和沙僧）：悟空刚才说这里没有人家，前面怎么过来了一个人？

八戒：等我老猪前去看看。（八戒放下耙子，整整衣服装出一副斯文样）女菩萨，去哪里啊？手里提着的是什么东西？

白骨精：长老，这里面是香米饭和炒面筋，特地来送给你们吃的。

八戒：原来是给我们送吃的来了！

（白骨精走到唐僧面前，唐僧连忙合掌）

唐僧：女菩萨，你住哪里？怎么知道我们在这里啊？

白骨精：师父，我家住在山的西面，我父母信佛行善，凡是有出家人路过都会给些斋饭。我丈夫在北山种地，父母年老，我去送饭。路上遇见你们，想起父母乐善好施，所以就请师父们吃吧！

唐僧：善哉！善哉！你还是送给你丈夫吃吧，我徒弟摘果子去了，马上就来。

八戒：放着现成的饭不吃，为何等那猴子的烂桃子？（说着拿起篮子递给唐僧吃）

悟空（急忙赶来，一脸着急）：慢！好你个呆子！竟把这妖精的饭菜递给师父吃，真是瞎了眼！沙师弟，快快护好行李和师父，看我不打死这妖精！

（悟空举起棒子打死妖精。白骨精化作一缕烟逃走，留下一具尸体）

唐僧（大惊失色）：你这猴头，无缘无故伤人性命！

悟空：师父莫怪，你来看这篮子里装的是什么？

沙僧（提过篮子一看）：师父，里面哪有什么米饭？明明是青蛙和癞蛤蟆！（说完提着篮子下去了）

（唐僧有点信了，八戒却在一旁挑拨）

八戒：师父，别听这猴头瞎说，这女施主明明是给我们送饭吃的好人，他偏说她是个妖精！他打死了人，又怕师父念紧箍咒，所以才弄个障眼法糊弄你。

（八戒说完下场。唐僧念起紧箍咒，痛得悟空直叫唤）

悟空：师父，别念了，别念了，有话好说！

唐僧：出家人以慈悲为怀，你怎么动不动就行凶，平白无故打死好人？你回去吧，我不要这样的徒弟！

悟空（连忙跪下磕头）：师父，我还没报答您的救命之恩，怎能回去呢？师父，我下次再也不敢了！

唐僧：既然如此，先饶过你这一次，如果下次再犯，我将这紧箍咒翻来覆去念上个二十遍！

悟空：是，师父。

第二幕

（八戒、沙僧上台）

旁白：孙悟空又去化斋，唐僧师徒三人在草地上休息。白骨精呢？其实白骨精并没有死，而且准备变成先前女子的母亲再去抓唐僧。孙悟空心知这点，于是去而复返。

八戒：猴哥，你怎么回来得这么快？斋饭呢？

悟空：俺不是放心不下你们，怕那妖怪去而复返。

八戒：瞧你说的，哪有什么妖怪。

悟空：去去去。

悟空（转身向唐僧）：师父，我用这金箍棒在地上画一个圈，你们待在里面不出来，那妖精便没法伤害你们了。

唐僧：这……

沙僧：师父，就照大师兄说的做吧。

唐僧：好吧。

悟空（开始画圈，画完以后叮嘱）：师父，我回来以前你们可千万别出来……

八戒：知道了，猴哥快去化斋吧，早点回来。

悟空：俺老孙去也。

白骨精（站在云端恨得咬牙切齿）：听说这孙悟空厉害，果然名不虚传。不行，我不能劳而无功，一定要将那唐僧弄到手才行！

（这时，白骨精变成了先前女子的母亲悄悄走了过来）

（唐僧三人背对着白骨精，白骨精伸出手，向唐僧背后抓去，忽然被孙悟空画的圈子弄伤了，哎呀一声，唐僧三人发觉了）

唐僧：这位施主是……

白骨精：长老，请问你们看见我的女儿了吗？

（唐僧三人尴尬）

八戒：哎，你的女儿？没有，没看见。

白骨精（一眼看见地上女儿的尸体，扑过去）：哎呀，我的女儿，我可怜的女儿呀……

唐僧（想走出去安慰）：这位施主……

沙僧：师父，不可以走出去……

八戒：师父你看，猴哥打死了人家女儿，现在人家母亲寻来了。

白骨精：什么？你们打死了我的女儿。（猪八戒捂嘴）哎呀，我苦命的女儿呀，你怎么就被那些坏人给打死了呀。

（唐僧走出去安慰）

白骨精：你们这群强盗，还我女儿命来。（向唐僧扑过来）

旁白：说时迟，那时快，孙悟空化完斋回来，正好看见妖精欲行不轨。

悟空（一棒打来）：妖精！哪里跑！

白骨精（忙躲到唐僧身后）：长老救我。

沙僧（拉着孙悟空）：大师兄，不可。

孙悟空（甩开沙僧）：别拦着我。

唐僧：悟空，你再胡来，为师可要念紧箍咒了。

（孙悟空继续追白骨精）

唐僧忽然双手合十念起紧箍咒。

悟空：啊，紧箍咒。头痛，好痛。

（唐僧继续念，孙悟空更痛）

（白骨精很高兴，伸出爪子抓向唐僧。这一幕只有孙悟空一个人看见。孙悟空忍住痛，一棒打来，白骨精倒地）

唐僧：悟空，你太不像话了。

八戒：是啊，师父，你看，人家老娘也被他给打死了。

唐僧：从此以后，我不再是你的师父，你走吧。

悟空（追上去，拦在唐僧面前）：师父要我回去也行，您念个松箍咒，把我的箍拿下来，我就回去。要是没有松箍咒，师父就还带着我一起走吧，不然当年堂堂的齐天大圣，如今回去头上戴着这个箍，没脸见人。

唐僧：那就再饶你一次，万不能再行凶了。

悟空：是，师父！

第三幕

白骨精（站在云端里观察）：一会儿唐僧过了这座山，就不归我管了。要是让别的妖怪捉去，岂不便宜了别人？

旁白：白骨精不甘心，这次，她变成了那位女子的父亲。

（唐僧三人在走，忽然看见一位白发苍苍的老公公，一手拄着拐杖，一手拿着佛珠，嘴里念着经，晃晃悠悠地走来）

白骨精：长老们好啊！

唐僧：施主你好。

白骨精：长老们一路走来，可有看见我的女儿和夫人了吗？

唐三人：这……

白骨精：你们怎么了？莫非你们将她们母女给害了？

八戒：不是我们，是我那大师兄一个人干的。

白骨精：啊……

悟空：好你个妖精，你骗得了别人，可骗不了俺老孙！

（白骨精吓得不敢作声）

孙悟空当头一棒，将妖怪打死。（唐僧气得说不出话来。）

八戒：好你个孙悟空，真厉害，不到半天工夫就打死了三个人。

悟空：师父你看，这个妖精被我打死现了原形，你看她脊椎上有一行字，真的就是"白骨夫人"。

八戒：师父，别信他的，他这是把尸体变成骷髅，掩人耳目。（唐僧念起咒来）

悟空：师父错怪我了，那真的是妖精，她是想来害你的。我好心保护师父，你却一再听信那呆子胡说，屡次要赶我走。算了算了，我走就是了。只是我怕我走了没人保护师父。

唐僧（气愤地）：你这泼猴越发无礼了！悟净，拿笔来！（沙僧拿来纸笔，唐僧写下贬书递给悟空）

唐僧：猴头，有这个为证，我不再是你师父，你也不再是我徒弟。你走吧！

悟空（把贬书收在袖子里，不舍地）：师父，本想保你去西天取经，没想到半途而废。我们好歹师徒一场，请师父受我一拜。

悟空（拜完，对沙僧）：沙师弟，你是好人，千万小心八戒的胡言乱语，以后要好好保护师父。

沙僧：大师兄，师父也只是一时气话，你再劝劝就好了。

悟空：要是有妖精抓走师父，你就说我老孙是他的大徒弟。妖精知道我的厉害，就不敢再加害师父了。

唐僧：我是个好和尚，不提你这坏人名。

（悟空含泪再次磕头拜别师父）

名著短剧:《镜花缘之君子国》

初一(五)班

三人来到君子国大门前,农民扛着锄头走出来,向卫兵鞠躬,遇见了三人。

农民:三位,欢迎欢迎!(三人鞠躬回礼)三位里面请。(林之洋先走,多九公拉着唐敖走了进去,一路在鞠躬)请,请。走好,

唐敖:这君子国,可真是名不虚传。

林之洋:老是点头哈腰的还不把人累垮了。

多九公:嘘。(三人往回看)

农民:请走好。请。(多九公和唐敖回头回礼鞠躬)

唐敖:多谢,多谢。

多九公:(拽着唐敖)走,赶紧走了。

卫兵(顿、崔):欢迎,欢迎。

三人便客气地说道:额,不敢当,不敢当。

侍卫:三位先生是?

唐傲:我们是大唐的商人,久闻君子国大名,特地前来瞻仰。

林之洋:额,嘿嘿。昂,这是我们的护照请查验。(林之洋拿出来他们的护照给侍卫看)

卫兵(崔):哦,原来是大唐天朝来的贵客啊!失敬,失敬。(此时要鞠躬)

三人一起:哪里,哪里。

卫兵(顿):我们有公务在身,只好斗胆饱一饱眼福,嘿嘿。(此时要和卫兵一起看护照)

卫兵(顿、崔):(鞠躬)请!(把护照还给林之洋,走到卖肉的地方)

唐敖:好让不争,实在是难能可贵啊!(此时要背着手,摇着头,边摇边说)

老太太:你这样做买卖,岂有此理!

卖肉:自古做买卖,是漫天要价,就地还钱,你要是不还价,还多付钱,这叫我……

老太太：我只给了这么几个钱，掌柜的却给我了这么一大块肉，这、这明明是在我的良心上斩了一刀嘛！叫我怎么受得了。

卖肉：您这位老人，怎么可以这样说话呢？咦，这叫我怎么，这叫我。（说完做个招呼的手势让3个主角进来）来来来，评评理。

唐傲：两位的谦让精神实在是令我敬佩！可是没有明码标价，实在是难评价呀！

卖肉：什么明码标价，我们的生意上就是凭良心的。

多九公：良心当然要紧，但老做亏本生意，贵店岂不要关门大吉了！

林之洋：嘿嘿嘿嘿，你这位老人，想必是腰缠万贯，银子多了没处花了吧？

老太太：听先生的口气，像是一个斤斤计较的外国商人。哼！（此时应把肉扔给林之洋，这时候语气需要表现得生气）

卖肉：哎！老人家！几位先生，你们可不能撒手不管！

林之洋：嘿嘿嘿。

小偷：（小声说）让我做个小人，啊啊，成全你们这些谦谦君子吧！

唐傲：你这个人拿人家客气，你当福气。

小偷：哎哎哎，你放开我，放开。

卖肉：哎，不能动手，千万不能动手哇！

小偷：哎，君子动口不动手，你懂吗？你！

林之洋：肉是我的，那老太太送给我了。（追着小偷跑）

小偷：哎，嘿嘿嘿嘿，额啊哈哈哈哈。

林之洋：站住！

小偷：（林之洋被棚子盖住了）哈哈。（指着林之洋笑，然后跑了）

林之洋：（出来以后看了看四周，发现小偷跑了，指着黄喜讯）什么君子国？平白无故抢东西。哼！

（他们又来到了珠宝店）

唐傲：（指着观众上方）哎呀，这实在是太妙了，这家店里我最喜欢这块匾了！

林之洋：你看见了吧，这股子酸劲又上来了吧。这木牌子扛回家，能换几个钱呀？

多九公：（点点头）

（他们逛了逛）

林之洋：啊，哎哎哎，你看这珠宝店琳琅满目，看得人眼花缭乱，还有这么贵重的东西放在店堂里，也没人照看。

多九公：大概他们很久没有遇到小偷了。再说，就是偷走点，他们也不在乎啊。

唐傲：啊，有贼。（互相拉三下）

小偷：诶亚喂呀！

唐傲：好哇。又是你！（唐傲要抓住小偷的衣服）

小偷：放手，放手，放手。快放手。君子动口，不动手。只容许你看，就不容许我看看。

唐傲：你这是看看吗？嗯？

林之洋：在君子国里当个小偷，倒是挺方便的。（拿着小偷的珠宝和绳子）

小偷：（指着林之洋手上的珠宝）哈，谁能证明我偷东西？我倒看见你在偷东西。

林之洋：啊？这、这。浑蛋，你自己偷东西，反倒诬赖我偷东西。看我揍扁了你。

唐傲：（拉着林之洋的手）哎哎哎。之洋兄，千万不能动武。我们可以把他送交官府。

多九公：算了吧，现在这个情况，把他送交官府，也不一定说得清。

林之洋：哼，真是便宜了你！（把绳子扔了）

小偷：哼。我是外国人，官府也不敢把我怎么样。

林之洋：外国人？

小偷：大唐天朝人士。怎么样啊？

唐傲：什么？你是大唐人。你把大唐人的脸都丢尽了。走，去到官府去。（不小心撕破了小偷的衣服，珠宝掉了出来）

官员：额，先生们，有何贵干？

小偷：法官大人，我在珠宝店里看货，这几个歹徒硬说我偷东西，还强行非礼我把我的衣服撕破了。

201

林之洋：闭嘴！明明是你先偷了东西。

唐傲：这个人偷东西是我目睹的，要不是我撕破他的衣服，这堆珠宝现在还在他的怀里呢。

官员：这么说，你承认你撕破了他的衣服喽？

多九公：他偷东西人赃俱在。

官员：我们君子国买东西不付钱不能作为偷盗的证据。

林之洋：如果有人看中你家的东西拿了就走，你愿意吗？

官员：我当然答应了，君子应当成人之美嘛。

小偷：他撕破我的衣服，证据确凿。

官员：现在请撕破别人的衣服的人留下。

唐傲：法官大人，这么说你是要把我留下喽？

小偷：您真是青天大老爷！（说着就要往门外走）

官员：请等一等，别忘了您的珠宝。

小偷：是，是！（边说着，边把珠宝往衣服里塞，三人十分惊讶）

林之洋：法官大人消消气，我们是外国商人，还得赶路，不能在此久留，这是我们的一点小心意，请您收下吧。（把东西往法官的桌子上放）

官员：来人啊。

侍卫：在！

官员：现在有人向我贡献东西，按行贿处置！（林之洋很害怕）

侍卫：是！（往法官脸上扇巴掌，三人十分惊讶）

侍卫：（扇完后）按敝国法律，有人向官员行贿，先扇大人耳光，以示警告。

官员：现在你们在大街上打架斗殴、撕破别人的衣服，加上向官员行贿，需关禁闭100天。对不起各位，失陪了。（起身离开）

唐傲、林之洋、多九公：啊！（露出惊讶的表情）

二、砥砺奋进新时代，青春同梦绘书香——《西游记》阅读展演活动

1月14日，在学期即将结束之际，初一年级的同学们齐聚报告厅举行了《西游记》阅读展演活动。这半年，我校落实立德树人根本任务，初一年级开

展了"学正养"主题教育活动,语文组也结合名著经典的学习,在阅读中向学生传递正确的价值观,为学生打好人生底色。

随着同学们精彩的开场舞,《西游记》的展演活动拉开了序幕。

一班同学带来的课本剧《大闹天宫》,获得了全场掌声连连,让台下的观众领略到孙悟空的本领高强和难以驯服,同时思索自由与束缚的关系。

三班同学展示的《八戒大战流沙河,木叉奉法收悟净》活泼生动,落落大方,在这一回,取经队伍形成,同学们感受到团队合作的重要性,团队中每人能力有大小、性格亦迥异,但唯有通力合作才能取得真经。

五班同学为大家带来《智取金银角》,其精彩的改编及与同学们亲切的互动表演令在场同学印象深刻,同时也感叹取经不易,唯有不变之恒心。

六班同学为大家表演的《乌鸡国除妖》,笑料满满,情节设计曲折,语言生动有趣,表演风格特色鲜明,在欣赏演出之余,同学们思考正义与邪恶是否有绝对的界限,对名著的复杂性和深度有了更深的认识。

四班同学为大家表演的《女儿国》,可谓是大家最熟悉和感慨的一回,感情与梦想的抉择不仅考验着唐僧。

二班同学为大家带来压轴表演《真假美猴王》,精彩的表演为本次《西游记》展演画上了完美的句号。通过观看演出,同学们学会人际交往和沟通的方法,宽以待人、通力合作是给我们的启示。

莎士比亚曾说"生活里没有书籍,就好像没有阳光;智慧里没有书籍,就好像鸟儿没有翅膀"。在这一学期,初一年级的同学们阅读了《朝花夕拾》,参观了鲁迅博物馆,并将我们的见闻与思考做了展板;在这本书中我们了解到鲁迅先生的曾经,其中有对当时旧社会不公的批判,还有对故人的怀念,给我们展现出了旧社会的落后,激励大家应该多珍惜当下,努力去创造美好的明天。在回味过去的同时,更应该多想想未来的路应该怎样走。

我们阅读了《西游记》,波折有趣的故事情节令我们深深着迷,我们今天以课本剧的方式来展现我们的学习成果。作者吴承恩在开篇写道:"欲知造化会元功,须看西游释厄传。"他的意思是要想知道人生的真谛,那就必须看《西游记》!读《西游记》,让我们明白一个人,若在经历世间一切事之后,依然能保持一颗真心,即使未到西天,心中早已成佛。人生要坚持、要有信念，这也就是孙悟空常常对唐僧说的那句话："只要你见性志成，念念回首处，即是灵山。"

回味经典，愈是用心，愈是感悟颇多，一次次回首，一次次展望，都让我们不忘初心，大步向前。有一种陪伴，越是长久，它所弥漫的芳香越是醉人；有一种回望，越是深情，它所散发的魅力越是迷人；有一种传承，越是用心，它背后的文化越是久远……

（适用于七年级，作者为李杰、赵艳芬、史行、邓睿思）

附：

《大闹天宫》剧本

初一（一）班

【天宫内，金碧辉煌，在正中央坐着的便是大名鼎鼎的玉帝了。在周围的则是各路天兵天将。】

（一天兵慌张地小跑上前，单膝跪地）

天兵：报！东海龙王、冥司阎王前来进表！

玉帝：嗯，让他们进来。〖悠闲〗

东海龙王、冥司阎王：臣等参见天帝。

天帝：嗯，两位爱卿平身。爱卿此次前来所为何事？〖疑惑〗

（东海龙王与冥司阎王对视一眼）

东海龙王：臣等是为孙悟空大闹龙宫和地府一事前来的。

天帝：哦？孙悟空？这是何人？

冥司阎王：天帝，这孙悟空乃是只妖猴，他不仅偷了东海的定海神针，还强行改了生死簿，让他自己和下界花果山的妖猴长生不老。

（玉帝眉头一紧）

太白金星（小声说）：天帝不如让他来当个官。一来让他感谢您的恩德；二来也让他不再胡作非为。

（天帝大笑）

玉帝：太白所言极是，此事就由你来主持吧。（从上至下捋了捋胡子）

太白金星：臣接旨。

（太白金星踏着祥云便来到花果山）

【花果山里，一路桃树】

太白金星刚想进去，便被三只小猴拦下。

小猴：（打量一番）逮！你是何人？

太白金星笑呵呵地说：我乃天界太白金星，此次前来是找你们大王的。

小猴：哼！那你进去吧！

（太白金星整理了一下衣冠进入了洞中）

孙悟空：来者何人？

太白金星：我乃天界太白金星，前来请你去天宫当官。

孙悟空：嗯？当官？这么好的事儿，也不知会授予俺老孙个什么官职！

太白金星：这可是甚好。

孙悟空：孩儿们，俺老孙去天宫当官了，到时候，一定回来带上你们！

众猴：恭喜大王！

太白金星：那，咱们走吧。

孙悟空：好！

（孙悟空跟着太白金星，踏着七彩祥云。一路上他左看看，右看看，好像对天宫的事物充满好奇）

太白金星：启禀玉帝，孙悟空已经带上来了。

玉帝：嗯，你下去吧。

太白金星：臣告退。

（太白金星缓缓地走下去了）

玉帝：孙悟空，你可知，你此次为何来天宫？

孙悟空：俺老孙知道啊！不就是让俺老孙来当官吗！

玉帝：不错，正好弼马温正缺一人，不如你去？

孙悟空：好啊！俺老孙这就去。

（孙悟空换上了一套官服，跟着一个小天兵到了养马场）

小天兵：这里以后就是你的工作地点了，记得喂马，我先走了。

孙悟空：走吧，走吧。

（待小天兵走后，他把养马场里的马都放了出来，与它们玩耍）

孙悟空：这弼马温可真是有意思！

（旁边的两个天兵聊了起来）

天兵1：你看看，那个新来的是不是傻，竟然喜欢当弼马温！弼马温可是天界最小的官职！

天兵2：那可不！

（孙悟空的心底突然传来一股怒火）

（孙悟空把养马场里的马都放了出来，在天界内乱砸，弄得天界大乱，自己满意后就跑回了花果山，继续做他的美猴王）

孙悟空：孩儿们，俺老孙回来了！

【从山下到山洞里，小猴们一片欢呼】

小猴：太好啦！大王回来啦！

【整个花果山，一片欢呼】

（老猴缓缓走向孙悟空）

老猴：此次是为何事而归？

孙悟空：哼！〖气愤地说道〗这玉帝小儿，竟敢让俺老孙做这天界最小的官，真是岂有此理！（孙悟空气得抓耳挠腮）

老猴：这玉帝可真是不识好歹！竟会有如此下流之举！

孙悟空：俺老孙既然回来了，就给俺老孙自己一个称号就叫……齐天大圣！

老猴：好啊！这称号好！不愧是大王！

（孙悟空俯瞰这花果山上，一片繁荣的景象，挠了挠头，想了一想）

孙悟空：孩儿们，操练起来！

（猴子们拿起兵器，熟练地进行操练）

【此时的天宫】

天兵：报！不好了！孙悟空他……他……

太白金星：孙悟空他怎么了？

天兵：孙悟空他反了！

天帝：什么？孙悟空反了！〖愤怒〗

天兵：是……是的……

太白金星：天帝莫要生气，这孙悟空只是觉得这官职太小了，不如让他来掌管蟠桃园？

玉帝：这个主意倒是不错。〖压了压火气〗

【太白金星再次来到花果山】

太白金星：大圣啊！您就别在凡间闹腾了！

孙悟空：这个嘛……也可以商量商量，不过，你要给俺老孙一个更高的官职。

太白金星：好好好，好说，好说。

孙悟空：哼，这还差不多！

二人一起来到蟠桃园。

太白金星：这里以后就是你掌管的地盘儿了。

孙悟空：就这，还没有俺老孙的花果山大！俺老孙就勉强掌管吧。

太白金星：您，就开始工作吧。

旁白：没过多久，王母娘娘开蟠桃大会，让七仙女到蟠桃园摘取仙桃，孙悟空得知蟠桃会没请自己。

孙悟空：这王母娘娘好大的胆子！办蟠桃大会竟然不叫上俺老孙！

旁白：孙悟空盗桃偷丹，扰乱蟠桃会，酒醒后自知闯下大祸，再次逃回下界。天庭开始围剿花果山。

玉帝：二郎神和托塔李天王何在？

托塔李天王，二郎神：臣在。

天帝：朕派你们带领十万天兵天将去收了孙悟空这妖猴！

托塔李天王，二郎神：是！

一晃便到了花果山。孙悟空已经感觉到了有些不对劲。

孙悟空：孩儿们停止操练！回山内去！

二郎神用金刚镯打中孙悟空的头，成功收服了孙悟空。

押上天庭，斩妖台各种刑罚都无法伤到孙悟空分毫，于是太上老君将孙悟空带回兜率宫，放进八卦炉里炼丹，孙悟空因躲在巽位，反而炼出火眼金睛，四十九天后逃出八卦炉，大闹天宫。

玉帝：快去给朕找来如来佛祖！

佛祖：你等暂且停止干戈，叫那大圣出来，等我问他有何法力。

孙悟空（厉声高叫道）：你是哪方善士，敢来止住刀兵问我？

佛祖笑道：我是西方极乐世界释迦牟尼尊者，南无阿弥陀佛。你是谁，为何如此猖狂？

孙悟空：我本天地生成灵混仙，花果山中一老猿。炼就长生不老法，学来变化广无边。强者为尊该让我，英雄只此敢争先。

佛祖（冷笑道）：呵呵，你就是个猴子成精，你那个初世为人的畜生，如何出此大言！趁早皈依，切莫胡说！

孙悟空：常言道，皇帝轮流做，明年到我家。只教他搬出去，将天宫让与我，便罢了；若还不让，定要搅得这天宫永不太平！

佛祖：你除了长生变化之法，还再有何能？

孙悟空：我的手段多哩！我有七十二般变化，万劫不老长生。会驾筋斗云，一纵十万八千里。如何坐不得天位？

佛祖：我与你打个赌：你若有本事，一筋斗跳出我这右手掌中，算你赢，天宫归你了；若不能逃出手掌，回家！

孙悟空（暗笑道）：这如来十分好呆！我老孙一筋斗去十万八千里。他那手掌，方圆不满一尺，如何跳不出去？

旁白：后来正如大家所预料到的那样，孙悟空在如来佛祖手心撒了泡尿，终不能逃脱。被佛祖翻掌一扑，把这猴王推出西天门外，将五指化作金木水火土五座联山，唤名"五行山"，把他压住，并告知其数百年后将有人来放他出来。

《灵猴出世》剧本

初二（二）班

第一幕

旁白：在远古时候，天地相连，混沌一片。盘古开天辟地后，经三皇治世，五帝定论，世界被分为四大部洲，其中，在那东胜神洲有一个傲来国，东临大海。海中，有座名山，叫作花果山。自创世之初就立于此地，山顶上，有一块仙石，高三丈六尺五寸，周长二丈四尺，上有九窍八孔。这仙石吸收了日月之精华，天地之长久，便有了灵性，内育这仙胎。

这仙石裂开，石卵孕育，石猴就这样诞生了。

（石猴弯着腰出场，向四处看）

石猴：哦？这是哪里？

（石猴抬头，两眼放出两道金光直冲天庭）

旁白：石猴眼中的金光直冲天庭，惊动了玉皇大帝，才知道是一只石猴问世。

（玉帝端坐好）

玉帝：这金光是何物？你二人去查看分明！

（千里眼瞪眼，顺风耳扶耳朵）

千里眼：臣奉旨观听，乃一仙石孕化的石猴。

玉帝：哦，天地精华所生，不足为怪。

第二幕

（石猴在山中玩耍）

旁白：一天，天气炎热，一群猴子在松树下避暑。

（一群猴子出场）

（猴子们一起玩耍非常的热闹）

旁白：玩了一阵，它们就去洗澡，那河水奔流不息，像滚瓜涌溅一般。

（一只老猴子走出来）

老猴子：不知这水从何而来，今日无事，循着源头流，耍个痛快！

（众猴欢呼）

众猴：好！就这么定了！

旁白：于是它们呼儿唤女，带上兄弟们奔向源头，才知道是一道瀑布。

（老猴子看着瀑布）

老猴子：哪个有本事的，钻进去寻出源头，且不伤身的，我等就拜他为王！

（石猴跳出来）

石猴：我进去！我进去！看我的！

（石猴闭眼俯身跳进了瀑布当中）

第三幕

（石猴向前走走跳跳，四处观看，反身一跳）

旁白：石猴喜不自胜，急忙返身跳出水外。

（石猴跳出水外）

石猴：大造化！大造化！

（众猴把石猴团团围住）

其中一只猴子道：里面是什么样的啊？

其他猴子：就是，就是，里面到底是什么样子啊？

石猴：诶，我跟你们讲，这瀑布里面有座铁板桥，过了桥就能看到石床石凳，锅台炉灶，样样齐全。桥中还有一石碣，上面刻着"花果山福地，水帘洞洞天"。

一只年轻的猴子道：那这水帘洞岂不是个宝地？

石猴：这水帘洞真是个我们的安身之处。里面甚是宽阔，容得千百口老小。我等都进去住，也省受老天的气。

（众猴开心地跳起来）

众猴：你带我们进去！你带我们进去！

石猴：你们都随我进来！

第四幕

旁白：石猴又跳进了洞中，胆子大的紧跟其后，胆子小的抓耳挠腮一阵儿，也跟着跳了进去。

（猴子们争抢东西）

一只猴子：这个碗是俺的！

另一只猴子：不！这碗是我的！

（两只年轻的猴子向四处看）

其中一只猴子：原来这就是水帘洞啊！

（另一只猴子点着头）

另一只猴子：是啊是啊，真跟它（指石猴）说的一样宽阔啊！

旁白：此时石猴正端坐在高处看着它们。

石猴：列位，你们方才说有本事进得来，出得去，不伤身者，就拜它为王。我如今两番进来出去，为各位寻得安身成家之处，何不拜我为王？

（众猴排序好）

众猴：千岁大王！

旁白：从此，石猴高登王位，称为"美猴王"。领着群猴朝游花果山，暮宿水帘洞，不入飞鸟之群，不归走兽之类，自在且又逍遥。

《真假美猴王》剧本

初二（二）班

编剧：郑熙雅

第一幕

（在树林里，唐僧猪八戒沙僧在一旁走）

旁白：东方日出，强盗们追逐唐僧一行四人，手持枪刀而来。

唐僧：徒儿啊，贼兵追来了，可怎么办啊？

悟空：放心！老孙打了他去！

唐僧：悟空，切莫伤人！吓退他们便罢！不要杀他。

（悟空一棍一个，说着把强盗打死了）

唐僧：悟空，你！

旁白：唐僧看到悟空又杀人，又惊又气，念起了紧箍咒。

（悟空满地打滚）

悟空：师父饶了我吧，有话直说，不要念咒了。

唐僧：没话说，我不要你跟着了，你回去吧！

悟空：为何赶我走啊？师父，我打死的都是恶人，要不打死他们，他们还会害人呢。

唐僧：你昨天打死了贼头，已经不仁，晚上借宿那老施主一家颇得照看，虽然他儿子不孝，你也不能将他们全都害了性命，屡次劝你，你也没有善念，速去，速去，免得我再念真言！

（悟空害怕）

悟空：莫念莫念，俺老孙去也！

第二幕第一回

（悟空到观音处下拜，泪如雨下）

旁白：真悟空来到观音处告状。

观音：有什么伤感的事情啊？跟我说说，我帮你救苦消灾。

悟空：菩萨，弟子委屈啊，我尽心竭力，降妖伏魔，那唐僧却不分青红皂白，赶我离开，求菩萨把弟子的紧箍去了吧。

观音：你有神通，何苦打死许多草寇啊，他们可是人身，与那妖魔鬼怪不同。

悟空：您都知道了。

观音：你更不该一走了之啊，我算到你那师父顷刻间就有伤身之难，你看……

（观音手一指）

第二幕第二回

旁白：八戒、沙僧两人去化斋饭。六耳猕猴精趁机变作悟空模样来到师父面前。

（假悟空跪着，手捧一碗水）

假悟空：师父，没有俺老孙，您连碗水都喝不上吧。把水喝完，我去给你化斋。

唐僧：我不喝你的水，你又回来干什么？

假悟空：只怕没有俺老孙，你们是到不了西天，见不到佛祖。

唐僧：去得去不得，和你有什么相干。今后，你走你的路，我取我的经。

假悟空：你个狠心的秃子，好，你取你的经，我走我的路！

旁白：这假悟空，把师父打晕，还把行李与关文抢走了。

（八戒、沙僧往回走）

旁白：他们俩走到师父那儿，却发现师父倒在地上。

八戒：师父啊，坏啦坏啦，这是贼人余党，把师父打死啦。

（沙僧哭）

沙僧：这可怎么办啊，哎呀！

八戒：你在这看着师父，我把白龙马牵到一个地方卖了，咱把师父埋了，各奔东西吧。

（沙僧扶着师父）

沙僧：苦命的师父，八戒你看，师父还活着呐。

旁白：师父醒了。

唐僧：好个泼猴，徒儿们，你们刚走，那悟空就来纠缠我，还打了我一棒，抢了包袱去。

沙僧：师父不要发怒，先好好休息，再去寻他！

第三幕第一回

旁白：假孙悟空已经回到花果山。

（花果山）

沙僧：师父要把大师兄请回去。

假悟空：我要自己去西天取经，你看我找了个有道的唐僧，加上他们，正好也能去取经。

（小妖变作唐僧、八戒、沙僧模样，走上台）

沙僧：气死我啦，我老沙行不更名坐不改姓，哪里来的个假沙僧，看招！

旁白：沙僧把假的沙僧打死，发现是个猴精，假的悟空恼羞成怒，把沙僧哄打了出去。

第三幕第二回

旁白：沙僧无法，来找观音菩萨，正好看见悟空，追着就打。

真悟空：沙师弟，别打。有话慢慢说。

沙僧：你这妖猴打伤师父，抢走行李，还想自己去取经。

悟空：你冤枉好人，我什么时候打师父，抢行李了。

沙僧：我亲眼看见，你还敢狡辩，菩萨若不信，现在花果山还有师徒四人呢！

观音：沙僧别急，悟空一直在我这里，没有出去过。悟空，不如你们回花果山看看，便知分晓。

第四幕

旁白：他们来到花果山，悟空见到了那个假悟空很生气，与之打了起来。

真悟空：沙僧，你分不清真假，就先去回禀师父，我与这妖怪去观音处辨真假。

（面对观音站好）

观音：你们谁是悟空啊？

真假悟空：我是真的悟空。我是真的悟空。

旁白：观音念起紧箍咒，两个悟空，全部疼得不行。

观音：好啦，好啦，我也分辨不出你们谁真谁假。你当初大闹天宫时，诸位神将都认识你。你们上天去分辨吧。

旁白：二人来到天宫中。

其中一个：玉帝老儿，当初俺大闹天宫时，你该认得俺，你来辨辨谁是真的，谁是假的。

玉帝：用照妖镜照他们现出原形。

旁白：照妖镜也无法照出假真，二人来到师父面前，想让师父评判。

唐僧：你们俩谁是真悟空啊？

旁白：八戒去问，无法知道哪个是真假。两人又去东海龙宫去问真假。

龙王：大圣，你的本领我是知道的。你变他，他变你，你们俩都是真的。

真假悟空：龙王你过来瞧瞧。

（互相吵吵闹闹，喊道你是假的，你是假的）

旁白：两人拿出金箍棒，让龙王进行评判，也是无法分清。于是又来到阎王殿。

阎王：一个孙悟空不好对付，这一下来了两个。

真假悟空：查生死簿，看看他是什么变的。

阎王： 查不出来假的悟空是什么变的，大圣，当初把生死簿划掉啦。

旁白： 在地藏的指点下，两人来到如来佛祖处。佛祖正在讲经。

旁白： 两个悟空一边打一边过来。

（如来看向旁边的观音）

如来： 观音尊者，你看两个行者，谁真谁假？

观音： 确实无法辨认，天宫地府都认不出来。

如来： 我看假悟空是六耳猕猴，悟空别动手，看我把他擒住。

旁白： 佛祖用钵盂把假悟空收服。悟空一棒子把六耳猕猴打死。

如来： 你这泼猴，我让观音送你去唐僧处。

旁白： 悟空谢了恩，师徒二人重归于好，继续走上了西天取经的道路。正可谓：中道分离乱五行，降妖聚会合元明。神归心舍禅定定，六识祛降丹自成。毕竟这一去，不知三藏几时能面佛求经，且听下回分解。

《八戒大战流沙河　木叉奉法收悟净》剧本

初二（三）班

第一幕

旁白： 话说唐僧师徒三人，脱难前来，不一日，行过了八百黄风岭，进西却是一脉平阳之地。光阴迅速，历夏经秋，见了些寒蝉鸣败柳，大火向西流。正行处，只见一道大水狂澜，浑波涌浪。

孙悟空： 师父，你瞧！（往前走）跟上！八戒（继续往前）快去探路，快去呀，快！

三藏（假摔下台）

两徒： 师父，师父，小心，小心！

三藏： 八百流沙河，三千溺水深。鹅毛飘不起，芦花定底沉。（倒吸一口冷气）悟空，我们从哪里过去？

（悟空下台环望四周，摇头）

（八戒往水里扔下石头，看着溅起的水花倒吸一口冷气）

八戒： 师父，这水好深啊！（两人一同倒吸一口冷气）

行者：师父！

三藏：这水！

（沙僧跳出）

八戒：妖怪，妖怪！

行者（拉着师父往岸边跑）：师父，快跑！

（沙僧一个旋风挥臂，奔跑上台来。八戒放下担子，举起铁钯，朝沙僧打，沙僧使宝杖架住）

旁白：这个是总督大天蓬，那个是谪下卷帘将。一个是久占流沙界吃人精，一个是秉教迦持修行将。他俩来来往往，战过二十回合，不分胜负。那大圣见八戒与那怪交战，就恨得咬牙切齿，摩拳擦掌。

行者（拿出棒）：老孙来也。

沙僧：我去你的吧！（下台）

八戒（气得乱跳，神情愤怒）：猴哥啊，我要是再战上三个回合，就把他给逮住了，你来什么呀！

行者（笑道）：兄弟，我就忍不住脚痒，来玩玩的。哪知那妖怪就走了。

孙悟空（拍八戒肩膀）：呆子，走了，别再生俺老孙的气了，快回去看看师父如何。

（八戒同行者到岸上，见了三藏）

三藏（欠身）：徒弟辛苦呀。你才与妖精交战何如？

八戒：那妖的手段，是老猪的对手。但他就跑了。

行者：师父放心，切莫着急。待明日再说。

（八戒闻言，点头喏喏听命）

第二幕

旁白：第二天

三藏：悟空，今日怎生去处？

行者：还须八戒下水。

八戒：哥哥，只作成我下水。

行者：贤弟，这次我不再急性了，只让你引他上来，我再将他擒了。

（八戒抹抹脸双手拿耙到台沿，往沙僧头上拍，沙僧挡住）

沙僧（大喝）：慢来！慢来！看杖！

（沙僧往前，八戒往后退大概到台四分之一处）

八戒（举耙架住）：你是个什么哭丧杖！

旁白：这一场，来来往往，斗三十回合，不见强弱。八戒又使个佯输计。

（八戒假装退让，拖了耙往台中央走。那怪随后又赶到台中央，拥波捉浪，赶至崖边）

八戒骂：我怕你这个泼怪？你上来！

沙僧骂：你这厮哄我上去，又叫那帮手来吗？

行者（心焦性暴）：师父！让我给他个饿鹰雕食！（朝沙僧跳去）

沙僧见是行者落下云来，却又收了那杖。（沙僧撤下台）

行者：见师父去。

八戒：战不胜他，把吃奶的气力也使尽了，只打个平手。

行者对八戒：兄弟呀，这妖也滑了。再不肯上岸，怎么办？

那长老满眼下泪（假装痛哭）：似此艰难，怎能得渡！

行者：师父莫要烦恼，等老孙去南海走走。

三藏：悟空，若是去请菩萨，不必迟疑，快去吧。

第三幕

旁白：行者即纵筋斗云，径上南海。咦！不消半个时辰，早望见普陀山境。坠下筋斗，到紫竹林外，见到那二十四路诸天。

诸天（上前迎）：大圣何来？

行者：我师有难，特来拜见菩萨。

诸天（径至潮音洞口报）：孙悟空有事朝见。

（菩萨漫步上台，大圣参拜）

菩萨：你怎么不保唐僧，又来见我？

行者：菩萨，师父今至八百里流沙河。河中又有个妖怪，武艺高强，不能取胜渡河。特告菩萨，渡他一渡。

菩萨：那流沙河的妖怪，乃是卷帘大将，也是我劝化的善信，教他保护取经之辈。你若肯说出是东土取经人，他决不与你争持。

菩萨（即唤木叉，从袖中取出一个红葫芦儿）吩咐：你同孙悟空到流沙河水面上，你可将此葫芦拿出，叫悟净，他就出来了。引他归依了唐僧，然后把他那九个骷髅穿在一处，成法船一只，渡唐僧过流沙河。

第四幕

行者：我们叫那厮来。菩萨今差木叉，将此葫芦，要与这厮结作法船，渡你过去。

三藏（数次对木叉鞠躬拜）：万望尊者渡我一渡。

（木叉捧定葫芦，半云半雾，到了流沙河水面上）

木叉（厉声高叫）：悟净！悟净！取经人在此，你怎么还不归顺！

旁白：却说那怪惧怕猴王，回于水底，正在窝中歇息，只听得叫他法名，情知是观音菩萨；又闻得说"取经人在此"，他也不惧，急伸出头来，又认得是木叉行者。

沙僧（上前作礼）：尊者失迎，菩萨今在何处？

木叉：我师未来，先差我来吩咐你跟唐僧做个徒弟。叫把你项下挂的骷髅与这个葫芦，按九宫结做一只法船，渡他过河。

沙僧（看着八戒、行者）：他不知是哪里来的泼物，与我斗了两日，何曾言一个取经的字儿？还有这个，是他的帮手，好不厉害！我不去了。

木叉：那是猪八戒，这是孙行者，都是唐僧的徒弟，走，我和你见唐僧去。

沙僧（对唐僧双膝跪下）：师父，弟子有眼无珠，不认得师父的尊容，多有冲撞，万望恕罪。

八戒：你这脓包，怎的早不皈依，只管和我打？

三藏：你果肯诚心皈依吗？

悟净：弟子蒙菩萨教化，给我起了法名，叫作沙悟净，岂有不从师父之理！

三藏：你且叫作沙和尚吧。

木叉：快坐法船去吧。

（木叉与师徒四人调整队形）（音乐）

旁白：那悟净不敢急慢，将脖下挂的骷髅取下，用索子结作九宫，把葫芦安在当中，请师父下岸。长老登上法船，坐于上面，果然稳似轻舟。左有八戒扶持，右有悟净捧托，孙行者在后面牵了龙马半云半雾相跟，头直上又有木叉拥护，那师父才飘然稳渡流沙河界，浪静风平过弱河。真是如飞似箭，不多时，身登彼岸。三藏拜谢了木叉，顶礼了菩萨。正是：木叉径回东洋海，三藏上马却投西。

《女儿国》剧本

初二（四）班

第一幕

（场景：河上的船）

（师徒四人走两圈）

唐僧：徒弟，你看这河水十分清澈，去给我舀一瓢来。

（八戒舀了一瓢水递给唐僧，唐僧喝了一小口，猪八戒把水全喝干净了）

（唐僧和八戒捂着肚子大叫肚子疼）

沙僧：是不是刚才的水凉啊？

（两个人肚子渐渐大了）

孙悟空：师父，别急。那边有个村子，我去讨点热汤给你喝，问问有没有卖药的，讨几贴止痛药。

第二幕

（场景：村舍）

（婆婆进场，弯腰、步履缓慢）

孙悟空：施主，您好。我们是东土来的和尚，我师父喝了河水，腹痛得厉害，过来讨口热汤喝。

婆婆：可是那片的河水。（手指向远处）

（悟空点头）

婆婆：快进来坐下说吧。

（准备椅子）

（悟空扶着唐僧，沙僧扶着八戒坐下）

婆婆：此乃女儿国，全国无一男子，这是子母河水，喝了就会形成胎气，三日之后就要降生下孩子。

唐僧：徒弟啊，这怎么得了！

（八戒捂着肚子在地上扭）

八戒：爷爷啊，要生孩子了，我是男人身怎么生的了，疼死了。

孙悟空：怕不是会从肚子上裂个口子爬出来？

八戒：罢了，罢了，要死了。（手脚乱舞）

沙僧（笑说）：二师兄莫要扭了，动了胎气，怕要得胎前证了。

八戒（哭着说）：猴哥、猴哥，你快想想办法吧。

婆婆：离这里三十里有座解削山，山里有座聚仙庵，里面有一眼"落胎泉"，如果喝一口泉里的水，就能解了胎气。只是这几年来了个道士，叫如意真君，护住那泉水，不肯轻易给人。

悟空（拜过老婆婆说）：谢谢老人家，俺老孙去会会那如意真君。

（悟空拿起个大瓦钵，驾云直奔落胎泉。台上疾步前行）

第三幕

（场景：大水井）

如意真君入场，面对悟空。

如意真君：你们来时可曾遇到一个圣婴大王？

悟空：你说的是红孩儿吧？你问他干吗？

如意真君（狠狠地说）：他是我的侄儿，前阵子家兄给我来信，说我那侄儿被你给害了，我正没处找你报仇，你倒送上门来，还想要我这落胎泉的水！

悟空（赔笑说）：先生错了，我与牛魔王也曾拜过兄弟，那红孩儿说起来也是我的贤侄，现在他跟着观音菩萨做了善财童子，怎么能说是我害了他呢？

如意真君（喝道）：你这泼猴，强词夺理，我那侄儿现在是与人为奴，哪有自在做王好？吃我一钩！

（悟空用金箍棒抵住如意钩，二人在聚仙庵大战数十回合，如意真君

败走）

（悟空也不追他，拿着瓦钵来到庵门前，一脚蹦破庵门，闯了进去，那真仙用身体护在井栏上，护住泉的水，悟空举棒要打，真仙就往后跑了。可是刚拿来吊桶打水，真仙又拿着如意钩来捣乱，悟空忙了半天，一滴水也没打到，吊桶也掉下去了）

（沙僧出场）

悟空：沙师弟，你拿着吊桶和绳子站在暗处，等我与他对打，你拿水就跑。

（悟空真仙对打，沙僧拿水跑）

沙僧：师兄，我拿到水了。快走！

第四幕

（场景：女儿国）

（师徒四人走了三十四里，来到了女儿国。舞台走两圈）

女驿丞（霸气地说）：来者何人？报上名来。

唐僧（递上通关文牒）：贫僧来自东土大唐，去往西天取经。

女驿丞：报！来自东土大唐的四个男人请求进城。

女儿国国王，端坐于椅上（捂嘴笑）：寡人昨夜梦见金屏生彩艳，玉镜展光明，果然今日有喜事。

宫女：不知殿下说的是什么喜？

女王（起身挥袖说）：我国自建立以来，从未有男人来过，今天东土大唐的御弟路过此地，岂不是天赐良缘，我要招他为王，我为王后，与他生子生孙，永传帝业！岂不是喜事？

（满朝文武要都向女王道喜，"恭喜陛下！"）

女王（大喜说）：太师为媒，驿丞主婚，去驿馆向唐僧求婚。

（转场驿站内）

（PPT上写：唐僧听说女王求婚，坚决不从，悟空却替他答下来）

唐僧（气恼地说）：你这猴子，怎么说出这番话来，你们要去西天取经，倒留我在这招婚，我死也不从。

悟空：师父放心，老孙只是将计就计。如果不答应，那女王绝不会倒换关文，放我们西去。

那万一您进宫去，脱不了身，我们三人出城，我再设计救您脱身。

唐僧：也只好如此。

（换场景：城门外）

唐僧：阿弥陀佛，贫僧受菩萨之命，前往西天取经，可不敢耽误一分，请殿下放贫僧西去。

女儿国国王：来人，开城门，放御弟哥哥他们西去。

女儿国国王：御弟哥哥，这次取经路途遥远，十分危险，你一定要注意安全，不要忘了我哦！

唐僧：阿弥陀佛，谢陛下，咱们有缘再见。

猪八戒：哎哎，师父别走啊，这女儿国的日子过得十分悠闲，干嘛还去西天呢？

孙悟空：你这懒猪，赶快起身，还要去西天呢。

（师徒四人前行，女王与侍从目送，依依不舍）

《智斗金银角》

初二（五）班

第一幕： 孙悟空和唐僧在西行路上行进着，到了吃饭时分，孙悟空去化斋，让唐僧在原地等待。

第二幕： 金银角在洞里吃饭，喝酒，小妖上来报，说唐僧来到了附近，金角让银角去抓，银角拿着宝葫芦，变成一个老太太，骗唐僧，把唐僧抓到了，商谈让老母亲一起过来吃唐僧肉。

第三幕： 孙悟空回来了，发现唐僧不见了，他从土地那打听到了是被金银角抓走了。

第四幕： 银角让小妖拿宝葫芦去接老母亲，被孙悟空换走了。同学们猜猜金银角结局会怎么样呢……（采访一老师、同学），我们拭目以待。

第五幕： 孙悟空摇身一变变成了老妖，到了金银洞被银角发现了，被吸了进去，孙悟空变了魔法从葫芦中飞了出去，正好金银角喝醉了，就留下了一个假葫芦。

第六幕： 金银角每次去抓孙悟空，都被孙悟空用魔法吸了进去，同学们你们猜对了吗？

第七幕： 唐僧和孙悟空重新踏上了西行的路。（谢幕）

《乌鸡国除妖》剧本

初二（六）班

第一幕

旁白： 话说唐僧师徒四人来到一座敕建宝林寺。当晚，悟空、八戒和沙僧都已经睡着了，唐僧坐在桌前背诵经文。三更天时，他也迷迷糊糊地睡着了。睡梦中，他看到一个国王浑身湿漉漉地走到他跟前。

国王（哭着说）： 师父，我有大冤啊！

唐僧： 您是哪一国国王，为何深夜来此？

国王（哭道）： 我原是乌鸡国国王，国家遭遇大旱，百姓们都快饿死了，忽然来了一个能呼风唤雨的全真道士，用法术消除了旱灾。为了感激他，我和他结为兄弟。谁知三年前的春天，我和道士一起到花园游览，他竟然趁我没有防备将我推到井里。他就变成我的样子，夺去我的江山。文武百官，三宫六院都被他骗了。听说您的徒弟神通广大，请您徒弟们帮我除掉这妖怪。

（国王交给唐僧一块白玉圭）

唐僧： 这块玉为什么给我？

国王： 明天太子要出城打猎，您可以趁机告诉他，这个东西可作为凭证。

（说罢国王叩头拜别）

旁白： 国王走后唐僧惊醒，将徒弟叫来并确认此事。悟空悄悄告诉唐僧一条妙计。

第二幕

旁白： 第二天唐僧见了太子，向他说清国王之事，并拿出玉圭作证。太子渐渐对国王身份生疑，偷偷潜回宫，面见母后诉清疑虑。这母子二人提及国王性情大变，太子便更加确定这国王是道士扮的。当日就和孙悟空商量了计策。这一晚，悟空离了师父，径直走到八戒床边。

孙悟空：八戒！八戒！

（猪八戒打呼噜）

（孙悟空揪着猪八戒耳朵，把他一拉，拉起来）

孙悟空：醒醒，八戒！

猪八戒：别闹了，明日要赶路呢！

孙悟空：没闹，有一桩买卖，做不做？

八戒：什么买卖？

悟空：乌鸡国太子告诉我，那妖精有件宝贝，有万夫不当之勇。我们明日进朝，不免与他争斗。那怪拿了宝贝，打败我们，就大事不好了，我想着不如先下手。我和你去偷那宝贝来，怎么样？

八戒：哥哥，你让我去做贼呀。但我也讲个明白：偷了宝贝，降了妖精，这宝贝我要拿走。

悟空：拿走干什么？

八戒：我不如你们乖巧能言，走投无路时，换口饭吃！

悟空：罢了，给你就是。

旁白：那呆子听见说都给他，满心欢喜，套上衣服，和行者来到了御花园。悟空骗八戒说宝贝就在井下，八戒便下了井。

第三幕

旁白：八戒潜到井下，忽睁眼见有一座牌楼，上有水晶宫三个字。

八戒（大惊道）：怎么井里也有个水晶宫？

（夜叉开了门，看见他的模样，急进去报道）

夜叉：大王，井上落一个长嘴大耳的和尚来了！

龙王：这是天蓬元帅来也。昨夜夜游神奉命来取乌鸡国王魂灵去拜见唐僧，请齐天大圣降妖。他们这是来了，快去迎接。

龙王（整衣冠，出门来厉声高叫）：天蓬元帅，请里面坐！

八戒：我师兄叫我来这儿取什么宝贝呢。

龙王：哪里来的宝贝？

八戒：不要推辞，有就拿出来吧。

龙王：是有一件宝贝，只是拿不出来，元帅亲自来看看。

（龙王、八戒走到一张床榻前）

龙王（用手指指道）：元帅，那就是宝贝了。

八戒：这是什么宝贝？又骗我！

龙王：他本是乌鸡国王的尸首，被人陷害，我用定颜珠定住他，你若肯驮他出去，见了齐天大圣，有起死回生之意，莫说宝贝，你要什么东西都有。

八戒：这么说，我如果驮出去，你给多少钱？

龙王：我没钱。

八戒：果然没钱，不驮！

龙王：不驮，请行。

八戒（蹿出水面，叫道）：师兄！拉我一把！

行者：可有宝贝？

八戒：哪里有！只是水底下有一个龙王，教我驮死人，我不干。

行者：那个就是宝贝，为什么不驮？

八戒：干什么？

行者：你不驮，我回去了。

八戒：你回哪里去？

行者：我回寺里，你自己爬上来吧。

八戒（慌了）：怎么爬得动！这井肚子大，口儿小，井壁又陡，周围长满苔痕，叫我怎么爬？

行者：你只要驮他上来，我就帮你。

旁白：那呆子只能将国王尸首背在身上，蹿出水面。悟空拉他上来，一看，那皇帝容颜依旧。二人忙将那皇帝带去给师父瞧。

第四幕

旁白：悟空驾云上天，来到兜率宫，求得太上老君送他一颗九转还魂丹。之后回到宝林寺，把还魂丹放到国王的口中，国王立刻被救活了。悟空又想出了一条妙计，让国王化装成和尚，明天和他们一起去乌鸡国，拜见国王，当面揭穿那妖道的骗术。

（五人入殿后并不行礼）

假国王：大胆和尚，见我竟然不拜？

悟空：你个妖道，占人帝位，害人性命，还想让人拜你？

（妖怪见事情已经败露，就从镇殿武士手里夺过一柄大刀，露出原形，驾云就逃。悟空紧紧追上。两个人，你一棒，我一刀，直打得天昏地暗）

悟空：哪里去！老孙来也！

假国王（急回头，举起宝刀，高叫）：孙行者，你好过分！我来占别人的帝位，与你无干！

悟空（笑道）：你这大胆的怪物！你既知我是老孙，怎么还刁难我师父！吃老孙一棒！

旁白：渐渐地，那妖怪体力不支，想要逃走，又被悟空挡住去路，就转身逃回王宫，变成一个唐僧。假唐僧拉住真唐僧在人群中一转，谁也分不清哪个是真的，哪个是假的。

八戒：猴哥，别急，我和沙师弟各抓住一个唐僧，叫师父念紧箍咒，不会念的一定是妖怪。

悟空（点头道）：好！

（两个唐僧分别站在两边开始念咒。

八戒发现他抓的那个唐僧只会胡乱哼哼，就断定他不是师父，举起钉耙就打。

妖怪跳到空中，和追赶上来的八戒、沙僧打在一起。

孙悟空忍着头痛追上天空，正准备趁那妖怪不防备，一棒子要了他的命，这时文殊菩萨来了）

悟空等人：菩萨，您怎么来了？

菩萨：我来帮你们降妖。

（并取出照妖镜，妖怪原来是文殊菩萨骑的青毛狮子）

悟空：菩萨，这原来是你的青毛狮子，成精多日，你就不收服他？

菩萨：悟空，他是佛旨差来的。

悟空：这畜生成精，夺人家帝位，还是奉佛旨来的？

菩萨：你不知道，当初这乌鸡国王，好善斋僧，佛差我来度他归西。因为不能以原身相见，我就变做一凡僧，向他化些斋饭。但他竟不知我是个好人，把我捆了，放到河中，泡了三天三夜。如来下令，推他下井，泡他三年，报我三日水灾之恨。如今你们前来，才救了他。

悟空：你倒是报了仇，那怪物不知害了多少人。

菩萨：也不害人。这三年间，风调雨顺，国泰民安，哪里为害？

悟空：收了去吧。若不是菩萨亲来，决不饶他性命。

菩萨（念咒，喝道）：畜生，还不皈正！（那魔王才现了原身）

旁白：却说那唐僧师徒至朝内，那君臣储后，叩拜谢恩。行者将菩萨降魔收怪的那一节，陈诉与他君臣听了，一个个顶礼不尽。那唐僧一行四人，告别了乌鸡国国王，继续西行。

三、《重温红色经典 感悟民族精神》展示活动

初二年级全体师生在报告厅举办了以"重温红色经典，感悟民族精神"为主题的走进红色经典暨元旦联欢活动。

本学期，初二年级同学阅读文学经典、朗诵革命诗歌、唱响红色歌曲，在活动体验中培养继承革命传统、发扬民族精神的意识。在新的一年到来之际，举行走进经典交流展示活动，让学生展示学习成果、分享感悟体验、感悟革命精神，激励同学们在新的一年中，传承民族精神、奋发向上。同学们兴致高昂，老师们也纷纷到场为同学们加油，活动现场可谓热闹非凡。

展示活动中，各班同学把读过的红色经典《红星照耀中国》改编成舞台剧，如《一个共产党员的由来》《在火车上》《去前线的路上》《伟大的湘江战役》《同红军在一起》《战争与和平》。演员们各显其能，演出认真，角色把握到位，将自己对红色经典的理解、感悟展现在剧情和演出中。话剧形式多样，演员表演出色，可以说各个小编剧有思路、有创意，导演统筹协调，展现了对本学期所读的红色文学作品的深度理解与认真负责的态度！

各班同学的革命诗篇朗诵展示，有《我的祖国》《清平乐·六盘山》《浪淘沙·重过泸定桥》《江城子·忆长征》等。每一位小演员用优美、抑扬顿挫

的语气，或激昂或舒缓，带我们品味着一篇又一篇经典的红色诗歌，带读者回到那血雨腥风中革命者豪情万丈的年代，让人赞赏。充分体现出了经过一个学期的学习，革命精神对同学们的感染力之深，之久！

学校领导和初二年级的老师们为同学们送上新年的祝福，同学们在交流展示中收获了才艺与自信，更收获了民族精神带来的无穷力量，在新的一年里，初二年级的同学们，一定会带着新一年的希望和力量，取得更大进步。

（适用于八年级，作者为张珍娟、冷冰、孙非）

附：

主持词

（上场）全体：各位敬爱的老师们，亲爱的同学们，欢迎来到"重温红色经典，感悟民族精神"元旦主题联欢的舞台！

A：又是一年将尽处，几分欢喜满九州。

B：在这里，我们共同欢聚，迎接红红火火的新一年的到来。

C：说到红，今年下半年我们阅读的种种红色经典可真让我难忘，《长征》《红星照耀中国》等经典名篇真让我回味无穷，我要带着我们对民族精神的感悟，开启明年崭新的旅途！

D：唉，不只是你，你看，来自各个班的同学们也都将他们阅读红色经典、朗读革命诗歌、学唱革命歌曲的收获和感悟带到这里，在迎接新年到来的时刻，分享自己阅读体验的宝贵精神财富，想用这些感染更多的人呢！那么，就请同学尽情分享、尽情欢乐吧。

A：长征精神是中国共产党在二万五千里长征中创造的革命精神。1934年至1936年中国工农红军经历的二万五千里长征是人类战争史上的奇迹。红军指战员在长征途中表现出对革命理想和事业无比的忠诚、坚定的信念，表现出不怕牺牲、敢于胜利的无产阶级革命乐观主义精神。为什么我们的民族会积聚这些宝贵精神呢？我们先来欣赏初二（二）班同学带来红色经典《红星照耀中国》节选剧目《在火车上》！

A：看完这部剧目表演，不免有些让我心生感叹，如此这般生活环境，那究竟是什么支持着先辈们奔向明天的呢？

B：我觉得，是信仰。无论身处何地，只要心中有那颗红色的星星，就一定有力量去为了幸福的明天而奋斗。接下来，有请初二（五）班同学为我们带来歌曲《红星闪闪》！

C：长征精神不仅是红军在传递，而且以星火燎原之势在我们民族爆发出强大的力量。

D：接下来，有请二班马晟晧、邹梓杰为我们朗诵革命诗篇《囚歌》与《我们的祖国》，它们或是文章，或是诗歌，传达出对祖国的热爱和坚定的信念，它们感染着一代又一代中华儿女！

A：看到这里，可能大家心中仍旧有不解的疑惑。比如，一个共产党员是怎么来的？为什么要当共产党员？

B：谜题马上就会解开的，在民族生死存亡的时刻，总有那么一群人挺身而出。下面请初二（三）班的同学为我们带来剧目《在农民的茅屋中》。

C：要想改变现状只有靠团结，团结是长征精神的冰山一角，又是那么重要，一个班需要团结，一个国家需要团结，一个民族需要团结。

D：团结在一起，没有什么我们化解不了的苦难，冲破不了的牢笼，新的一年中，我们也要团结在一起，让团结散发出强大的力量，下面请欣赏初二（四）班同学为我们带来的歌曲《团结就是力量》。

A：团结的无穷力量是成为党员的原因。这些在红色经典文学中也有体现。

B：不知多少人歌颂团结的伟大力量，歌颂伟大共产党，下面请初二（三）班的高志菲与张磊同学为我们带来精彩的革命篇目朗诵《清平调·六盘山》。

C：长征，历经艰辛、出奇制胜，也有很多传奇和经典诗歌。"四渡赤水出奇兵"，"三军过后尽开颜"。大家对这些句子和诗，想必是再熟悉不过了吧。

D：在长征路上，红军经历了一个又一个险阻，克服了重重困难。让我们把视角拉到湘江，感受红军在长征路上遇到的危险与困难。下面由初二（一）班同学为大家带来剧目《伟大的湘江战役》。

A：看完精彩的剧目表演，我有个疑问。红军战士的生活如此艰辛，究竟是什么使得他们挺了过来？

B：那当然是苦中作乐，乐观向上，向着理想努力奋斗的精神。红军战士哪怕再苦再累，他们也毫无怨言，他们会高声歌颂这生活的一点一滴，歌颂头顶那片湛蓝的天空，下面请大家欣赏初二（二）班同学带来的歌曲《解放区的天》。

A：困难与险阻，他们压不倒红军，压不倒不惧艰难险阻的人们。

B：崇高的革命理想和对事业无比的忠诚、坚定的信念，支撑着我们打败困难，红色的文字同样给予我们精神上的支持。下面请初二（一）班沈泳，王耀瞳为我们带来朗诵《庆七一诗歌》与秋瑾的《满江红》。

C：农民是社会底层的生存者，我们无法完完全全清楚那个时代的点点滴滴，但一定会有一些点滴留下痕迹。

D：接下来，让我们看一下这些隐含着强大力量的人们，是如何看待并接纳红色精神的吧。有请初二（四）班同学为我们带来剧目《同红色农民谈话》。

A：黄河——中华母亲河，我们文化的摇篮。无数人曾经高声歌颂、赞美过她。可我觉得，任何赞美，都比不上红军战士这充斥着决心的高歌更动人心魄。

B：是啊，在他们的歌声下，黄河也成了红色精神的象征，她将继续哺育中华民族，万年万万年！下面请欣赏由初二（三）班同学带来的红色歌曲《保卫黄河》。

A：保卫黄河、保卫祖国的精神鼓舞了红军指战员，鼓舞了各行各业的人们。

B：是啊，这也是我们民族精神，鼓舞了追求光明的人们，成就了长征的伟大创举！下面就由初二（四）班邵晨阳、修泽明同学为我们带来精彩的朗诵《党旗颂》！

C：不同的时代，塑造了不同的群众。在那个充斥着硝烟的战争年代，红军成了时代的象征！

D：他们身上蕴含了一个时代凝结下来的烙印，他们的日常琐事无形中体现他们的精神，这时就有人要问了，究竟是如何体现的呢？别急，接下来就为各位呈上初二（一）班同学带来红色经典《红星照耀中国》节选剧目《回忆同红军在一起的日子》。

C：古往今来，红色精神引导人们走过太多的路，体味过太多的艰辛。

D：但没有人会轻言放弃，那不屈不挠的气概，哪怕过了无数年重新回忆，都叫人热血沸腾！下面就由初二（五）班的广富林与李菲菲同学为我们带来红色文学篇目朗诵《浪淘沙·重过泸定桥》与《江城子·忆长征》。

A：同志们齐步，勇敢向前进！捍卫着真理，勇敢去战斗！这是《苏维埃进行曲》中的唱词。

B：是啊，从抗日战争到解放战争，从国共合作到公开对峙，我们不停地前进！我们不停做斗争！这一段历史有太多可以说的，接下来请初二（五）班同学带来剧目《红色天际》。

A：中华上下五千年，五千年来，自步入近代后，我们便奋发，我们不断开拓。

B：坚强不屈的精神为我们开辟了前路，卢沟桥的那次事变让我们的斗争精神达到了顶峰！我们积累下来的耻辱在那之后愈演愈烈，又被人民力量汇成的海洋冲刷干净！让我们怀着纪念，欣赏由初二（一）班同学为我们带来红色歌曲《卢沟谣》。

A：看完同学们精彩的分享表演，相信大家一定有了属于自己的收获，先辈的革命精神那样感染人心，相信大家一定也感受到了它的无穷力量。

B：希望大家可以从这次活动中学习到可以帮助自己不断进步的红色精神，它们也是我们的民族精神，比如《长征》中那代表着顾全大局、严守纪律、亲密团结的高尚品德与集中体现为坚忍不拔、自强不息、勇往直前的顽强精神。让它带给你的影响贯彻即将到来的新一年。

C：新的一年，新的自我。希望各位同学们在新的一年可以改正缺点，发扬优势，对学习中的困难说不！

D：也希望各位忘记这一年的烦恼，拾起新一年的希望，对生活中的困难说不！

A、B、C、D：清华附中"重温红色经典，感悟民族精神"元旦主题联

欢到此结束！（鞠躬，下台）

《伟大的湘江战役》剧本

初二（一）班

旁白：黑夜沉沉，朦胧的黎明时分，遥望辽阔而古老的亚细亚莽原上，一条觉醒的金光四射的巨龙在跃动，这就是那条威力与希望化身的神龙！他们是些善良的志气高、理想远大的人，交不起租税、走投无路的农家子弟，逃在死亡线上的学徒、铁路工、烧瓷工、飞出牢笼的鸟儿——丫鬟、童养媳、有教养的将军、带枪的学者、诗人……就这样汇成一支浩荡的中国铁流，就这样一双草鞋、一杆土枪，踏上梦想的征程。（顿一下）这是意大利诗人瓜格里尼对长征的认识，而对于长征这件事，大家是否了解呢？下面，就由初二（一）班的表演组来为大家具体介绍。

【插军歌，歌响旁白起】1933年10月，国民党对苏区发动了第五次"围剿"，一年后，红军实行一次大规模军事转移……

博古：由我代表中革军委来宣读此次军事转移的主力部队：红一军团军团长林彪，政治委员聂荣臻；红三军团军团长彭德怀，政治委员杨尚昆；红八军团军团长周昆，政治委员黄更生；红九军团军团长罗炳辉，政治委员蔡树藩。望各位认真负责，不要辜负了党对你们的信任。

旁白：正是以这样的一个战略规划，红军主力部队于1934年10月17日出发了……

彭德怀：前面是我军这次军事转移遇到的第一道敌军封锁线。我三军团应以不畏牺牲的勇气来面对战役。我部应先攻占桃江以东的坪石，再控制岸边的渡口，方可成功突围。

【4日后……（10月25日）战争的镜头（红军打垮国民党军）】

博古：到今日，我们已成功突破了国民党军设置的第一道封锁线，但我中央红军却付出了伤亡3700多人的代价，但同时，这也代表着我们终于从被国民党军围困了4年之久的中央苏区突围而出！

旁白：与此同时，蒋介石也已发现红军已经突围，于是召开了一场紧急军事会议。

蒋介石：据我空军观测到的，以前活动在瑞金周围的一股"赤匪"已经突破了我军第一道封锁线，朝着我军第二道封锁线前进，众位将领，为了不让"赤匪"有一天成为我国民政权的威胁者，所以必须将红军消灭在第二道封锁线内，否则后果不堪设想！

旁白：在蒋介石下达完此命令后，与此同时，红军大部队已到达第二道封锁线。

林彪：我军目前马上要抵达国民党第二道封锁线，从目前的形势来讲，我军必须攻下桃江前的城口镇，这场战役关乎我红军的转移是否顺利，关乎我军的命运，这件事是无比重要的……这个任务，我打算交给我军五师二营。曾保堂！望你不要辜负党对你的信任。

曾保堂：我一定不负军团长所托，定会攻下城口！

左权：虽然城口镇内敌人不强，可是这也要求你营一昼夜奔袭220里，但是，尽管如此，一营仍必须按时到达，不然湘军先到就麻烦了。

曾保堂：弟兄们，我们今晚不能休息，一定要以最快速度赶到城口！

旁白：就这样，曾保堂率部于第二日黄昏前抵达了城口。

曾保堂：弟兄们，迅速占领城口镇！

嘶喊声：杀啊！！

林彪：攻下城口，这下令我军处在上方，现在应抓紧好时机，突破这道封锁线！传令各部，准备突围吧！

旁白：就这样，在红军团攻下城口后，中央红军顺利地突破了国民党的第二道封锁线，并且在朱德的命令下，红军即将全部进入湘南。

蒋介石：我判断该匪必沿五岭山脉，循萧匪故道，经兴、全间窜，且其行动迅速，不致北犯，既有亦不过以一部掩护其侧翼。现我任命何键为"追剿军"总司令。

毛泽东：我觉得我军现应立即停止向西的行军，中央红军要向北走，因为向西的道路上必然会有重兵阻截，红军不要向文明司前进，不要在坪石过粤汉铁路，不要夺取宜章、临武、而应向北越过诸广山，沿耒永北上，在水口山一带休整，仍回到永丰、蓝田、宝庆等地摆开战场，消灭"围剿"之敌。

233

博古：朱德，你觉得毛泽东的建议是否有可取之处？

朱德：他懂什么是"真正的布尔什维克"吗？显而易见，不懂，所以不必理会他的建议。我军应继续向西，沿红二军团所走路线，与二军团会合。

何键：蒋委员长命令我们一是要把中央红军合围在天堂圩与潇水之间地区；二是要把中央红军歼灭在湘江东岸。我判断"匪"之主力似在桂属文市及湘属寿佛圩以西地带。其先头已进至桂属石头圩、蒋家岭，"匪"左翼正在龙虎关、桃川地区与桂军持战中，右翼进至黄沙河东南之西头之线。（顿一下）各部奋勇夹击，期收聚歼之效！

朱德：湘军刘建绪部已经开始了试探性进攻，所以红军各部队至13日全部渡过湘江，红军各部队28日至30日全部渡过湘水，坚决击溃敌人各方面的进攻，坚决完成摆在自己面前的斗争任务。

彭德怀：我三军团现守在左翼的灌阳、新圩一线构筑阻击阵地，阻击北上桂军的进攻，这一战对我军来讲是不利的，但是，为了整个中央红军部队，我们必须要守住，这场战役关系到我中央红军的生死存亡！我军应为了党的生死存亡，战尽最后一滴血！

士兵：好！

旁白：此时的国民党军，也在做着战略动员。

何键：目前来看，红军渡江态度坚决，委员长命令我等一定要一举歼灭这股"赤匪"，相信各位，一定不会辜负党国，定能将朱毛消灭于此！

白崇禧：此一役，我桂军也应全力出击，助校长剿灭这股"赤匪"，但是，我军也应随机应变，看清局势，保存兵力。未经我的命令，不可轻易出击。

旁白：终于，军委做出了渡江的决定。

朱德：命令各部队，做好阻击敌军的准备，保护中央部队顺利渡江。

朱德：各部队一定要坚决完成摆在自己面前的任务，此一役决定了我中央红军的生死存亡，所以我军必须渡过湘江。我红军的命运，现在就掌握在我们手中！

旁白：在湘江战役中，中央红军有两阻击地点，一个是湘江边上的界首，彭德怀的红三军团指挥部就设在这里，另一个是名叫新圩的小集马路上，而在新圩的西北方向，红三军团第五师正在拼尽全力阻击着桂军。而也是在这场阻击战中，五师师长沈述清壮烈牺牲，军团长彭德怀爆发了，冲出指挥所奔上前沿。

黄克诚： 你下去！太危险！

彭德怀：（没有理会黄克诚）你们把四师师长张宗逊给我拉下来，（低声）我不能再走了。

旁白： 至12月1日17时30分，军委纵队全部渡过湘江，而湘江一战，中央红军由从苏区出发时的86000余人锐减到30000余人，其中仅牺牲和失踪的红军官兵就高达35000余人。

《同红色农民谈话》剧本

初二（四）班

埃德加： 我到保安以西的甘肃边境和前线去的时候，一路上借宿农民的茅屋，睡在他们的土炕上，吃他们的饭，同他们谈话。他们都是穷人，心地善良，殷勤好客。他们有些人听说我是个"外国客人"便拒绝收我的钱。

（两三个群众围在一起讨论着）

群众1： 既然是外人来到咱们这儿，咱们可得好好招待，可不能怠慢。

群众2： 就是，就是，咱们可不能让一个洋鬼子告诉外面的人咱们红军不懂规矩。

（这时埃德加和胡金魁在他们说话间走到离他们远一点的地方）

胡金魁： 额……他们……（一脸尴尬）

埃德加： 没事没事，我理解，也许他们实在不知道应该叫我什么。（摆摆手，笑一笑）这是胡金魁，我当时和他一起同行。他是一个年轻的共产党员，由外交部派来陪我上前线。像在后方的所有共产党一样，胡金魁因有机会到前线的部队里去而很高兴，把我看成是天赐给他的良机。同时，他直率地把我看成是个帝国主义分子，对我整个旅行公开抱怀疑态度。但是，无论哪一方面，他总是乐意帮忙，因此后来没有等到旅行结束，我们就成了很要好的朋友。

《回忆同红军在一起》剧本

初二（一）班

旁白：斯诺坐在家里，翻看相机里他和彭德怀的旧照，回忆起曾经采访彭德怀的情景。

斯诺：彭德怀总司令，这就是您的工作间？

彭德怀：是啊，你看，这里是我的办公桌，我们红军自己画的地图。（播放PPT）那边是我的个人用品，毛巾、脸盆，还有我的一张床。你可别嘲笑，我就这么两套制服。哦，对了，这是我用敌人的降落伞做的背心，手艺还不错吧？

斯诺：您吃的东西呢？像您这样的高层人物，应该还不赖吧？

彭德怀：我吃的啊，哦，一般是白菜、面条什么的，有时候会吃馒头。

斯诺：这些不都是您的那些红军部下吃的吗？

彭德怀：部下吃什么，我吃什么。

斯诺：彭德怀总司令，您还真是……怎么说……用中国话说，吃苦耐劳，直截了当？

斯诺：彭德怀总司令，请问您是为何来当红军的？

彭德怀：如果您不嫌我话多，我可以跟您讲讲。

我生在一个富农家庭。我讨厌我的祖母，她是个残酷的专制魔王。她祈求天雷把我劈死。她曾经想把我溺死，全是因为在她眼中，我"不孝"。后来，湖南闹了饥荒，我带农民攻打地主家，把米抢了过来，但我怕被报复，于是逃命成为军人、革命家。我接受刺杀一名督军的任务，但失败了，只好逃走。后来我从事谍报活动，在长沙被叛徒出卖，军阀抓住了我，我受尽了刑罚。之后，我自由了，又去当兵，到湖南军校学习，成了军官。我读了很多书，然后我了解到了唯物主义，意识到阶级斗争将成为人间潮流。1927年，我加入共产党。

（斯诺翻开相机里第二张红军战士们上政治课的照片。耳边响起《三大纪律，八项注意》的朗诵声，由大渐小）

录音：给他们讲课的是一个青年。他谈到日本侵略东北，他自己在那里的经历。他当时是张学良少帅军队中的一个士兵。他谴责南京下令"不抵抗"。然后他介绍了日本对上海、热河、河北、察哈尔和绥远的侵略。

讲课青年：每次侵略，国民党都不战而退，他们把我国四分之一的领土奉送给了日本强盗。为什么？为什么我们中国军队不打仗救中国？是因为他们不愿打吗？不是！东北军战士几乎天天要求他们的军官率领他们上前线，打回老家去。每个中国人都不愿当亡国奴！但是中国的军队因为我们的卖国政府而不能打仗。

战士1：不要打日本的只是卖国贼，只是有钱人、军阀、税吏、地主、银行家，他们开展"与日本合作"运动，提出"联合反共"的口号。他们只是一小撮，他们不是中国人。

战士2：我们的农民和工人，我们每一个人都要抗战救国。

战士3：老百姓欢迎我们！他们几百几百的来参加我们红军。他们在我们行军的路上送茶水和饼来。他们十分清楚，谁是卖国的，谁是爱国的；谁要抗日，谁要把中国出卖给日本。我们的问题是要唤起全国人民，像我们唤起山西人民一样……

战士4：中国人不打中国人，我们大家都要团结起来反对日本帝国主义，我们必须收复失地！

斯诺：红军在哪个方面比中国其他军队好？

战士1：红军是革命的军队。

战士4：红军是抗日的。

战士5：红军帮助农民。

战士6：红军中的生活条件同白军完全不同。在红军这，我们人人平等；在白军中，士兵群众受到压迫。我们为自己和群众打仗；白军为地主豪绅打仗。红军官兵生活一样；白军士兵是奴隶的待遇。

战士7：红军军官来自战士行列，完全靠表现得到提拔。但白军军官是靠钱买的，或者受政治影响。

战士3：红军战士是志愿当兵的，白军是强征来的。

战士8：资本家的军队是要维护资产阶级。红军是为无产阶级打仗。

战士9：军阀的军队强征暴敛，压榨人民的血。红军为解放人民打仗。

（斯诺放下相机，播放PPT）

《在火车上》剧本

初二（二）班

旁白：斯诺爬上了一节破烂的火车，他的目的地是西安，开始他探寻红色中国的历程。在他出发前，他接种了天花、伤寒、霍乱、斑疹伤寒、鼠疫五种疫苗，因为这五种病在西安正流行着。在火车上斯诺与遇到了一位青年人和一位老者。

青年人：我要回到四川老家去。我已经离开七年了，不知道能不能找回去，据说老家附近有土匪在活动。

斯诺：你是说红军吗？

青年人：哦，不，不是红军，虽然四川也有红军。我说的是土匪。

斯诺：可是红军不也就是土匪吗？报纸上总把他们称为"赤匪"或"共匪"。

青年人：啊，可是你一定知道，报纸编辑不能不把他们称作"土匪"，因为南京命令他们这样做。他们要是用"共产党"或"革命者"的称呼，那就证明他们自己也是共产党了。

斯诺：但是在四川，大家害怕红军不是像害怕土匪一样吗？

青年人：这个么，就要看情况了。有钱人是怕他们的，地主、做官的和收税的，都是怕的。可是农民并不怕他们，有时候还欢迎他们呢。农民太无知了，他们不懂得红军不过是要利用他们，他们以为红军说话是当真的。

斯诺：那么他们说话不是当真的了？

青年人：我父亲写信给我，说红军在松潘取缔了高利贷和鸦片，重新分配了那里的土地。所以，你看，他们并不完全是土匪。他们有主义，这没有问题。但他们是坏人。他们杀人太多了。

旁白：这时，那花白胡子忽然抬起他那温和的脸，十分心平气和地说出一句惊人的话来："杀得不够！"斯诺和青年人听了都大吃一惊地看着他。这时火车到达郑州，斯诺要换车，不得不结束了讨论，斯诺几经周折终于来到安塞，遇到了位姚姓青年。

姚姓青年：请问你们有什么事情？

斯诺：你好，这是我的通行证。我是来见毛泽东的。我知道他在安塞。

我还得走多远？

姚姓青年： 毛主席吗？不，他不在安塞。还有别人和你一起去安塞吗？

斯诺： 没有，只我一个人去，他们只是把我送到这里。

姚姓青年： 我正要到安塞去。我和你一块到县政府去吧。

斯诺： 我是一名记者，我想了解中国的红军，让全世界的人看到红军是怎样的。

姚姓青年： 我在政治保卫局里工作，在这一带边境上值班巡逻。我姓姚，二十二岁，当红军已经六年了。

斯诺： 六年了！你应该有很多的故事可以讲啊！

旁白： 斯诺很喜欢他。他是一个外貌诚实的青年，长得很匀称，红星帽下一头乌亮的黑发。在寂寞的山谷中遇见了他，令人安心。斯诺终于来到了保安，开始了长达几个月的采访。在最初的采访中，除了与毛泽东的深切交谈外，还看到了有趣的红军剧社。

日本毒贩： 吗啡、海洛因……都过来，每个人都得买。

青年： 我不买，这些都是害人的。

日本毒贩： 你不买吗啡，你不遵守"满洲国"卫生条例，你不爱你的"圣上"溥仪，你不好，你是抗日的匪徒！马上处决你。

（日本军官大吃一个小贩的猪肉。吃完后小贩要他们付钱，他们奇怪地看着小贩）

日本军官： 你要我们付钱？可是蒋介石把满洲、热河、察哈尔、塘沽、都给了我们，也没有要一个铜板！为了一点点肉，你却要我们付钱！

（日本军官立刻把小贩当作"匪徒"用刺刀捅死了。村子里的人当然忍无可忍了。商贩们把货摊和遮阳的大伞推倒，农民们拿起长矛，妇女儿童拿起菜刀赶来，大家都宣誓要同日本鬼子"血战到底"）

旁白： 在共产主义运动中，没有比红军剧社更有力的宣传武器了，几乎每天变换节目，许多军事、政治、经济、社会上的新问题都成了演戏的素材。农民是不易轻信的，许多怀疑和问题就用他们所容易理解的幽默方式加以解答。红军攻占一个地方以后，往往是让红军剧社传播革命思想，使人民对红军纲领有个基本的了解，消除了人民的疑虑，争取人民的信任。

第四章

绝知此事要躬行
——阶梯式语文综合实践活动

第一节　阶梯阅读视角下的语文综合实践

一、"成语大王"综合实践活动

（一）活动背景

1. 成语是中华优秀传统文化的重要组成部分，是汉语言文化的结晶。成语所蕴含的生动的历史故事和深刻的文化内涵，能够潜移默化地激发学生对优秀民族文化的学习兴趣，在学习中体会汉语言的文化魅力，提升自身语文文化素养。

2. 成语故事短小精悍，内容通俗易懂，生动有趣，符合低年级学生喜爱读故事、讲故事的特点。

（二）活动目的

以"成语大王"为主题，鼓励学生阅读成语故事，并通过猜成语、讲成语故事等丰富多彩的形式激发学生学习兴趣，促进学生对成语的理解，培养学生对传统文化的兴趣，并从活动中获得成功感，使学生成为优秀传统文化的热爱者和传承者。

（三）活动过程

1. 前期准备：读成语故事，学习积累

学生利用课余时间阅读《中华成语故事》系列丛书，填写阅读成长手册，积累成语，记录阅读感受。

2. 中期预热：赛成语故事，比拼选拔

（1）班级群内开展"空中讲成语故事"比赛，每位同学上传班级群一个成语故事的视频。

（2）在班级范围内征集"猜成语"题目，题目可以图画、文字提示等形式。

（3）各班班内进行"猜成语""成语接龙"比赛。"讲成语故事""猜成语""成语接龙"三项总分最高的三位同学代表本班参加年级"成语大王"的比赛。

3. 正式宣战：争"成语大王"，竞赛升级

（1）讲成语故事，在前期选拔的9位班级代表中选出成绩最高的6人进入下一环节。

（2）猜成语故事，6人中选出3人进入下一环节。

（3）成语接龙，决出成语大王和二等奖，其余6人为三等奖。

4. 评比标准

（1）讲成语故事：大方、自然、生动有趣；声音响亮、有语气。

（2）猜成语：能根据裁判所给的故事或成语大意猜出成语；谁先说出谁得分。

（3）成语接龙：裁判给出起始字，由队员依次进行接龙，说不出的同学被淘汰。最后决出冠军。

（四）活动效果

学生在阅读、讲演、竞赛中循序渐进地了解了成语有关知识，丰富多彩的活动形式激发了学生积累成语和准确运用成语的积极性，提高了学生对语言的感受能力、表达能力，丰富了学生的课余生活，使学生进一步了解中国优秀历史和文化，将优秀传统文化继承和传承下去。

（适用于小学低年级，作者为刘敬、邢红梅、张春苗）

二、聚焦阅读策略，提升阅读质量——《三字经》国学实践活动设计

（一）学科课题背景

【学情分析】

对于刚升入一年级的学生来说，他们中的一部分已经在幼儿园阶段接触

过《三字经》《弟子规》《千字文》等经典篇目或段落，但主要停留在唱读、无意义背诵、念唱阶段，对篇章或句子能读甚至背诵，但抽出一句话来提问，对其中的意思不理解，也不明白其中的道理；另一部分则从未接触过，孩子们程度不一。但刚入学的孩子，书写少，认字、念诵量大，无论是在校还是在家，都有很多时间可以充分开展活动。令老师们欣喜的是，短小精悍、朗朗上口的《三字经》，学生特别喜欢。

【课改趋势】

从小培养学生的阅读习惯，提高学生的阅读能力，是新课标对老师们提出的要求。学校分年级设置国学系列课程，结合低年级学生的认知结构及其心理特征，确定一年级入学诵读《三字经》。如何系统地把识字、背诵，学习的重要性及积极向上的精神传达给学生；怎样为二年级以后聚焦阅读策略，提升阅读质量做好铺垫；如何给孩子创设更多展示平台，让学生个人能力得到提升，更加自信……成为我们一线语文教师的关切。经过几年的综合实践教学，我们摸索出了独具特色的"四步四正"国学经典课堂教学法，取得了很好的效果。

（二）学科活动目标

【知识目标】

1. 正确、熟练地诵读相关章节。
2. 能够理解相关章节的大意，讲述与之相关的故事。

【能力目标】

1. 能背诵相关章节内容，模仿老师带领同学一起学习相关章节。
2. 学会收集、整理资料的方法，培养收集信息、处理信息的能力。
3. 增强个人信心及口头表达能力。

【情感目标】

1. 读经典，引领学生洞察先贤的思想，重在礼仪及做人。
2. 借用各种实践活动获得丰富的经验和积极的情感体验。
3. 通过活动展示、演讲、当小老师等形式培养学生的自信心。

（三）实践活动过程

1. 活动导入

师介绍：《三字经》是中国的传统启蒙教材，它短小精悍、朗朗上口，通俗、顺口、易记。它取材典范，包括中国传统的文学、历史、哲学、天文地理、人伦义理等。读《三字经》，不仅能识字、了解文化常识、传统国学，还能通过故事懂得做人做事的道理。

2. 教师引领学生用"四步四正法"学习

第一步：正音——识字正音，熟读篇章内容。

①借助拼音，尝试自由读。

②优生领读。

③师示范读，学生跟读。

教师提前一个月将相关篇章内容布置给不同学生。学生可利用课余时间借助拼音，熟读篇章内容。利用国学课，优生领读，教师范读，学生跟读。

第二步：正意——直译理解，文化感悟环节。

①借助图片、注释，自由阅读，尝试理解每句意思。

②求助家长或老师。

③请求家长协助查找资料。

学生按照老师提供的图片资料自行阅读每句意思。遇到不懂的，可以请教家长或老师，也可以在大人的陪同下查找相关资料，充实课堂内容。这种全方位、多层次理解、感悟篇章意思，让孩子阅读起来兴趣盎然。

第三步：正心——联系自身，反复叩问环节。

①这个篇章讲了什么道理，给了自己什么启发。

②自己从中学会了什么。

③自己从中明白了什么。

第四步：正行——知识积累，知行合一环节。

生1：当同学对老师或家长的批评不满时，我会劝他说："'玉不琢，不成器。'家长是为了爱护你，才对你提出了更高的要求，你应该理解他。"

生2：当我看到有人不学习，总影响他人学习时。我会劝他："'人不学，不知义.'你总这样荒废学业,什么时候才能懂得道理呀！"

学为用。学生很自然地把《三字经》内容恰当地运用到生活中,这才真正完美诠释了知行合一。学生知识的积累发挥了真正的意义,后续的学习才更有内驱力。通过实践活动,学生们不仅增强了对中华传统美德的认知,形成了一定的价值认同和道德实践能力,还在诵读经典中,锻炼了口语表达能力,增强了他们当众演讲的自信心,真是一举多得。

3. 学生课堂实战"四步四正法"

（1）提前布置国学内容,小老师自主认领教学任务。

《国学》小老师安排表

日期	9.6	9.10	9.13	9.17	9.20	9.27			
小老师				崔中聿	陈俐君	刁淇子			
日期	10.8	10.11	10.15	10.18	10.22	10.26	10.29		
小老师	李思瑾	陈璐轩	郭宁馨	付娆	曹一涵	刘泊言	张浩然		
日期	11.1	11.5	11.8	11.12	11.15	11.19	11.22	11.26	11.29
小老师	邓凌云	郭翘楚	白雨宸	毕非凡	李尚润	袁金石	张樟泽	马绍腾	陈佳妮
日期	12.3	12.6	12.10	12.13	12.17	12.20	12.24	12.27	1.3
小老师	刘子乔	吕青默	马瑄	闫珺函	王泽霖	杨珺硕	孙瑜瑶	刘达隆	王博思
日期	1.7	1.10	1.14						
小老师	崔中聿	陈俐君	刁淇子						

教师根据学生能力,制定一学期国学小老师上课内容及时间表,并且固定小老师的展示时间。国学小老师们可以利用周末或其他课余时间,查找资料,请教他人,搜集故事,制作幻灯片,练习演讲展示等。

（2）学生模仿老师准备相关学习内容。

①正音——识字正音,领读篇章内容。

教师在电脑前帮小老师播放他们提前制作好的幻灯片。小老师们则大方地站在讲台上,带领学生示范读、领读、正音读、纠错读……台上台下配合十分默契。小老师们教得认真,讲台下学生读得带劲儿。

②正意——直译理解，文化感悟环节。

识字正音结束，小老师会根据课前自己查找的资料，用自己的理解，逐句解释意思。解释完意思后，小老师还会给同伴分享一个与演讲内容相关的小故事，用故事来加深学生对该部分内容的理解。

③正心——联系自身，反复叩问环节。

这个篇章给了自己什么启发，讲了什么道理，让自己学会了什么，让自己明白了什么。你们还有什么要提问的吗？同伴间浅显易懂的语言，更容易帮助同学理解接受，这种方式的交流、感悟，更能产生共鸣。

④正行——知识积累，知行合一环节。

在正行环节，小老师们还会讲讲自己的认识、感悟，并带领学生将该段内容背一遍，实现积累。

老师也会有针对性的培养能力强的学生当自己的小助手一个月，然后才逐渐放手让学生和家长一起尝试合作。从内容确定、收集资料、筛选资料、制作幻灯片、熟读篇章内容、模拟演讲场景练习、正式演讲，到演讲视频在班级通知群展示并保存资料，老师会翔实记录学生成长的每一个瞬间。

（四）实践活动效果

一个刚刚从幼儿园进入小学的学生，他们需要从心理和行为上进行角色的转变。老师利用早读时间，每周安排两位小老师，以播放幻灯片加学生演讲的方式进行班级国学展示。凡参与的家长，能够明显看到自己家孩子的成长足迹。但凡参与的孩子，都能充分感受到自己的蜕变。家长见证了孩子成长的过程，看到了优秀学生的精彩表现，对此项活动赞不绝口。孩子在老师、家长的陪伴下茁壮成长，老师、家长对孩子有了更高目标及要求，大家都在国学实践活动中，累并快乐着。

国学实践活动中，学生在老师、家长、同学的陪伴、帮助下深入参与，不仅加深了对国学内容的理解，还体会到中华民族传统文化的源远流长和博大精深，激发了他们对中华优秀传统文化的热爱之情，为学生形成正确的世界观和人生观打下了良好的基础。"四步四正"国学经典教学法以教师为主导，以学生为主体，充分体现了学生的自主性、合作性、探究性、实践性和创新性；形式生动活泼，注重知行合一；操作性强，让低学段学生也对传统文化课产生浓厚的兴趣。"四步四正"教学法不仅让学生们掌握了国学经典的学习方法，还能举一反三，不断增强对中华传统美德的认知，形成一定的价值认同和道德实践能力，知行合一。

【活动预期成果】

1. 了解国学基本知识，产生热爱中华优秀传统文化的情感，体会作为中国人的自豪。

2. 学生能够自信大方地站在讲台上演讲。

3. 学生通过两个学期的实践，对自身的要求不断提高。

【活动效果评价】

1. **文化知识**

了解《三字经》内容，熟读成诵，懂得做人的基本道理和为人处世的原则。

2. **实践能力**

①在活动中培养学生的探究能力、社会调查能力、动手能力和与人交往、合作的能力。

②学会收集、整理资料的方法，培养收集信息、处理信息的能力。

③通过展示、演讲等形式培养学生的自信心。

3. **情感态度**

①激发学生体悟尊敬老师、团结同学、孝敬父母等传统礼仪。

②通过当小老师的形式，让学生体验当老师的感觉，从而更尊重老师。

③从古人的告诫和成长故事，懂得学习要勤奋刻苦、孜孜不倦。

（适用于小学低年级，作者为刘学敏）

三、《中华成语故事》实践活动设计

（一）学科课题背景

【学科内容分析】

《义务教育语文课程标准》指出：语文课程的设计，注重引导学生多读书、多积累，重视语言文字运用的实践，在实践中领悟文化的内涵和语文应用规律。拓宽语文学习和运用的领域，使学生在不同内容和方法的相互交叉、渗透和整合中开阔视野，提高学习效率，努力建设开放而有活力的语文课程。

教师围绕"书籍滋养心灵，读书铸就梦想"主题让学生从每日阅读的书籍《中华成语故事》中选择一个最感兴趣的成语故事，开展成语故事大赛。引导学生积极地进行阅读交流，初步培养学生的语言表达能力和综合素质。

【学情分析】

学生每天坚持阅读《中华成语故事》，一个个简短而富有深意的故事把他们深深地吸引了。从每周的阅读手册记录中，我看到了二年级的学生记录的好词、好句和阅读感受。有的学生的阅读感受还联系了自己的实际生活，非常有教育意义，进而引发了我的思考，我决定开展一次讲成语故事大赛，让学生来当"小老师"讲故事，谈感受。

（二）学科活动目标

【知识目标】

讲故事的内容紧扣主题，将所含典故、内容及成语背后所折射的人生道理正确、完整地表述。

【能力目标】

1.脱稿讲故事，表情自然，语言流畅，有感召力。

2.可适当插入音乐、表演等内容。

3.上下场致意、答谢。

4.讲故事时间不超过5分钟。

【情感目标】

1.通过讲故事的形式培养学生的自信心。

2.通过活动培养学生的团体精神，让学生从分享与交往中获得快乐。

（三）实践活动过程

1. 开题课，确定研究主题

学习课文《寒号鸟》。

师：寒号鸟这种行为可以用一个成语来形容它，你们知道是什么吗？

生：我知道，这个成语是得过且过。

师：你们还知道哪些成语故事呢？跟你的同桌一起说一说吧。

生：自由讨论，交流。

生：自由发言。

师：同学们都知道这么多成语故事，那咱们来开展一次讲成语故事大赛的活动。每个同学选择一个你最感兴趣的成语故事，讲给同学们。

师：确定研究主题后明确讲故事要求。

2. 分组，落实任务

根据学生录制的讲故事视频，由老师和家委会成员共同打分；选出优秀的作品在全班进行展示。

比赛采用10分制，评分标准如下：

①形象：仪表大方、得体，精神饱满，脱稿演讲。（2分）

②语言表达：普通话标准，声音洪亮，表达流畅。（2分）

③思想内容：主题突出，故事完整、生动，有号召力和教育意义。（2分）

④表现力：紧扣故事情节，语速处理得当，激情饱满，富有表现力。（2分）

⑤综合印象：根据临场表现和演讲效果做出评价。（2分）

参与的学生即获得"参与奖"。进入展示环节的作品，学生将获得"故事大王"的称号。

3. 实践活动中

（1）成语故事——得过且过。

《寒号鸟》这篇课文给学生留下了深刻的印象，进而选择讲得过且过这个成语故事。传说很久以前有一种动物叫寒号鸟。它只知道享受眼前的生活，不知道给自己搭窝。等到寒冬来临时，它虽然很冷，但还是不搭窝。当寒风来袭，它只能哀鸣着："得过且过！得过且过！"最后寒号鸟被冻死了。学生在讲故事的过程中，还加入了一些表演，非常有感召力。同时还告诫大家一定不能学寒号鸟，为了美好的未来，我们现在要努力学习，成功一定属于勤奋的人。

（2）同讲一个成语故事——狐假虎威。

《狐假虎威》也是二年级语文教材中的一篇课文，在语文课上就引导学生们进行了表演。两名学生都选择了讲这个故事，各有特点，都能做到脱稿讲故事、表情自然、语言自然流畅。一名同学还精心制作了小动物头饰，讲到哪个小动物就戴上相应的头饰，生动形象。听故事的同学们完全被他吸引了。

（3）成语故事——神机妙算。

东汉末年，刘备派诸葛亮到东吴去联吴抗曹，东吴大都督周瑜嫉妒诸葛亮的才能，设计让诸葛亮在3天内造出10万支箭。诸葛亮在夜间用20只快船装上稻草人向曹军进攻，骗回曹操10万支箭，周瑜自叹不如诸葛亮那样神机妙算。该同学被诸葛亮惊人的机智、巧妙的计谋所折服，她也想成为像诸葛亮一样富有智慧的人，所以她选择了给大家讲这个故事。低年级的学生能够了解中国丰富的历史和文化内涵，这正是阅读的价值所在。

（4）成语故事——凿壁借光。

匡衡勤奋好学，但家中没有蜡烛。邻居家有蜡烛，但光亮照不到他家。匡衡就在墙壁上凿了洞引来邻家的光亮，让光亮照在书上读书。县里有个大户人家，有很多书。匡衡就到他家去做雇工，但不要报酬。主人感到很奇怪，问他为什么，他说："我希望读遍主人家的书。"主人听了，深为感叹，就用书资助匡衡。于是，匡衡成了一代大学问家。讲故事的同学被匡衡热爱学习的精神深深地感动了，他提示同学们要学习凿壁借光的精神，学习匡衡的恒心与毅力。

学生通过广泛阅读成语故事，锻炼了语言表达能力，提高了综合素质。通过此次活动，学生了解了一些历史典故和人物，拓宽了知识面，以此增强语文的学习兴趣。

（四）实践活动效果

【活动预期成果】

1. 了解成语故事，会讲成语故事。
2. 初步锻炼学生的语言表达能力、提升学生的综合素质。

【活动效果评价】

1. 文化知识

了解成语故事，会讲成语故事，体会故事中蕴含的道理。

2. 实践能力

①在活动中锻炼了学生的语言表达能力、提升了综合素质。

②在活动中培养学生的交往、合作能力。

3. 情感态度

①通过活动获得丰富的经验和积极的情感体验，成语故事里面蕴含着深刻的道理，能够引发学生思考，带给学生启迪。通过本次活动更激发学生的阅读兴趣。

②通过活动培养学生的团体精神，让学生获得分享合作、与人交往的快乐。

③通过讲故事的形式培养学生的自信心。

（适用于小学低年级，作者为李佳楠）

四、由《将相和》引发的人物传记学习热潮

（一）学科课题背景

《语文课程标准》在正确把握语文教育的特点上强调"语文是实践性很强的课程，应着重培养学生的语文实践能力和实际运用的能力"。如何拓展学生语文学习的视野，引导他们广泛接触社会、接触生活，在更广阔的空间里学语文、用语文，是我们教育者研究的永久话题。《史记》是一部体系完整、规模宏大、视野广阔、见识超群的百科全书式的历史巨著，蕴涵着深远的哲理，融会着民族的精神。通过对这部巨著的研读，我们可以从中感受到一颗博大的心灵，瞻仰一位中国古代良史的楷模；也可以感受到司马迁天才的语言艺术。在教学六年级《将相和》一课时，经过教师精心的设计，掀起了学生学习人物传记的热潮。

（二）学科活动目标

1.理解课文主要内容。在理解课文内容的过程中感受蔺相如的机智勇敢、顾全大局等优秀品质。

2.在理解课文内容的基础上，分清事情的前因后果，了解故事之间的联系，体会人物的爱国思想。

3.通过各种活动培养学生的合作意识、团体精神，分享合作与交往的快乐。

4.培养学生的阅读和写作兴趣。

（三）实践活动过程

板块一：课前分组　搜集资料

学习新课之前，学习小组分工合作，搜集相关资料，通过组内交流，了解相关的历史背景和人物关系。

附：任务学习单《课文内容我了解》

1.《将相和》中的"将"指的是_____，"相"指的是_____，"和"的意思是_____。

2.初读课文，理清脉络。

课文一共讲了几个小故事，请根据故事内容给文章划分段落，在文中用△表示出来。

给三个小故事加上小标题，并用小标题的形式概括每个故事的起因、经过、结果，想想这三个故事之间的联系。

故事 （小标题）	起因	经过	结果	联系

板块二：课堂讨论　引发思考

1. 引入资料，激发情感

师：同学们，我们中华民族有着五千年的灿烂文化，历史长河中也有许多熠熠生辉的人物，史学家司马迁以人物传记的形式把它们记录在《史记》中，《史记》中一个个鲜活的历史故事，有血有肉的人物形象，直到今天还让我们回味无穷。今天咱们就穿越回战乱纷飞的战国时期，来认识《史记》中的两个风云人物！

2. 品味文字，感悟性格

（1）自主学习

师：《史记》就是通过讲述一个个小故事，来树立一个个人物形象，究竟蔺相如有什么过人之处能让司马迁把他记入史册？请同学们打开任务学习单，我们来一起研究。

出示学习单内容：

小组任务学习单

选择的故事：		
相关段落	蔺相如这样的目的（他是怎样想的？）	他的过人之处

①请以小组为单位，任选其中一个故事进行研究；

②完成学习单内容，先自己想，然后在组内汇总，进行全班交流。

（2）交流汇报

3. 深入探究，总结提高

深入探究：看似独立的三个故事"完璧归赵"、"渑池之会"与"负荆请罪"之间有什么联系？提示学生读第10段、15段，学生回答后，教师小结。

三个故事各有情节，但又紧密联系。"完璧归赵"的结果是蔺相如被封为上大夫，这是他在"渑池之会"后晋升为上卿的前提，而蔺相如晋升为上卿，是将相产生矛盾的直接原因，有了将相矛盾才有解决矛盾的"负荆请罪"。"完璧归赵"和"渑池之会"是"负荆请罪"的起因，"负荆请罪"是结果，合起来就是一个完整的将相和的故事。

板块三：拓展延伸　走近《史记》

师：《史记》用为人物写传的形式来反映历史，成功地描写了众多有血有肉、性格鲜明的人物。如：三过家门而不入的大禹；伟大诗人屈原；西楚霸王项羽等。它是一部很有历史价值和文学价值的著作，被鲁迅称为"史家之绝唱，无韵之离骚"。

（1）阅读或者搜集有关《史记》中的历史人物故事，选择你最感兴趣的1~2个人物完成任务学习单。

感兴趣的人物：		
选自章节	故事梗概	人物评价

（2）开展"历史人物漫谈"主题阅读交流活动。

根据学生课下阅读的情况，让学生通过讲故事的形式，分享自己的阅读感受。

（3）探索"人物传记"的特点，初步了解人物传记的写作方法。

（四）活动成果

1. 挖掘学生潜能，提高学生解决问题的能力

六年级学生已具备较强的语文学习能力，他们具有很强的小组合作学习能力。摒弃对课文内容、故事情节的烦琐分析，将时间和空间留给学生。让学生自己去读、悟、演，去丰满人物形象，领悟人物的个性品质和共性品质。充分体现语文学习的趣味性、主体参与性和创造性原则。在教师的引导下，学生围绕学习目标自学思考，主动设疑，学生之间、师生之间相互交流、共同探讨、展示结果，使学生主动地获取知识。

2. 挖掘文本价值，达到教育最大化

人物传记是通过对典型人物的生平、生活、精神等领域进行系统描述、介绍的一种文学作品形式。教师不应局限于教材、教参，而是多方查阅资料，课上引导学生交流课外搜集的相关材料，促进对文本的理解。课前预习时结合课文内容布置课外阅读任务，给学生提出查阅相关资料的要求，并告诉学生获取资料的途径和方法；课后组织布置阅读与学习内容相关的文章，达到教育效果最大化。

（适用于小学高年级，作者为王霞、谢增丽）

五、《红星照耀中国》阅读实践活动

（一）设计依据

《义务教育语文课程标准》指出：语文课程是实践性课程，应着重培养学生的实践活动能力，在实践中体会、把握语文规律。拓宽语文学习和运用的领域，使学生在不同内容和方法的相互交叉、渗透、整合中开阔视野，提高学习效率，养成现代社会所需要的语文素养。

（二）活动目标

1.前期阅读《红星照耀中国》，积累必要的历史资料，了解领袖人物的成长史，以及红军在特殊历史阶段为国家与民族做出的巨大贡献。

2.通过系列拓展活动，再现红军长征片段，培养学生的合作精神，体会勇往无前的红军精神与伟大气魄。

3.激发热爱党、热爱祖国的壮烈情怀，增强民族自豪感。

（三）活动任务单

1.今天的实践活动，你最受触动的是哪一项？请你说说活动过程。

2.我们正在阅读《红星照耀中国》，其中第四篇《一个共产党员的由来》是毛泽东向斯诺讲述自己如何走上坚定的革命之路，第五篇《长征》书写了

"历史上最盛大的武装巡回宣传"。"强渡大渡河""过草地"这些书中的情节契合今天的活动,请你结合书中的内容,写下自己的思考。

(四)活动评价:

评价标准	☆数
成功地应用学过的知识完成了任务,帮助了同伴	5 ☆
完成了任务	4 ☆
在别人的帮助下完成了任务	3 ☆
基本上完成了任务	2 ☆
只是参与,没有完成任务	☆

(适用于八年级,作者为李杰、史行、赵艳芬)

第二节 探索大自然的语文综合实践

一、"爱上博物馆"跨学科实践活动设计方案

(一)教学目标

【知识目标】
1. 在参观中丰富学生的自然科学知识。
2. 培养学生合作的意识和能力。
3. 学会写参观记这种文体。
4. 激起学生对自然学科的探索热情。

【能力目标】
1. 在活动中培养学生的探究能力、社会调查能力、动手能力、创新能力和与人交往、合作的能力。

2.学会调查、收集、整理资料的方法，培养收集信息、处理信息的能力。

3.培养学生经常观察生活的习惯，提高审美能力和写作能力。

【情感目标】

1.通过各种实践活动获得丰富的经验和积极的情感体验，把博物馆变成根据青少年心理特点新开辟的互动式探索自然奥秘的科普教育活动场所，让孩子们在欢乐轻松的氛围中，探索自然，热爱科学。

2.通过各种活动培养学生的合作意识、团体精神，分享合作与交往的快乐。

3.通过展示、评选等形式培养学生的自信心。

（二）实践活动过程

1. 实践活动前准备

（1）设计学习单。

①四人学习小组分工收集有关自然博物馆的资料，进行组内交流。

②设计小组学习单。

③全班交流教师总结归纳设计学习单。

（2）设计参观路线。

①收集资料了解自然博物馆的馆藏分布情况。

②研读学习单设计本组的参观路线。

③小组进行任务分工以及学习用品的准备。

2. 实践活动中研学

（1）四人学习组按自己制定的参观线路自行参观。

一进自然博物馆，孩子们就开始了自己的参观学习活动，只见他们四人一小组，拿着学习单紧张有序地开始了自己的博物馆之旅。

（2）在活跃的气氛中遨游在自然科学的海洋里。

孩子们在看到高大的马门溪龙化石的时候非常兴奋，与它合影并记下了很多相关的知识。一位同学在为其他参观者讲解豹猫的知识，他的精彩讲述受到了大家的好评！孩子们都在兴高采烈地学习着，在自然知识的海洋里自由地遨游。

（3）参观中以摘抄、拍照的形式记录参观的展品以及自己感兴趣的知识。

在参观的时候遇到自己感兴趣的知识或展品，孩子们忘我地阅读、记录。小组合作，交流资料完成学习单。

3. 实践活动的延伸

（1）评选优秀学习组。

根据小组学习单的完成情况评选优秀的学习小组。

（2）开展实践活动交流。

①在全班开展自然知识的交流活动，让孩子们把自己在自然博物馆学到的相关知识、体会收获进行交流。

②以小组为单位制作PPT进行参观交流，以此活动培养学生的合作意识和口语交际能力，给学生创造展示交流的机会，培养学生的自信。

（三）与语文学科整合

1. 教师引导学生思考如何写参观记。
2. 小组依据本组的参观体验回忆参观路线。
3. 根据习作提示进行个性化的写作。
4. 评选优秀的作文在学校进行展示。

（四）活动效果评价

1. 文化知识

①在参观中丰富学生的自然科学知识。

②学会写参观记这种文体。

2. 实践能力

①在活动中培养学生的探究能力、社会调查能力、动手能力、创新能力和与人交往、合作的能力。

②学会调查、收集、整理资料的方法，培养收集信息、处理信息的能力。

③培养学生经常观察生活的习惯，提高审美能力和写作能力。

3. 情感态度

①通过各种实践活动获得丰富的经验和积极的情感体验，丰富学生的自然科学知识，培养学生合作的意识和能力，激起学生对自然学科的探索

热情。

②通过各种活动培养学生的合作意识、团体精神，分享合作与交往的快乐。

③通过展示、评比等形式培养学生的自信心。

（适用于小学中年级，作者为刘敬、曹洪坤、曹飞霞、张春苗、邢红梅、徐文霞、王佳乐）

二、以"秋"为主题整合教材实践活动

（一）学科课题背景

1. 孩子们的学习需求

如今的小学生对教师围绕一本语文书要求读写背诵一个学期的做法已深感厌恶，对教学毫无创意的教书匠式的教师也不再喜爱。学生们渴望的是丰富多彩的课堂。大量的信息、丰富的活动、美丽的大自然，对孩子们充满着无穷的吸引力。如何将课堂所学的语文知识有创意地与丰富多彩的课外生活实践紧密联系起来，让学生轻松地由厌学变乐学，是摆在我们面前的一个难题，也是每一位语文教师非常关注的问题。

2. 课改趋势

自从语文综合实践活动这个新生命悄然来到我们身边，课程发生了质的变化，教师有了创造的新空间，孩子们走出了封闭的课堂，在广阔的天地里实践、探索、体验、创造……作为一线的语文教师如何有机地整合教材、使用教材，落实综合实践活动都是亟待解决和值得研究探讨的问题。

（二）学科活动目标

【知识目标】

1. 了解中秋、重阳节的相关知识以及民俗。
2. 积累描写秋天的古诗文。
3. 完成一篇关于秋天的习作。

【能力目标】

1. 在活动中培养学生的观察能力、探究能力，以及与人交往、合作的能力。

2. 学会调查、收集、积累知识的方法。

3. 培养学生经常观察生活的习惯，提高审美能力和写作能力。

【情感目标】

1. 通过观察、阅读、交流、感悟，获得丰富的经验和积极的情感体验，激发学生对秋天的喜爱与赞美之情。

2. 通过各种活动培养学生的合作意识、团体精神，从中获得分享、合作与交往的快乐。

3. 培养学生的阅读和写作兴趣。

（三）实践活动过程

1. 过节那点事儿

（1）过秋节，尝秋味儿

①学习中秋故事。

②活动体验亲手做月饼、品月饼。

③赏歌颂"月"的诗歌。

（2）过重阳，送祝福

①读重阳的故事。

②了解民俗。给长辈送祝福。（写一句祝福的话）

一说到秋天，人们就会想到中秋节，中秋节是一个季节的代表，同时它也是一种文化、一种情结和一种美食的结合体。所以在中秋节前夕，我们与家委会商量共同组织了一次"中秋文化之旅"的亲子活动。在活动中，孩子们分成了三个小组与家长一起开展活动，第一小组负责搜集关于"中秋节"的来历和传说并以小故事的形式展示，第二小组负责收集古今歌颂中秋节、中秋月的诗歌，与家长一起做PPT，和同学一起欣赏朗读。第三组同学一起调查一下月饼的起源和简单的制作方法，并准备原材料，负责教同学制作手工的小月饼。

在活动开展的过程中每一个孩子都极度兴奋，想尽办法收集资料，主动承担本组的展示任务。最突出的是第三小组负责教同学做月饼的孩子，一个个有模有样的，教的仔细，学的认真。尤其是有几个平时比较调皮，做事毛手毛脚的孩子，在学做月饼的时候非常认真，他们用专注的眼光一丝不苟地观察着，他们用那不太灵巧的小手努力地揉着、捏着，他们的心也随着大家一起感悟着、快乐着。尝着自己亲手制作的月饼和家长精心准备的各种秋天特有的瓜果美食，孩子们尝出了秋天的丰收味儿、团圆味儿和快乐的味儿。

2. 赏秋景，感受身边的"秋味儿"

秋天是个美丽的季节，美丽的画卷和绚丽的照片都不能展现它的生命与灵动，只有亲自投入秋的怀抱才能真正地感受。于是，我在国庆节假期的时候给孩子们布置了一个小任务，就是走进大自然去看一看秋天的花草树木、去闻一闻秋香、去听一听秋天的声音、去尝一尝秋果的甘甜，并用照片、绘画、视频、文字等自己喜欢的形式把自己的感受记录下来。爱玩、好动是孩子们的天性，能够到公园、到郊外去边玩边找、边玩边看、边玩边吃是他们最愿意做的了。要把自己的得意之作展示给同学们，他们乐此不疲。在这样的体验和交流中秋天从孩子们的眼里流入到心中。而多种感官的共同参与体验，更使得孩子们对"秋味儿"的理解更深、更广。

3. 习赏秋文、品味文本中的"秋味儿"

面对无边的秋色，古今中外无数的文人骚客或抒怀或咏景，留下了许多优美的文字。我们的小学课本上也有很多涉及秋天的素材。如果把课内、课外的文本进行有机的重组、设计，不但可以丰富课堂的容量，还可以提升课堂教学的时效性。

例如：北京版小学语文第三册中的《秋天是多彩的画卷》《秋叶飘飘》《落叶》都描写了秋天到来时动植物的变化，凸显了秋季的特点。所以在课堂教学中，我把相关的内容进行了重组和再设计。我运用了"整体阅读——课内拓展"的教学策略，在整体阅读的基础上，高效完成目标，节约了宝贵的课堂资源，让学生尽可能地在课堂上巩固词语、积累词语、深入感受季节特点，提高课堂的实效性。并在课堂上拓展了《听听秋的声音》《山行》，丰富学生脑海中秋天的画面，加深学生对秋天美丽景色的感受。本节课的设计有以下几个亮点：

关注学生的朗读,当学生读不出感情的时候,机智地利用图片,让学生用自己的朗读表现出自己看图片的感受,从而在学生的头脑中形成形象的景象,在内心形成情感体验,使得朗读指导更加生动有效。能抓住文章中的重点词语,以点带面,多层次、多角度地体验。

在《秋天是多彩的画卷》课上,我抓住文中描写菊花的一个词语"千姿百态"展开了课堂活动:

①第一层次:理解千姿百态。

首先介绍:秋天是菊花盛开的季节,咱们在十一假期,完成了一个名为《赏秋》的实践活动,很多同学都到公园去观赏了菊花,请他们来简单介绍几种好不好?出示课件,孩子们用自己的话简单地描述。这样的设计结合学生的生活体验,拉近了孩子与文本之间的距离,有利于学生产生积极的情感体验,使学生能够更加生动地感悟词语的意思。

接着教师出示图片补充,通过补充使得菊花的形象更加丰富。"同学们看看它们的样子像什么?"预设:烟花、卷发、瀑布、太阳……在形成充分感性认识的基础上引导学生进行语言训练:"秋天的菊花千姿百态:有的像(   ),有的像(   ),还有的像(   )。"用这句话来描述一下菊花的姿态。先让孩子们自己试着说一说,再指名回答,当学生说出"有的像海葵,有的像太阳,还有的像礼花"的时候进一步指导他们说得再形象一点,学生想到了可以加上一个表示颜色的词语或者表示动作的词语,这样就变成了"有的像游动的海葵,有的像金色的太阳,有的像空中的礼花"。通过充分的交流和运用,学生对"千姿百态"有了更加充分的感受和体验。教师接着引导:"菊花的品种可不光这十几种,世界上已知的大概有4000多种。这些菊花的样子、大小、颜色各不相同,所以我们可以说是'千姿百态的菊花'。大家想一想,还可以用'千姿百态'来形容什么?""千姿百态的(   )"答案预设:白云、建筑、贝壳、气球……这样孩子们又把这个已经理解的词语进行了迁移。

②第二层次:书写"千姿百态"。

识字写字始终是低年级的重点,教师要踏踏实实的分步骤指导学生规范写字,把字写端正。在认识了"千姿百态"这个词语后指导学生进行书写,把理解和书写有机结合起来。

在学生对课内的文本进行了充分感悟的基础上,教师又和孩子们一起拓展阅读了《听听秋的声音》这篇小文章,通过阅读可以丰富学生脑海中秋天的画面,并勾起孩子们以前的心理体验,加深学生对秋天美丽景色的感受。最后一起欣赏了古诗《山行》,让学生感受表达秋色的多种形式。有了前面对"秋味儿"的感受、体验,孩子更容易理解文本中的语言,也更能体会作者的感受,从而能够真正理解文本。

4. 制作叶画传递友情留住"秋味儿"

随着阵阵秋风吹过,片片树叶飘落,教师带着孩子们在校园里伴着凉爽的秋风捡拾起那一片片可爱的小叶子,把它们夹在书本中收藏起来。在语文课上,同学们三个一群、两个一伙儿地聚在一起,热火朝天地创作叶画。他们有的拼、有的剪、有的画,还有的在认真地根据画面编小故事。一切就绪后,孩子们一边展示着自己的叶画,一边把自己创作的小故事讲给大家听。同学们欣赏着精美的叶画,聆听着有趣的故事,在合作交流中体会着快乐,传递着情义。这一股浓浓的"秋味儿"将永驻孩子们的心田。

这次综合实践的设计以学生的认知需求为出发点,老师先带领孩子们发现生活中的"秋味儿",再到大自然中观察秋天,寻找秋天,感受自然中的"秋味儿";然后组织学生通过读文,感悟文本中的"秋味儿";最后再通过自己的创作传递"秋味儿"。在这次活动中,学生积极参与,用自己最喜欢的方式进行展示。这样的语文综合实践活动,不仅满足了学生的天性,让学生在活动中获得快乐和愉悦,而且让学生在实践中获得了感受、获得了新知、形成了意识、锻炼了能力,让学生的个性在实践中得到张扬,整体素质在实践中获得提升。

(四)活动成果

著名教育家陶行知先生说过:我们的教育,要解放孩子的头脑,让他们能想;解放孩子的眼睛,让他们能看;解放孩子的双手,让他们能做;解放孩子的时间,让他们能学自己想学的东西。因此,教师在进行课堂教学的时候,不能一味墨守成规,只盯着手中的一本语文书教,而忽略了孩子们的兴趣、孩子们的需求。其实我们的课堂、我们的知识都是有生命的,而他们的生命力如何展现和发挥就要求教师发挥自己的创造性进行设计。而综合实践这一形式刚好为师生的共同需求搭建了一个非常好的平台。如果教师能依托综合实践活动，以活动促发展，让学生主动实践，主动探索，主动创造，大胆探究，敢于质疑，让我们的语文教学真正走进学生的生活，亲近学生的心灵，孩子的学习兴趣和主动性会有大幅度的提升，他们才会爱上我们的课堂。

秋天是一首诗，五彩缤纷；秋天是一幅画，多姿多彩；这诗在儿童的心里更加灵动，这画在孩子眼中更加绚丽。当这个美妙的季节到来的时候，我们发动孩子们用自己的视觉、味觉、触觉、听觉等各种感官去发掘、去发现，发现一个真实的、独特的、有花有果、有声有色的秋天。

（适用于小学中年级，作者为曹洪坤、曹飞霞、吴博晔）

三、以"春"为主题整合教材实践活动

（一）教学目标

【知识目标】

1. 了解春节、春天的相关知识以及民俗。
2. 积累描写春天的古诗文。
3. 进行《森林报》的整本书阅读。
4. 完成一篇关于春天的习作。

【能力目标】

1. 在活动中培养学生的观察能力、探究能力、与人交往合作的能力。
2. 学会调查、收集、积累知识的方法。
3. 培养学生经常观察生活的习惯，提高审美能力和写作能力。

【情感目标】

1. 通过观察、阅读、交流、感悟，获得丰富的经验和积极的情感体验，激发学生对春天的喜爱与赞美。
2. 通过各种活动培养学生的合作意识、团体精神，分享合作与交往的快乐。
3. 培养学生的阅读和写作兴趣。

（二）活动的计划与实施步骤

1. 准备迎接春天（2月20日至3月5日）

（1）了解春节的民俗、来历，绘制年画。

（2）利用摄影、手抄报的形式记录自己过新年的欢乐情景。

（3）开学后，利用第一节班会进行交流。

（4）利用走廊"展示空间"进行作品展示。

（5）准备苏联作家维塔里·比安基所著的《森林报》系列并鼓励学生自读《春》这一册。

2. 寻找春天（3月6日至3月19日）

集体阅读《森林报》的《春》，在文章中寻找春天的气息。

（1）通过导读与自读感悟春天森林里景物和动物的变化。

（2）摘抄描写春天景象的四字词语和优美句子，写在摘抄本上。

（3）背两首描写春天的诗，摘抄自己喜欢的诗句。

（4）到自然中寻找春天的信息，仔细观察植物的变化，简单的记录或者拍下照片。

（5）开交流会，同学们互相交流阅读、摘抄、观察的收获与感受。

3. 沐浴春光，赞美春天（3月20日至4月20日）

（1）学习课内外关于春天的文章，感悟语言，感受春天的美好。

（2）观察春天动、植物的变化，每个人写出自己眼中的春天。

（3）感受春天不一样的幸福。

4. 妙手绘春色（4月21日至4月30日）

（1）整理自己的摘抄和小短文。

（2）绘制春天的手抄小报。

（3）整理编辑自己班级的《遇见春天》的学生绘本。

（4）教师整理相关的研究资料与教学设计，撰写活动报告。

（三）活动预期成果

1. 了解有关春天的相关知识以及民俗，积累描写春天的古诗文。

2. 进行《森林报》的整本书阅读。
3. 整理印刷手抄报小册。
4. 完成《古诗三首》和《遇见春天》的课堂教学。

（适用于小学中年级，作者为曹洪坤、曹飞霞、吴博晔）

第三节　传统民俗艺术活动中的语文综合实践

一、"佳节话中秋"主题活动设计

（一）学科课题背景

1. 学科内容分析

中秋节是中国的传统节日，通过中秋节，我们可以更加了解中国的传统节日，用心去体验我国传统节日蕴含的意义。中秋节也不失为与家人团聚的好机会，增进与家人的感情。

教师以"佳节话中秋"为主题让学生带着自己的问题广泛地开展阅读交流、调查分析、实践体验等综合实践活动，让他们自己去寻找答案，把各自的思维引向深处，从而进入研究者的境界。

2. 学生情况分析

中秋节是我国重要的传统节日，中秋月明情意浓，圆圆的月亮、各式的月饼象征着团圆，在中秋之夜，人们还爱吃些水果等团圆的果品，祈祝家人幸福美满、甜蜜安康。虽然学生都喜欢过中秋节，但是对这个节日了解得并不深刻。同学们经常问我，为什么要过中秋节，中秋节为什么要吃月饼等。针对学生们的问题，我决定带他们走进中秋，了解中秋的来历、风俗习惯和各方面的文化知识。

3. 学科实践手段

查资料、写任务单、走访调查、写感受、朗诵诗歌等。

（二）学科活动目标

【知识目标】

了解中秋节的由来、习俗、诗词等，感受中秋的节日文化。

【能力目标】

1. 在活动中培养学生的探究能力、社会调查能力、动手能力、创新能力和与人交往、合作的能力。

2. 学会调查、收集、整理资料的方法，培养收集信息、处理信息的能力。

3. 培养学生经常观察生活的习惯，提高审美能力和写作能力。

【情感目标】

1. 通过各种实践活动获得丰富的经验和积极的情感体验，中秋节的习俗很多，形式也各不相同，但都寄托着人们对生活无限的热爱和对美好生活的向往。通过本次活动进一步激发学生热爱生活的情感。

2. 通过各种活动培养学生的合作意识、团体精神，分享合作与交往的快乐。

3. 通过展示、演讲等形式培养学生的自信心。

（三）实践活动过程

1. 实践活动前

（1）开题课：确定研究主题

师：农历八月十五日，是我国传统的中秋节，也是我国仅次于春节的第二大传统节日。关于中秋节的传说也是各种各样，你们想了解吗？

生：（大声）想。

师展示课件相关中秋节的图片。

师：看了刚才的图片，大家有什么话想说？

生自由讨论，交流。

师：对，中秋节的习俗很多，形式也各不相同，但都寄托着人们对生活无限的热爱和对美好生活的向往。从今天起，我们一起来研究有关中秋节的文化，关于中秋节，你想知道些什么？

生自由发言。

教师总结学生发言之后确定研究主题，如中秋节的由来、中秋节的习俗、有关中秋节的诗词、中秋月饼的来源等。

（2）分组，落实任务

根据学生的爱好，分成六组。每组选出一名责任心强的同学任组长。各组选择研究主题，讨论制订研究计划并完成表格。

2. 实践活动中

（1）习俗调查

中秋赏月、吃月饼是全国各地普遍的风俗习惯，但由于中国地域广大，人口众多，风俗各异，中秋节的过法也是多种多样并带有浓厚的地方特色。教师可引导学生向长辈了解自己家乡过中秋节还有哪些风俗习惯，把了解到的记录下来，回到班里进行交流。

（2）月饼调查

教师可引导学生按居住地域或自由组合，组成若干调查小组，制订一份简单的调查计划，深入学校或家庭附近的超市、百货商店、食品厂等地，针对月饼的品牌、产地、生产厂家、价格等方面进行调查采访，有条件的话，还可以分别购买一些不同种类的月饼，品尝口味，比较优劣，做好调查情况的汇总。

（3）巧手作坊

①写一写

在了解各地和家乡过中秋的习俗后，请学生计划一下"今年的中秋节你准备怎么过？"可以通过小组讨论、交流的形式，制订一份简单的节日方案，教师要鼓励学生大胆创新。

②做一做

用自己喜欢的制作形式和材料，自制一张精美的贺卡，写上一句祝福的话语，送给自己最亲近的人。

（4）携手共享

①搜集与中秋节相关的诗词，举行一次诗词朗诵会，要求能说出诗词所表达的主要内容，体味其中的意境。

②"每逢佳节倍思亲"，在阖家团聚的时刻，大家一定也会想到远在台湾的小伙伴，期盼着祖国早日统一。有条件的话，教师可带领学生上网，通过

发 Email 的形式给远方的小伙伴捎去节日的祝福。

3. 实践活动后

学生通过后续中秋文化的学习和体验，更加了解中秋节的文化意蕴和风俗习惯，体会到中华民族优秀传统文化的源远流长和博大精深，激发学生对中华优秀传统文化的热爱之情。

（四）实践活动效果

【活动预期成果】

1. 了解中秋文化和风俗习惯，产生热爱中华优秀传统文化的情感，体会作为中国人的自豪感。

2. 将学生中秋节日方案整理成册。

3. 学生搜集与中秋节相关的诗词，整理成《中秋诗韵》。

【活动效果评价】

1. 文化知识

了解中秋节的由来、习俗、诗词等，感受中秋的节日文化。

2. 实践能力

（1）在活动中培养学生的探究能力、社会调查能力、动手能力、创新能力和与人交往、合作的能力。

（2）学会调查、收集、整理资料的方法，培养收集信息、处理信息的能力。

（3）培养学生经常观察生活的习惯，提高审美能力和写作能力。

3. 情感态度

（1）通过各种实践活动获得丰富的经验和积极的情感体验，中秋节的习俗很多，形式也各不相同，但都寄托着人们对生活无限的热爱和对美好生活的向往。通过本次活动更激发学生对生活的热爱之情。

（2）通过各种活动培养学生的合作意识、团体精神，分享合作与交往的快乐。

（3）通过展示、演讲等形式培养学生的自信心。

（适用于小学高年级，作者为田晨露）

二、"冬至送福"主题活动设计

（一）活动目标

1.通过了解冬至的相关知识，丰富学生们的传统文化知识，提高学生的文化自信。

2.通过送福送对联的活动，激发学生们热爱民族文化，鼓励他们积极传播祖国的优秀文化。

（二）活动内容

俗话说，"冬至大如年"。在冬至（12月22日）来临之际，老师和学生借助学校多媒体资源进行冬至节活动，营造中国传统节日（冬至在古代也预示着一年的开始）的气氛。之后再进行送祝福送对联的活动。在此过程中，经过班级分组，学生奔赴各办公室，将蕴含着浓浓祝福的对联送给教职员工。与此同时，同学们要和老师们一起贴对联、接福瑞，传递吉祥幸福。

（三）活动过程

时光悄然无声，一路匆匆走过。朔风相伴晴空，天寒好个冬。此刻，当我们感受冬意渐浓的气息时，也迎来了一年最后一个节气——冬至。

冬至又称"冬节""长至节""亚岁"等，是我国农历中一个非常重要的节气，也是中华民族的传统节日。这一天昼最短，夜最长，阳气始至。古有诗云"冬至阳生春又来"，还有"冬至大如年"的说法，是个非常吉祥的日子。

12月22日冬至一早，学校各楼层的大屏幕上连续播放我校初二年级学生制作的冬至送福小视频，详细介绍冬至的历史溯源、天文特点、民俗传说、名人诗作，营造了浓浓的节日气氛。语文备课组的老师带着班里的学生走进各办公室，将自己搜集整理并书写的迎福对联亲手送给老师们。在此之前，初二语文教学重点安排了我国传统节气、传统节日的内容。从初一时进行的传统文化学习一直没有间断，师生们不仅着眼于书本上的知识，更关注如何将先辈的教诲落实到我们的生活中来，更贴近我们的情感。今天的这一活动就是师生将传统文化学习推进一层的良好延续。饱含着学生真切情意的大红对联代表着一份信任、一份祝愿、一份期盼。老师和学生们亲手粘贴对联、共读对联、纳福迎新。在欢声笑语中，喜气洋洋地开始了一天的学习工作。

继送对联之后，下午的班会时间，师生的送福活动仍在继续。古人常在冬至一日互赠美食以求吉祥美满，初二的学生循着这一风俗也带上自己的北京传统小吃和同学、老师分享。驴打滚、艾窝窝、糖雪球……甜甜的味道融化在口中，渗入每个人的心间。大家共同祝愿即将到来的新年幸福安康、吉祥如意。

冬至送福，全校上下洋溢着温馨喜庆的气氛，师生都在感叹"我们过了一个不一样的冬至节"。冬至本是一年中至寒的日子，可是我们的祖先却赋予它万象更新、大吉大利的寓意。景仰自然万物，呵护身心安泰，在和谐精致的生活中品味成长、共享收获。这种无畏的进取、广博的胸怀与高远的境界恰恰是中华民族最伟大的思想智慧。我们师生学习中华传统文化，就是传承这种精神、这种担当，将"祖国"二字扎扎实实地写在心里，发扬光大！

（适用于八年级，作者为李杰、赵艳芬、史行）

三、昌平传统民俗文化实践活动设计

（一）活动设计原则

《义务教育语文课程标准》指出：语文课程是实践性课程，应着重培养学生的实践活动能力，在实践中体会、把握语文规律。拓宽语文学习和运用的领域，使学生在不同内容和方法的相互交叉、渗透、整合中开阔视野，提高学习效率，养成现代社会所需要的语文素养。

（二）实践活动的目标

前期查找舞龙、舞狮等知识，积累必要的历史资料，了解龙的传统文化内涵，以及中华民族龙的精神传承。

通过系列拓展活动,再现舞龙舞狮以及年画等片段,培养学生的合作精神,体会龙的精神与豪迈气魄。

激发热爱民族文化,激发民族自信,增强民族自豪感。

(三)实践活动任务单

今天的实践活动,你最受触动的是哪一项?请你说说活动过程。

结合你查找的资料、阅读的名著、书中的内容和今天的活动,写下你对龙的精神、舞龙舞狮习俗以及传统文化的思考。

用文字、相机记录自己舞龙舞狮或其他民俗活动参与的心得体会。

以组为单位制作龙的精神、舞龙舞狮习俗以及传统文化思考的手抄报。

以班级为单位制作以关于龙的精神、舞龙舞狮习俗以及传统文化思考的主题展览。

(四)实践活动的评价

评价标准	☆数
成功的应用学过的知识完成了任务,帮助了同伴。	5 ☆
完成了任务	4 ☆
在别人的帮助下完成了任务	3 ☆
基本上完成了任务	2 ☆
只是参与,没有完成任务	☆

(适用于八年级,作者为张珍娟、冷冰、孙非)

四、"四时国粹之京剧"教学设计

(一)指导思想和理论依据

《完善中华优秀传统文化教育指导纲要》(以下称《纲要》)中指出"鼓励各地各学校充分挖掘和利用本地中华优秀传统文化教育资源,开设专题的地方课程和校本课程。"京剧作为中国的四大国粹之一，不仅蕴含着非常丰富的中华优秀传统文化，而且现在已经成为介绍、传播中华优秀传统文化的国际化资源。同时，《纲要》中还指出要"坚持课堂教育与实践教育相结合。既要充分发挥课堂教学的主渠道作用，又要注重发挥课外活动和社会实践的重要作用"。所以我们要借助课堂教育和实践体验来培养学生作为中华民族一员的归属感和自豪感，弘扬传统文化。

（二）教学背景分析

1. 教学背景分析：京剧是中国传统的艺术形式，可以成为我们深化素质教育的抓手。我校坚持以学生的发展为本，注重培养学生体验美、欣赏美、表现美、创造美的能力。在京剧艺术实践教学中，我们融京剧艺术课程和京剧艺术活动为一体，充分利用校内和校外的艺术教育资源，为学生提供自主、开放、探究式的教学环境和教学内容，让学生在欣赏、模仿富有创造性的活动中体验到京剧这一古老剧种的艺术魅力，激发学生对京剧艺术等传统文化的热爱之情。

2. 学生情况分析：本课的教学对象适用于初步接触传统文化的学生。他们对于传统文化已经开始学习，但对于其内涵往往只能初步了解，不能深入，故而不能激发主动学习传统文化的兴趣，这是教学中最困难的地方。

（三）教学目标

1. 初步了解京剧的相关知识，感受京剧的艺术魅力。
2. 调动学生将课堂变成展示自我的舞台，激发学生的学习兴趣。
3. 引导学生关注京剧艺术，弘扬中华传统文化。

（四）教学重难点

1. 教学重点

（1）初步了解京剧的相关知识，感受京剧的艺术魅力。

（2）调动学生将课堂变成展示自我的舞台，激发学生的学习兴趣。

2. 教学难点

引导学生关注京剧艺术，弘扬中华传统文化。

（五）教学流程

1. 第一环节：创设情境，激发兴趣

师生同唱《唱脸谱》"蓝脸的窦尔敦，盗御马。红脸的关公，战长沙。黄脸的典韦，白脸的曹操，黑脸的张飞叫喳喳。"

设计意图：创设引起学生探索兴趣的情境，带领学生走进京剧的世界。

2. 第二环节：引发好奇，导入课程

开头——虚弄干戈原是戏，又加装点便成文。

①解读戏曲与文学之间的关系。

四大国粹：京剧、书法、中医、武术。其中戏曲与文学有着密切的联系。

②京剧的式微。

设计意图：一是从传统文化中的楹联入手，猜测暗含的文字。一是解读"戏"的繁体字，一个"虚"加上一个"戈"字，思考内涵。并对京剧的地位与传统进行简单的介绍，导入课程题目"四时国粹"，并引出下面的课程。

3. 第三环节：交流成果，初步感悟

冬日思——不经一番寒彻骨，怎得梅花扑鼻香。

导语：一年之中，宁静的冬日是思考的季节，是沉淀的季节，没有冬日的积累，就没有之后勃勃的生机。我们首先请同学们为我们介绍他们对于京剧历史的了解，分享他们在活动中的感触。

进行京剧的历史、流派介绍，引出京剧的行当，同时展示一些活动照片。

设计意图：引用的诗歌"不经一番寒彻骨，怎得梅花扑鼻香"，不仅暗示了京剧的现状，也表达了学生的学习需要积淀，之后再让学生展示前期实践学习的成果，使所有同学对于京剧的历史与行当有初步的了解。

4. 第四环节：感受魅力，了解京剧的虚拟性

春日新——等闲识得东风面，万紫千红总是春。

现在我们对于京剧有了一些基础的了解，但如何欣赏京剧的表演艺术呢？今天很幸运，我们能在课堂中欣赏同学的表演，下面掌声有请他们为我

们表演《三家店》《卖水》两个选段，一起欣赏京剧之美。

师：大家看一下，现场像街口吗？没有街道，也没有行人。现场像闺房吗？没有铜镜，也没有傲菊抗严霜。请放心，演员自会用自己的表演把这些情景用精彩的表演表现出来。

繁体字"戏"怎么写？旁边是一个"虚"。打仗不是真打，是假打。告诉你，是假的，是虚拟的。

西方艺术是写实的。一个房间四个墙壁，有一面是打开的，给你看家里的情况。这是一种模拟。而我们中国的戏曲，不是对生活的模拟，而是以表演技术来表现。这是中国传统戏曲和西方戏剧最大的不同之处。

链接材料：

①虚拟性是京剧艺术的重要特征之一，也是京剧艺术表现生活的基本手法。京剧的虚拟性表演是指演员在舞台上模拟生活实际进行的表演。

②大幕拉开，面积不大的京剧舞台上，除了一张桌子和两把椅子之外，再没有别的道具，只有等演员出场了，你才能通过演员的表演，知道这舞台上将要发生什么故事。演员通过虚拟性的表演，既可以呼风唤雨，也可以把白昼变为黑夜；既可以把几天甚至几年的时间压缩为几分钟，也可以把几秒钟的心理活动延展为几十分钟；既可以展现千军万马的战争场面，也可以在转瞬之间跨越万水千山。这种虚拟性表演，能够在有限的时空里表现不同时空的人物和事件。

③京剧演员的表演力图虚拟现实生活的情境，如以划桨虚拟行船，以摸索虚拟夜间的行为，以打更表示时间的变化等。《武松打店》是一出武戏，说的是武松夜宿孙二娘的客店，因为误会，与孙二娘在黑夜中展开了一场搏斗。舞台上灯火通明，只摆着一张桌子，两位演员摸索着闪展腾挪、追逐厮杀，有时近在咫尺却浑然不觉，分明是灯火通明的舞台，观众却从演员的表演中感觉到，这是一场在伸手不见五指的黑夜里紧张激烈的搏斗。

④需要指出的是，京剧演员的虚拟性表演必须来源于现实生活。前辈艺人于连泉演《拾玉镯》，为了在舞台上更好地模拟少女喂小鸡和做针线活儿的动作，他认真观察生活中少女喂鸡的手势、眼神，反复琢磨她们做针线活儿

的过程，这使他的表演达到了以假乱真的程度。当然，这种虚拟性表演不完全是生活中的真实，而是经过加工的艺术的真实，演员的动作必须是舞蹈化、节奏化的。

⑤京剧的虚拟性，既给观众带来了真实的感觉，也使观众获得了美的享受。

下面，请同学结合上面的材料，说一说京剧的虚拟性有什么特点。

学生回答。

演一演：表演是虚拟的，但源于真实的生活。现在我们有这样一个机会，看文中武松与孙二娘在灯火通明的舞台上表演在黑夜里的搏斗的场景，这种虚拟的艺术让我们感受到传统戏剧的博大精深。让我们邀请一位小同学来表演一下在黑夜中摸索的程式。

设计意图：借助学校的校本资源，请小学部的孩子进行京剧表演，让学生们感受京剧的魅力，进而从表演和文章中了解京剧虚拟性的特点。最后，让学生尝试体验，参与表演，以此获得更深入的感受，可谓是"等闲识得东风面，万紫千红总是春"。

5. 第五环节：展示教学，学习并展示京剧的程式性

夏日盛——接天莲叶无穷碧，映日荷花别样红。

导语：主角手里拿一根马鞭，这根马鞭代表一匹活马，不必真马上台。倘若真马上台，台上肯定乱。上马、下马、遛马、奔马，都是一套舞蹈程式。京剧非常经济，时空转变非常快，这主要由于虚拟性假定性的表演。一个将士骑着马，走一圈，千山万水就走过了，这是象征性的、程式性的。这种表演，这种设置，对于舞台上的时空转变非常灵便，非常节约，一下子就能转变过来了。

老观众对这一程式都了解，同样一出戏，今天看这位演的，明天看另一位演的。内容，观众都知道，每一个小零件，观众都熟悉。所以，看京戏，要掌握一个本领，掌握程式的语言。从京剧的音乐语言，零件的大概规格，然后再去检验演员的基本功和才能如何，他是如何用程式的组合来完成这个戏的内容演绎。比如说，水袖、武打都有规范。人物也是一样，不同的人有不同的脸谱，不必张嘴，一上场我们就知道了这个人物的性格特点。

就像在歌曲中唱过的"蓝脸的窦尔敦……"，这些脸谱背后也蕴含着不同的含义。

讲一讲，演一演：借助小学同学的脸谱为大家介绍出不同脸谱的颜色对应的不同性格。

评一评：请同学们说一说听完了这一段介绍，你有什么收获。

设计意图：老师介入展示之中，利用一根马鞭讲解京剧的程式性，并对京剧中的脸谱这一程式化的内容进行学习展示。让同学们了解京剧表演背后还有这么多的知识，了解脸谱本身的内涵，激发学生主动学习的积极性，可谓是"接天莲叶无穷碧，映日荷花别样红"。

6. 第六环节：思考提升，了解京剧的综合性和京剧演员的基本功

秋日高——晴空一鹤排云上，便引诗情到碧霄。

导语：京剧不仅有丰富的脸谱，还具有诗一般的语言艺术，几乎每一句念白都讲究抑扬顿挫，每一句唱词都注重诗词格律，同时，京剧又把歌唱、音乐、舞蹈、美术、文学、雕塑和武打技艺融汇在一起，是一种综合艺术。

所以，京剧不仅要看脸谱，还要听音乐，听唱功，听念白，看程式，这里面如泣如诉的音乐、独具韵味的唱词、念白、舞蹈都是京剧的特色，这种综合性是京剧最有魅力的地方。

基于这种京剧的综合性，对于每一个京剧演员的基本功都有着很高的要求，下面请小学部的同学们为我们演示，下个小组配合介绍"唱、念、做、打"这四大基本功。

学一学：一部分简单的唱念做打。

设计意图：介绍京剧丰富的艺术底蕴，即综合性。在此基础上了解京剧演员"唱念做打"的基本功，清晰地感受到京剧所蕴含的传统文化积淀，了解到京剧演员扎实的功底源于巨大的付出，使学生对于京剧的理解获得一种升华。

7. 第七环节：课程小结，呈现中华传统文化中所蕴含的价值观

四时国粹——春有百花秋有月，夏有凉风冬有雪。

京剧源于文学，也为很多的文学作品提供了灵感的源泉，我们的四大名著之中就有很多的情节发展成了著名的京剧桥段，例如《空城计》就源于

《三国演义》,《李逵探母》源于《水浒传》,《火焰山》源于《西游记》,为什么戏曲与文学作品之间有着如此密切的联系呢?

戏曲是传道的,保留了传统的文化精神,文学也是如此,这些故事中好的精神品质也是需要我们传承下去的。戏曲的内涵可以让你在不知不觉中,领受文化的精髓。

最后留一个作业,请同学们在家查阅相关资料,分组整理与四大名著有关的京剧曲目,思考两者之间的关系。

设计意图:回归到文学之中,把京剧中大家喜闻乐见的桥段与文学作品联系起来,挖掘两者的共性,发现都源于中华先祖对于善良、忠义、真诚等优秀品德的认同,而这些品质正是我们传统文化的核心,百花齐放,百家争鸣。故称为"春有百花秋有月,夏有凉风冬有雪"。

(适用于九年级,作者为史行)

第四节　实地探访中的语文综合实践

一、走进清华园和圆明园

(一)实践活动的原则

《义务教育语文课程标准》(2011)中指出:语文课程是实践性课程,应着重培养学生的实践活动能力,在实践中体会、把握语文规律。拓宽语文学习和运用的领域,使学生在不同内容和方法上相互交叉、渗透、整合中开阔视野,提高学习效率,养成现代社会所需要的语文素养。

(二)实践活动的目标

1.在老师的指导下,学生通过查找朱自清的相关资料,了解其为人,学生进一步学会查找资料,汇总整理资料的方法。

2. 了解朱自清及火烧圆明园背后的故事，理解中华民族的气节和精神。培养小组合作的意识和能力。

3. 激发热爱中华文化的思想感情，增强民族自豪感。

（三）实践活动的过程

任务一：行前读朱自清的《荷塘月色》，看写了哪些内容，抒发了什么样的情感。

任务二：查阅有关朱自清的资料，欣赏朱自清的雕像，理解他的为人。

任务三：行前读雨果的《两个强盗闯进了圆明园》，联想八国联军的暴行，思考如何自强，实现中国梦。

任务四：联系眼前的景色，借景抒情，谈对圆明园遗迹的感受，不少于200字。

（四）实践活动的评价

评价标准	☆数
成功的应用学过的知识完成了任务，帮助了同伴。	5 ☆
完成了任务	4 ☆
在别人的帮助下完成了任务	3 ☆
基本上完成了任务	2 ☆
只是参与，没有完成任务	☆

自我评价：
☆ ☆ ☆ ☆ ☆

同伴评价：
☆ ☆ ☆ ☆ ☆

教师评价：
☆ ☆ ☆ ☆ ☆

（适用于七年级，作者为张珍娟、冷冰、孙非）

二、走进园博园综合实践活动

（一）活动内容的分析

1. 活动主题描述

北京园博园为第九届中国国际园林博览会的举办地，位于北京西南部丰台区永定河畔绿色生态发展带一线，走进园博园，学生可以感受各地园林的特色。

2. 活动内容描述

北京园博园是国内首座融多种科技手段于一体的中国园林博物馆，集中展示我国园林事业取得的新成就，展示园林艺术全貌和发展的平台。园博园位于丰台区，是我区有利的资源，有利于多学科的综合实践活动的开展。

学生通过"我是小导游""我是摄影高手""我是绘画高手""我是配乐高手""诗文朗诵能手""我是最佳小记者"等活动，通过查阅资料、拍摄照片、现场写生、配乐解说等方式，感受园博园各地园林的特色。

（二）实践活动的目的

1. 知识目标

通过搜集整理资料，了解各地园林特色及导游词的撰写。

2. 能力目标

通过实践活动安排，学生能在语文、美术、音乐等学科综合实践，跨学科开展活动，提升综合处理信息和解决问题的能力。

3. 情感目标

通过分工合作，探究身边的教育资源，培养学生主动探究、团结合作、勇于创新的精神，增长自信心，激发热爱家乡和民族文化的情感。

（三）实践活动主体的特点

八年级学生对园博园了解得较少，需要查阅资料补充相关知识。学生具有一定解决问题的能力，从分组、查阅、记录、展示，都可以按一定要求自己动手完成。学生的爱好特长不同，需要做不同的任务选择，以凸现其特点。

（四）实践活动的准备

1. 指导学生观看资料片《北京园林欣赏》。
2. 读导游词的范本《苏州园林》，了解苏州园林的特点。
3. 查阅园博园的地理、生态、园林特色等资料。

4. 学生分为导游、摄影、绘画、配乐、朗诵、报道等六个小组，提前查阅相关任务资料，分组合作介绍园博园的特点和建筑特色，以及记录、展示、报道此次活动的收获和感悟。

（五）实践活动的过程

1. 活动方式：每个园停留40分钟，先集体解说20分钟，然后自由活动20分钟。学生的表现要记分数。（时间确定，保证活动有效展开）

2. 指导同学依据兴趣、特长在小组内分工合作，如导游组成员分工承担：

①查资料

②写稿

③当天作解说、考察、绘画、摄影（三四个同学，互相补充，文字稿统一）

④照相

⑤摄像

（分工、合作中培养学生的沟通、协调能力；完成任务过程中，培养学生听、说、读、写等能力）

3. 活动评价：

商讨制定、监控活动过程

地点	解说人	表现	个人收获	其他
北京园				
江苏园				
重庆园				
闽南园				
广东园				
其他				

（上述评价表的使用保证了活动的有效以及目标的落实）

4. 提交活动成果

分小组提交作品，完成照片的选择、绘画稿的完善等，交流展示评选。

（六）实践活动的效果

本次活动是开放而富有创新活力的。

《义务教育语文课程标准》指出：语文课程是一门学习语言文字运用的综合性、实践性课程。教学中努力体现语文的实践性和综合性，让学生在语文实践中学习语文，学会学习。善于通过专题学习等方式，沟通课堂内外，沟通听说读写，增加学生语文实践的机会。充分利用学校、家庭和社区等教育资源，开展综合性学习活动，拓宽学生的学习空间。

本次活动充分利用我们学校附近园博园这一资源，确立语文专题学习的内容，走进园博园，让学生在课堂内读有关苏州园林等文章，老师教给阅读、欣赏方法，上网查阅北京园、江苏园、重庆园、闽南园等园林的有关资料，在小组合作展示中又将所读、所查资料和园博园内园林相比较，印证、补充相关知识，在课内外的比对中，丰富学习内容，沟通课堂内外，拓宽了学生的学习空间，又培养了搜集、筛选资料的能力，学生视野是开放的。

本次活动，读书为实践服务，实践又加深了对书本的理解，收获了知识与能力。在活动过程中，通过孩子们参与实践活动，通过"我"做小导游等的准备、实践过程，扩大了阅读视野，在展示中，游客认真倾听，促进孩子认真展示，增强孩子自信心。

（七）实践活动的评价反思

《义务教育语文课程标准》指出：语文课程是实践性课程，应着重培养学生的语文实践能力，而培养这种能力的主要途径也应是语文实践。语文教学应激发学生的学习兴趣，培养学生自主学习的意识和习惯，引导学生掌握语文学习的方法，为学生创设有利于自主、合作、探究学习的环境。应尊重学生的个体差异，鼓励学生选择适合自己的学习方式。

本次活动采取的学习方式是自主合作探究的方式，学生根据自己兴趣、爱好、特长，选择自己喜欢的园林，以及自己组里的分工和展示形式。在感兴趣的自主活动中，通过摄影、绘画、撰写导游词、现场介绍、评价等形式，锻炼听说读写以及口语交际、沟通、协作能力，有利于培养学生主动探究、团结合作、勇于创新的精神，学生全面提高语文等综合素养。活动中使用评价表，活动后进行"我是小导游"、"我是摄影高手"、"我是绘画高手"、"我是配乐高手"、"我是朗诵能手"、"我是最佳小记者"等成果的评比，保证了活动的有效以及目标的落实，既充分调动学生的积极性，又发挥了学生特长，培养学生综合实践能力。活动中展现了学生的创新活力。

（适用于七年级，作者为张珍娟）

三、走进北京名人故居

（一）活动背景

俗话说"读万卷书，行万里路"。除学校课堂外，社会大课堂也是我们汲取知识的重要渠道。在"让学生自主获取知识"呼声高涨的当下，我们初一年级语文组决定让学生走出学校，亲身体验通过实地考察获取知识，这将是学生一次难忘的经历。

（二）活动目标和意义

1. 活动目标：学生通过实地考察，了解现代文化名人。
2. 活动意义：了解现代文学巨匠的风采，拓展知识面，提升文学素养。

（三）活动过程

1. 参观现代文学巨匠鲁迅、老舍、茅盾、郭沫若、冰心等人在北京的故居。
2. 了解这些作家的生平、作品、为人等资料。
3. 根据参观所获得的资料做活动记录，以随笔、手抄报、PPT的形式呈现参观结果。
4. 学生与家长交流沟通，家长给学生的活动成果作评价。

（四）活动要求

1. 需要学生在所参观的名人故居的大门前照相。

2. 每位学生至少要参观两位作家的故居。

3. 参观随身携带照相机、手机、记事本、笔。

4. 活动中应注意的问题及细节：

①安全问题。

②注意中学生自身形象。

③注意保护文物。

（五）活动阅读资料

1. 朱自清作品《背影》《春》《荷塘月色》。

2. 鲁迅作品《从百草园到三味书屋》。

3. 老舍作品《骆驼祥子》。

（适用于七年级，作者为贾军、陈玉艳、李琛）

四、探访北京中轴线

（一）指导思想和理论依据

《义务教育语文课程标准》中指出：语文是一门实践性很强的学科，应着重培养学生的语文实践能力，让学生在大量的语文综合实践活动中学好语文，以提高学生的语文综合素质。这里的语文综合实践活动就包括参观访问、办报办刊、演课本剧、开故事会等，还包括课外语文兴趣小组的活动以及利用广播、电视、网络、图书馆等进行的语文学习。同时北京市课程改革也明确提出通过开展综合实践活动课让学生联系社会实际，积累经验，培养学习能力，全面提高语文素养。

（二）教学背景

1. 教学内容分析

本课是一节对于之前语文综合实践活动的反馈展示。本次语文综合实践活动是探访北京城中轴线，活动包括参观景点、课文印证、查询历史故事和写感受四个部分。要求以组为单位形成展示内容。活动呈现的是学生自主探究、合作的学习过程。同样在展示过程中也设计了课文回顾、学生展示、回归文本（升华情感）和总结收获四个环节，来培养学生扎根文本，运用所学，语言表达等能力，提升他们的爱国情感。

2.学生情况分析

学生升入八年级不久，整体水平偏低，自己主动探索和学习意识比较淡薄。所以在综合实践活动中容易出现走马观花、去过却没留下任何印象的情况。尤其是容易出现对于所要参观的景点与校内语文课程的关系感觉联系不上，从而实践课与教学课脱离。基于此，本课采取类似于翻转课堂的形式，将功夫下在课前准备上，要求学生认真阅读补充资料，扩大阅读量；寻找疑问点，在实践活动中印证落实；查找历史资料，拓展眼界；撰写实践感受，体悟收获；加上在本课内的课堂展示，从听、说、读、写全方面锻炼学生的语文实践能力。

（三）教学目标

1.通过阅读补充资料和实际探访，扩大阅读量，了解北京中轴线上的四处景点的基本情况并更进一步理解课文内容。

2.培养学生阅读说明文的能力，提高在综合实践中灵活运用课内知识的能力，以及语言表达能力。

3.通过对古建筑的了解，树立民族自豪感，增加爱国情怀。

（四）教学重难点

1.教学重点：了解北京中轴线上四处景点的基本情况，并更进一步理解课文内容。

2.教学难点：培养学生阅读说明文、在实践中运用课内知识和语言表达三种能力。

（五）教学过程

教学环节	教师活动	学生活动	设置意图
导入	温习课文《北京城的中轴线》。回忆路线图，复习说明文知识	听讲，快速阅读课文，找出相应的课文内容	以已学课文为引导，温习旧有知识，带领学生还原综合实践课情景
从课堂走向社会	观看学生展示	按照空间顺序以小组形式依次展示自己的实践成果	将综合实践活动课的内容落实，锻炼学生的语言表达能力
从实践回归课文	根据学生展示梳理板书，借课文中的一句话明确课堂主题：以美立德	梳理自己展示中所体现的"美"和"德"来印证课文内容	明确主题，提升民族自豪感
总结	回顾实践活动要求——印证课文，点明印证的重要性	巩固印证的方法和作用	让学生体会印证的重要性
拓展	出示中轴线俯视图，引出中轴线向西偏斜的问题	阅读资料，总结出中轴线所蕴含的家国情怀	明确建筑设计中所蕴含的思乡爱国情
收获	引导学生	自主梳理综合实践活动课过程中点点滴滴的收获	培养学生自我反思、总结的能力

同学们，我们即将进行语文社会大课堂实践活动。我们这次活动的内容是探访北京城的中轴线。用梁思成先生的话说，北京的中轴线是"全世界最长，也最伟大"的。"北京独有的壮美秩序就由这条中轴的建立而产生"。我们生活在北京，更应该对北京城的中轴线有所了解。在了解北京中轴线的同时，更好地掌握和印证课文中所学的知识内容。那么如何才能在社会实践活动中印证课内所学的知识呢？今天我们就以读本《金碧辉煌的天安门城楼》为例来讲一讲在实际生活中印证所学的方法。

我们先说一种比较容易印证的，即文中出现相对简单的数字和图案。比如课文中的这句话，就很清晰地告诉了我们天安门大殿正面的建筑装潢，在社会实践活动过程中，我们同学只要登上城楼去数一数，照一张照片就可以很轻松地印证课文所写的是否正确了。

除此之外，还有一种印证方法就要花些心思了。即课文中出现了一些对于同学来说比较陌生的事物或概念，我们又该如何到社会实践活动中去印证了解呢？我们一起来看这段内容，涉及了斗拱这个比较专业的建筑名词和宫殿特有的建筑特色，因为不是我们同学日常生活中经常见到、用到的知识，所以理解起来会比较吃力。同学们会产生各种各样的问题，比如：斗拱到底是什么样子的，又是如何组成的？它为什么会让作者觉得眼花缭乱又排列有序？它的功能到底是什么呢？这时就需要同学们依靠文章提示，到实地印证比对，才能够比较直观的感受和理解课文的内容了。当我们登上天安门城楼后就可以按照文中所示，到"翘边翘角的飞檐下"来找到传说中的斗拱了。拍下这样的照片后我们就能理解作者为什么说它是让人眼花缭乱又排列有序了。我们还可以到网上来验证一下斗拱的组成结构，你会发现，其实斗拱并不单纯是由"斗"和"拱"两个部件组成的，简单的也得由五六种部件构成，复杂的甚至达到19种零件，真是巧夺天工。如果有兴趣还可以再在网上看看龙爪菊的图片，你会认识到作者的比方打得还真是恰如其分。经过这样的实地印证和查找资料，相信同学们会对中国传统宫殿建筑中的斗拱印象深刻，也一定会对天安门城楼的壮美建筑特色和所体现出的井然秩序有了清晰的认识。当然，这只是老师做的一个简单的示例，还希望同学们能够从课文中找到更多的疑问点或兴趣点，然后投身到社会实践中去将它们印证出来，从而获得更扎实的知识和更广阔的视野。

补充阅读材料

（1）《永定门的变迁：1957年被拆除2004年重建》作者：郑晓英

（2）《北京景山的保护策略探讨》（节选）作者：张英杰、刘晓明、殷晓锋

（3）《北京的钟鼓楼》作者：耿玺超

（4）《保护景山的必然性》

（5）《再说北京钟鼓楼》

（六）课堂学生成果展示

景山

1. 景山介绍

（起始页）景山公园是我们小组社会实践的地点，按照梁思成先生在《北京城的中轴线》中的话说就是："奇峰突起地立着景山作了宫城背后的衬托。景山中峰上的亭子正在南北的中心点上。"（出现文字）可见其所在的地理位置和它在中轴线上的重要性。景山的主要建筑有：五座峰亭，分别是观妙亭、周赏亭、万春亭、富览亭和辑芳亭（五座亭子并列的照片，依次出现）。其中万春亭矗立在中峰上，正是中轴线中心点，曾经更是整个北京城的最高点。从万春亭上向南可以俯瞰整个紫禁城（图片），向西也可以看到北海公园的白塔及周边的新型建筑，可说是将北京城的前世今生尽收眼底。而随着景山公园的发展，这里的面貌也有了很大的变化。不仅修复了很多文物建筑，而且各个季节都有相应的花卉展览。现在，人们来到景山登高远眺，西山逶迤，若隐若现；太液秋风，波光粼粼；殿宇嵯峨，诉说沧桑；新楼拔地，展示未来。特有的地理位置和观赏视角，让游人驻足观赏，流连忘返。

2. 景山历史

在三百多年前，明朝最后一位正统皇帝崇祯（展示崇祯皇帝像）继位后大力铲除阉党，勤于政事，生活节俭，曾六下罪己诏，是位年轻有为的皇帝。然而明王朝早已衰微难救，内有多地农民起义，外有关外后金政权虎视眈眈，可谓内忧外患。崇祯为剿流寇，十三年中频繁更换围剿闯军的将领。然而用人存疑，以至皆无成效皆功亏一篑。1644年即崇祯十七年三月，李自成攻下大同，开始围攻北京。十八日晚，崇祯帝与贴身太监王承恩登上煤山即现今的景山，远望着城外和彰义门一带烽火连天，哀声长叹。（景山歪脖树照片）三月十九日拂晓，各种求救无门后，终在景山歪脖树上自缢身亡，死时年仅33岁。身边仅有提督太监王承恩陪同。上吊前于蓝色袍服上大书："朕自登基十七年，虽朕薄德匪躬，上干天怒，然皆诸臣误朕，致逆贼直逼京师。朕死，无面目见祖宗于地下，自去冠冕，以发覆面。任贼分裂朕尸，勿伤百姓一人。"（文字）可见，崇祯死时也没有反省自身，都怪罪在群臣身上。不过倒也算是说了句体恤百姓的话。

3. 景山课文印证

接下来我要讲的印证就是来自梁思成先生《北京城的中轴线》这篇文章的一句话："景山中峰上的亭子正在南北的中心点上。"通过这幅北京中轴线的俯视图我们可以看到（俯视图），如果像文章一样从永定门开始算中轴线，那么中点应该在午门的位置。所以文章中所说的南北的中心点，这个南北并非指中轴线，而应该指的是内城，即从正阳门开始到钟楼背面的城墙截止这一段中轴线的南北中心点上。通过这次的印证，我们也可以得出这样大胆的结论，梁思成先生在写这一句话的时候没有太过仔细，以至于出现了范围模糊的情况，导致说明的准确性不够的问题出现。（《孟子》"尽信书不如无书"的名句）所以这也是从另一方面告诉我们对文章中的内容存疑，并经过自己的思考、查找资料，最后进行实地考察印证，是多么重要。

4. 景山实践感受

本次语文社会实践活动让我们小组的同学重新领略了一番景山公园的美丽景色，同时也站在内城的中心点上俯瞰了中轴线的壮美布局（景山公园的图片）。其中最让我有感触的一个景点就是明朝最后一个皇帝——崇祯皇帝自缢的歪脖树了（歪脖树的照片）。虽然并非曾经的那棵树，但仿佛也能带我们回溯到那段波澜壮阔的历史中去。我认真地读完碑文，不免有些伤感。（石碑的照片）记得曾在书里看到评价崇祯的话：不是亡国之君的亡国之君。一代君王虽励精图治十多年却无力回天，最终只得以发遮面，下罪己诏，自缢在煤山之上，不由令我一阵痛惜。想来个人的力量终究是小的，即便他是皇帝也不足以让国家兴旺。只有整个社会共同努力，才能让国家富强，这应该也是人民力量的体现。

在整个实践过程中，我们看到了曾经的皇家禁地如今已经成为普通百姓活动的场所，很多长辈都喜欢来这里唱歌、跳舞、下棋、健身（实践活动的照片，合影）。古朴的建筑在老百姓丰富的活动中似乎又焕发了活力。就像梁思成先生说的，这些回归到人民的手中，是多么的恰如其分啊。以上就是我们组的实践汇报，谢谢。

天安门

1. 天安门介绍

天安门城楼建成于 1420 年，它是我国近六百年风雨历程的历史见证者（天安门城楼图片）。天安门城楼现高 34.7 米，雄伟壮观的建筑曾象征着至高无上的皇权，也象征着皇帝的无比尊贵，所有人都要服从于皇帝。天安门城楼殿顶是重檐歇山式，上覆代表最高品级的金黄琉璃瓦。城楼分上下两层，上层是典型的中国传统宫殿建筑，东西面阔九间，南北进深五间，取"九五"尊数，象征着皇权的尊贵。下层上部是高 13 米的朱红色城台，四周环绕琉璃瓦封顶的矮墙；下部是 1.59 米高的雕刻精美的汉白玉须弥座台基。城楼基座周围有汉白玉栏杆、栏板，雕刻着莲花宝瓶图案。天安门城楼整体巍峨雄伟，细节精致美观。当之无愧为首都北京乃至中国的代表性建筑。

2. 天安门历史

提起天安门城楼，就不由得让人想起 1949 年 10 月 1 日举行的开国大典（开国大典图片）。10 月 1 日下午 3 时，大地欢声雷动。刚刚就职的中华人民共和国中央人民政府主席毛泽东和朱德两位伟人一前一后，最先登上了天安门城楼。当林伯渠宣布开始后，在代国歌《义勇军进行曲》的乐曲声中，中央人民政府主席、副主席和委员就位。人民领袖毛泽东庄严宣布："中华人民共和国、中央人民政府在今天成立了！"让我们通过一段视频再次追忆那激动人心的一刻吧（视频）。这可以说是近现代历史上天安门城楼最振奋人心的时刻了，请让我们铭记这一刻吧。

3. 天安门印证

我们小组印证的内容是有关天安门建筑结构中的一个部件，即斗拱。在《金碧辉煌的天安门城楼》中有这样一段话（文字）：在天安门大殿翘边翘角的飞檐下，是令人眼花缭乱而又排列有序、功能不同的斗拱和梁枋。斗拱是形似龙爪菊的木质构件，由斗形方木和弓形横木组成，为柱与殿顶的过渡部分，直接承受殿顶重量，并分散到梁柱之上，是使飞檐上翘和向外伸展的关键部件。我们组在读资料的时候就对这个斗拱产生了好奇，于是在登上天安门城楼后，我们走到飞檐之下，拍下了这样的照片（斗拱照片）。果然是结构排列有序，色彩让人眼花缭乱。回家之后，我又查找了斗拱的相关资料（斗拱结构图），发现它的组成零件非常多，像天安门城楼这样的斗拱，零件可达20种左右。同时，通过查阅龙爪菊的图片，我们也可以很清楚的对比出两者的相似，从中可以看出说明文的生动性。经过这次实践活动，我们除了更深切理解课内的知识，更锻炼了自己语文应用能力，可谓一举两得。

4. 天安门实践感受

下面我有幸跟大家分享我探访北京城中轴线后的感受。虽然生长在北京，但是因为家里人很忙，其实我并没有真正近距离地接触过天安门城楼（实践合影）。跟很多国人一样，也仅仅是从一些影像资料中熟悉这首都甚至是国家的象征。这次我们组选择天安门城楼作为探访对象，我还是很庆幸的（天安门一角突出飞檐图）。当我来到天安门城楼下抬头仰望，殿顶的飞檐在视线中如此的灵动，那一瞬间的震撼让我突然真实感受到了身处国家心脏的自豪。也突然理解了，为什么世界各地的人都要来北京一睹天安门的雄伟风采了。登上天安门城楼（俯视天安门广场图），面对广场，一种意气风发的情绪油然而生，也明白了老师让我们探访中轴线的良苦用心：只有身临其境，才能切实感受到课文中所要表达的情绪。一时间，我对如王安石的"不畏浮云遮望眼，自缘身在最高层"等诗句有了更清晰的理解，也体会到封建皇权的最高秩序所在。

永定门

1. 永定门介绍

在这次探访北京城的中轴线活动中，我们小组选择探访永定门城楼。现在就首先由我来为大家介绍永定门城楼的基本情况。永定门位于中轴线最南端（永定门位置图）。它是北京外城中最大的一座城楼，也是南部的出京要道，寓"永远安定"之意。从嘉靖三十二年即1553年修建后（旧时的永定门城楼），经过多次的重修，永定门城楼一些原本的部件都消失了，新中国成立初期更是被整体拆除。直到2004年对永定门城楼进行复建，才终于又恢复原有的雄伟景象（现在的永定门城楼）。如今我们看到的城楼形制一如内城，重檐歇山顶建筑，上覆灰筒瓦，绿琉璃瓦剪边，城楼通高34.04米。值得一提的是，就在复建的前一年，在先农坛北京古代建筑博物馆门口的一株古柏树下，发现了保存完好的明代原配永定门石匾。(石匾)楷书的"永定门"三字沉雄苍劲。如今的永定门城楼门洞上所嵌的石匾，正是仿照这块石匾雕刻的。

2. 永定门历史

通过介绍，大家都知道永定门取"永远安定"之意，然而历史上，永定门却见证了京城多次的不安宁。1629年12月，皇太极率领八旗大军兵临城下，点燃了"京门之战"的烽火。这一战役使京畿防御千疮百孔，阉党趁机得势。本就勉为支撑的明朝，人心崩溃，元气难复。14年后，江山依旧，而李自成、多尔衮却先后跃马扬鞭穿过永定门。

然而不到三百年，曾经的"八旗雄兵"抵挡不住八国联军的洋枪洋炮，永定门再次被屈辱地攻破。侵略者甚至为了更方便地攫取财富，在永定门两侧凿开豁口修建了铁路，不复当年威严。讽刺的是，两年后，当初仓皇逃窜出城的慈禧太后，居然乘着凤舆，堂而皇之经永定门"凯旋"还京。到1937年8月8日，永定门再一次被异族的刺刀捅开，"膏药旗"如血般鲜艳。

以永定门城楼之雄伟，城墙之坚固，就算不是固若金汤，也是易守难攻。但是，它空有护城之志，徒有镇守之名，到头来却一次又一次让敌人的旗帜飘扬在自己头顶……永定门的历史告诉我们：永远安定凭借的不是防御建筑的雄伟，只有国家富强才可能万民安定。

3. 永定门课文印证

在补充资料《永定门的变迁》中有这样一句话："永定门是明清时从南部进出京城的通衢要道，位于当时中轴线的最南端，是外城的中央城门，在外城7座城门中是最大的一座城门。"为了印证这句话，我在参观了永定门城楼后又回家通过网络将其余6座城门的资料查询出来进行对比印证。

那6座外城城门分别两两相对，它们是：西便门、东便门、广安门、广渠门、右安门和左安门。(广安门城楼老照片)其中只有现在已经无存的广安门城楼与永定门高度相近，均为26米，其余如左安门仅15米，而最矮的广渠门城楼仅不到10米高，不足永定门城楼高度的二分之一。(永定门照片)如果说高度还有其他外城城门可堪比肩，那么永定门通宽24米，进深三间，达 10.50 米的宽厚程度显然在外城就独一无二了。其他城门都宽 10 多米，比永定门至少窄 10 米以上。可见文中内容的准确性。

4. 永定门实践感受

最开始学习《北京城的中轴线》时我并没有什么想法，文章里对中轴线的评价对我来说只是伟大、壮美这些早已学过的词汇。但当我真正站在永定门公园仰望永定门城楼的时候（实践合影），我才真正理解文章中为什么要用这样的词汇来形容。尤其是永定门城楼与其他要探访的景点不同，2004 年复建的它甚至比我还要小一岁。但也正因为如此，我更可以想见，当年永定门城楼刚建成时给予人的感官体验——壮观（永定门城楼）。对于现在的我们来说，二十多米的建筑也许不算什么，但对于住平房的古人来说，这无疑是雄伟壮丽的巍峨城楼。这样雄伟的城楼自然能够给人以安定感，相信当初嘉靖皇帝给它赐名时也是踌躇满志。然而，当我们组更多地了解永定门所经历的风雨，我却为它深深地叹息，它的雄伟挡不住内部的崩坏。我想只有更多的人如永定门城楼一样巍峨挺立，才能让我们的祖国真正永远安定。

钟鼓楼

1. 钟鼓楼故事

钟楼内原先悬挂的是一口不大的铁钟。皇帝觉得铁钟难看，声音又小又难听。于是，命工匠以 3 月为限铸一口让全城人都能听到钟声的铜钟。否则，所有工匠一律问斩。为了铸好这口大铜钟，工匠们天天早出晚归。但一个半月后，工匠们都发了愁。原来工匠们无论怎样都铸不成钟。当时的工匠头是一名叫华严的著名铜匠，他为铸钟耗尽了心血，回到家也是茶饭不思，整日唉声叹气。他女儿华仙心疼父亲，想帮助解决。

眼看期限只剩下几天了，钟再铸不成，所有的铜匠都要被斩。工匠们只见铜水在炉中翻滚，但几次取样老铜匠都摇头，眼见最后一炉铜水又要失败了。这时，只见华仙姑娘挤出人群，冲到炉边，对老铜匠说："爹爹！您忘了铸龙泉剑的故事了吗！这钟准是缺少灵性吧？"老爷子不由一愣。华仙见状，突然用手指着天说："您瞧天上是什么？"趁父亲抬头的时候，华仙姑娘纵身跳进了铜水炉内，在熔炉里化作了一团彩雾。老铜匠想抓却只抓住了姑娘脚上的一只鞋。他拿着鞋泪如泉涌，大伙儿也纷纷掉泪。正在这时炉内铜水翻滚，放出了特别的光彩。老铜匠强忍悲痛带领大家把大钟铸成，挂到了钟楼上。工匠们为纪念华姑娘为铸钟献身修了"金炉圣母铸钟娘娘庙"。目前该庙仅存遗址，但华仙姑娘的动人传说，却仍在民间流传。

2. 钟鼓楼介绍

10月份，我们小组和老师一起参观了北京的钟鼓楼，这一次实践之旅让我真正认识了这两座中国古代用来计时报时的建筑，更为它们的设计感到震撼（合影图）。钟鼓楼位于中轴线的最北端，到此北京城的中轴线就结束了。如果站在钟楼继续向北望，偏东就是安定门，偏西则是德胜门城楼（北京带有钟鼓楼和两座城门的局部地图）。视线如果好，我们大概能望到为2008年奥运会兴建的奥林匹克森林公园。当然，我们实践的那天云雾缭绕，从鼓楼向南望，连景山顶上的万春亭都是时隐时现的，更不用说看奥林匹克森林公园中的山水了（实践当天拍摄的雾气中的图片）。

虽然不能极目远眺，但钟鼓楼本身的魅力就已经对我有足够的吸引力。2座楼都高达40米以上，相当于15层楼高。鼓楼气势磅礴，三重檐，黑筒瓦，绿琉璃剪边，通高46.7米；钟楼秀美颀长，重檐歇山顶，上覆黑琉璃瓦，绿琉璃剪边，通高47.9米。（钟鼓楼的图片，两到三页）这2座建筑可以说是老北京最高的2座建筑了，仅城台就接近永定门城楼的高度了，可见其宏伟。里面安置着的钟王、鼓王（钟和鼓的图片，实践时拍摄），更是全国绝无仅有的宏伟设施，其制作的难度、工艺的精巧都可谓是古代工匠艺术的巅峰之作。

3. 课文印证

我们小组在进行实践活动之前，拿到的补充资料是耿玺超的《北京的钟鼓楼》和《再说北京的钟鼓楼》。我们细心阅读了2篇文章，发现它与其他的文章资料不同，不是典型的说明文，而更像是抒情散文中加入了一些说明内容。但就这不多的说明内容就有很多值得我们在实践活动中印证的。于是在大家的商量下，我们选择了以下的内容进行印证。

我们首先印证的是鼓楼的鼓。在文章中有这样的一段话（课文出现原文）。登上鼓楼，我们在大殿里见到了这25面鼓。当时正巧赶上击鼓表演，其他人都站在地上奋力击鼓，而中间那面大鼓却需要表演者站在一个台阶上才能够击到中心（中间击鼓人的照片）。我们绕着大殿走了一圈，看到了用篆字标写着二十四节气的小鼓，而大殿外的栏杆上也挂着二十四节气的介绍小牌（鼓的照片和栏杆处的小牌）。图片上展示的就是写着"立秋"的鼓。因为都是篆字，有很多我们还是询问老师才知道所写内容。

我印证的第二部分内容是"整个建筑结构强调了共鸣、扩音和传声的功能，在我国钟鼓楼建筑史上堪称独一无二"。（文字）我在实践活动结束后，立刻上网查询资料，研究了共鸣、扩音和传声的科学原理。下面请看一段视频（共鸣视频），可见空气柱的体积对共鸣传音有着重要的作用，所以钟楼的建筑结构用天井将钟的声道和传声融为一体，其内部空间恰好和巨钟产生了共鸣（钟鼓楼内部照片）。据称当年是"都城内外，十有余里，莫不耸听"。钟鼓楼建筑的壮美正是为了体现时间秩序的重要，也印证了梁思成先生"北京城的壮美秩序就在这中轴的建立中产生"一句。

4. 实践感受发言稿

众所周知，北京的中轴线是世界城市史上极为罕见的一条建筑艺术轴线。我们小组在钟鼓楼上就深切地感受到了这一点：钟鼓楼与周边的四合院、胡同、平房居住区成为古都风貌的重要组成部分，承载着大量的历史人文信息，代表了曾经一个时代的民俗文化特征，具有独特的人文价值（鼓楼和周围民居的照片）。

在实践活动中我感触最深的画面有 2 个，一是在我们刚刚登上鼓楼时，很巧击鼓表演开始了（击鼓表演的照片）。表演者们整齐而又卖力的演出让整个鼓楼大殿充斥着雄壮的鼓声，虽然是报时所用，却让我仿佛置身沙场一般，从内心涌出一股豪气。当时场面十分震撼，不仅我们，中外游客都纷纷拿出相机拍照录像，相信这个画面将成为每一位在场者记忆深处的一抹亮色。现在就请大家跟我一起欣赏一小段击鼓表演吧（击鼓表演的视频 30 秒左右）。

第二处让我感到欣喜和自豪的场景是在登钟楼前，鼓楼广场上有四个老北京围在一起踢毽（踢毽的照片），而当我们走下钟楼准备回家时发现，在这块小小的广场上又多了两圈踢毽的人群，而这新增的两圈人却无一例外都是外国人（外国人踢毽的照片）。看着他们生疏的脚法和欢乐的面容，我深深地为我们国家博大精深的传统文化感到自豪。它对于人的吸引力是如此的潜移默化又强烈深入。至今我脑中仍经常浮现这样的画面：传统的古建筑背景下，一群肤色、发色各异的人围站在一起，做着中国传统的体育项目——踢毽。这是怎样的一种感染人心的文化魅力啊！

"暮鼓晨钟"现已成为市民对老北京的记忆，钟、鼓楼在人们的心目中也已成为"老北京"的象征。但我相信，北京城的中轴线和它所代表的历史文化会一代一代传承下去的。

（适用于八年级，作者为李琛）

五、语文综合实践课的思考与实践

（一）语文综合实践课的描述和界定

语文综合实践课是语文学科教学与综合实践活动整合的一种新形式，是新课改的一个亮点。

它的核心概念是：在新课改的理念指导下，把综合实践活动的目标、内容、学习方式以及评价应用到语文学科教学之中，同时，语文学科教学使综合实践活动课程得到进一步的建设，教学资源、教学要素和教学环境整体化产生聚集效应，促进传统教学方式的根本改变，促使学生健康地发展。语文综合性实践活动不仅有利于学生在感兴趣的自主活动中全面提高语文素养，更是培养学生主动探究、团结合作的精神。

（二）要解决的问题

语文综合实践课解决的是语文课程传统文化内容不足、学生阅读量小、作文易写成"新八股"、学生缺乏想象力和创造力、学生解决问题能力差，以及传统教学局限于在校园、教室，单纯语文教学内容形式单一等问题。

（三）语文综合实践课实施的原则

1. 结合语文课标和教材

2. 结合学科特点

①知识层面：字音、字源、诗文等

②能力层面：要培养学生的语感以及对信息的把握

③情感方面：有思想，有感悟，有家国情怀等

3. 结合传统文化

4. 结合学校的发展理念

5. 体现学校特色

每个学校的实践活动一定带有各自的特点，没有学校办学理念的支撑，我们所做的活动就很单薄，没有依托感、高度，甚至是昙花一现，做着做着就做不下去了。我们每次活动总会把学校"以美立德"的办学理念拿来支撑活动。

6. 结合学校开展的活动

7. 结合语文学科和各学科的融通

跨学科跨学段的实践活动，一定要有一个统领活动的灵魂、主题。

（四）语文实践活动综合课的形式

学校和年级要有一个统筹和规划，总体设计形成一个系列：

1. 开设了传统文化课

2. 结合实践活动进行传统文化探究

每学期学校都会组织学生开展实践活动，比如"四进四艺"的活动，我们都可以把活动内容设计到语文实践课中。

3. 设计语文实践活动，学生在读、览、品中提升

初一学生先去读有关朱自清、老舍、鲁迅的作品，老师设计任务单，再由家长带领去游览老舍故居、鲁迅故居，学校组织去清华园观看朱自清塑像，学生抒发感受，比较读与览中对作者认识的不同。

4. 利用身边资源，让语文综合实践活动走向深入

卢沟桥是距我校最近的传统文化资源，学校就可以让每届学生都以卢沟桥的知识为内容，设计语文实践活动。

5. 开阔视野，真正让传统文化濡养精神

语文组着手设计并逐步实施这样文化之旅：以中小学各种版本的名篇为

依托，串起学生名篇之旅的线路，让学生在读中理解文章，在真实的情境中更进一步理解作品的内涵。在开阔视野的同时，真正让文化濡养精神。

（五）实施过程和方法

1. 实践活动前

（1）定内容。

内容尽量结合教材的内容，初一时学生较多的学习记叙文、散文，接触的大多是朱自清等大文学家，那我们就以他们为活动的内容，走近名人；初二课文里新增了说明文、议论文，比如中轴线的实践活动，就是依据课文里的《北京城的中轴线》一课，加上北京中轴线申请非遗的活动开展的。

（2）定目标。

依据活动的内容，让学生体会和学习实践活动的方法。

比如让学生从探访中轴线中，用印证的方法，体会北京城的风景美、建筑美、文化美，从而激发学生以美立德的家国情怀。

（3）定方式。

（4）定实践的具体细则。

活动之前，我们都给学生发一个任务单，让学生带着任务去实践。告诉学生实践中具体做什么。

如任务单会包括：①活动名称；②活动背景；③活动目标、意义；④活动时间；⑤活动人员；⑥活动内容；⑦活动建议：活动路线、活动要求、资源需要；⑧活动中应注意的问题及细节。

2. 实践活动中

（1）让学生做中期总结，总结自己实践所得的知识和方法。

（2）老师要教学生实践活动需运用的方法，老师会推荐一些文章和相关资料，既供学生总结时参考，又便于实地考察时相印证。

3. 实践活动后

（1）做手抄报，做交流。

（2）实践活动的内容延续。

不能只当成一个内容，要形成至少一个学期的系列活动，或研究，或学习等。比如，中轴线实践活动后，我们把期中考试试卷的主题定为"和"，在试卷中加进了中轴线的对称和谐的理念，从前面的字音到大作文思想统一，让学生感到语文实践活动与他在学校的学习息息相关。之后，学生去国博，又从宣传片中俯瞰了中轴线，对中轴线内容的理解再一次加深。这种语文学科知识结合实践不断延伸，有利于持续提高学生的语文综合素养。

（六）对实践活动的思考

我们以课题研究的形式，努力把综合实践活动的理念渗透到学科教学中，不断探索出一套切合本校实际、行之有效的语文综合实践活动课的途径与策略。语文综合实践课以改变学生学习方式、培养学生的实践能力和创新精神为重点，以提高教师对现有课程资源的开发、整合、运用能力为核心，促使学校不断突出办学特色，开展综合实践活动与学科整合的尝试和探索。

（适用于初中，作者为贾军）

第五节　传统文化视角下深入开展的语文综合实践

一、"子曰狮云"综合实践课程总述

（一）教学背景

狮子的形象在中国自古至今都备受推崇，无论是在建筑领域还是在民间绘画、雕塑和表演艺术当中，我们都可以欣赏到狮子的王者风范、威武气概和灵兽形象。令人敬畏的活的狮子在中国大地难于找到生存的空间，人们便以艺术形式加以崇拜，并且逐渐和中国文化相融合，形成特有的艺术品牌和艺术风格，极大地丰富了中国民俗文化的内容，也由此衍生出中国独具特色的狮文化。

北京有句歇后语："卢沟桥的狮子——数不清。"金、元、明、清，历经建桥、修桥，古桥一直横跨在永定河上，卢沟桥的狮子千姿百态，有的精致霸气，有的朴实沧桑，有些已经风化严重，有些依然神采依旧。从外貌上大致可以辨别出年代的差别，不同时代雕刻的狮子有着不同的外形特点。卢沟桥上的狮子已经成为卢沟桥的文化象征，结合多学科从中华传统文化视角进行学习和探究，对于更深层了解卢沟桥本身以及中国的狮文化等都很有意义。

（二）课题涉及学科及人员安排

课题领导小组：白沁文、任丽、赵松芝、王霞、李伟业、杨志红、刘魁。

中学部教师：语文（贾军）、历史（张雷）、美术（姚以）、政治（商卫红）、生物（郭玉杰）、英语（李伟业）、体育（周立新）。

小学部教师：语文（刘敬）、音乐（杜佳颖）、美术（王莹）、英语（宋媛）。

二、狮文化的内涵与意义教学设计

（一）学科内容分析

语文学科作为传承传统文化的重要学科，这次的研究内容将是对"狮文化"的意义和内涵方面做进一步的研究。通过上网查询资料，阅读有关文章，筛取重点词语、句子，学生将对"狮子"的本身的含义、寓意、所体现的精神做详尽的解读。让学生感受传统文化的魅力，加深他们对传统文化的认识，增强文化积淀。

（二）学生情况分析

学生之前已经开展过一次"走进卢沟桥"项目的申报启动会，并且两次零距离接触过卢沟桥，对前期所做的"卢沟桥三个时期形象变化"有一定了解。鉴于此，再次研究卢沟桥的狮子，将在认识上要有一个提升，对狮文化的内涵和意义有更深刻的认识。

（三）学科实践手段

实地考察、网上搜集、小组合作。

（四）学科活动目标

狮文化在中国已经传承2000多年，有不少的文学作品都对狮文化做了详细的描述，语文学科作为传承传统文化的主阵地，通过实践活动，学生能够借助意象解读狮文化的意义与内涵，领会传统文化的精髓，提升学生的语文素养，弘扬和培育学生的民族精神。

（五）实践活动过程

1. 实践活动前

在网络或者纸质媒体上查找有关狮文化内涵和意义的相关内容，搜集部分有代表性的图片，对前期研究描写卢沟桥狮子的文章进行补充、扩展。

2. 实践活动中

再次亲临卢沟桥，结合所了解的卢沟桥的诗文等资料做实地考察，再对查找的资料进行分析、筛选、解读、体会，进一步认识卢沟桥狮文化的内涵和意义。

3. 实践活动后

对观察的资料和网上搜取的资料，以及所学课文的内容做筛取、提炼、加工，以解读文本、展示作业的形式体现。

4. 活动预期成果

学生对"狮文化"有更深的了解，能够通过活动，运用语言、文字的展示，解读传统文化，并运用到实践当中。

（六）活动效果评价

1. 文化知识

（1）了解中华民族的辟邪驱恶的吉祥物——"狮子"。

（2）了解狮子传承着吉祥如意、平安祥和的寓意。

（3）了解狮子是守护神、尊严和地位的象征。

（4）了解狮子是保卫我们家园的战士。

（5）了解狮子是中华民族精神的体现。

2. 实践能力

通过上网查询资料，阅读相关文章，筛取相关信息能够对"狮子"的含义、寓意、体现的精神方面进行解读，培养学生研究的意识。

3. 情感态度

让学生能够喜欢狮子，从而激发学生对于传统文化，尤其是"狮文化"的进一步了解，提升学生的语文素养，弘扬和培育学生的民族精神。

（适用于跨学段，作者为贾军）

三、小学段狮文化综合实践教学设计

（一）与语文学科相结合"做个狮人"

1. 学科内容分析

由卢沟桥文化延伸的狮文化，在中国已经有2000多年的历史了。自西汉以来有很多的文人墨客对其进行吟诵，溢美之词不吝笔墨。民间更是把狮文化发扬光大，融入百姓的生活中。2000多年以来已经形成了中国独特的狮文化。狮子精神更是被人们所推崇。当今时代是一个充满机遇和挑战的时代，人们渴望个人成功，期盼国家富强，狮子的这种精神使我们从容面对各种危机，使我们更加坚毅、果敢、无所畏惧。

2. 学生情况分析

学生在语文教材中与狮子已经有过接触，如：一年级下册的《两只小狮子》、二年级上册的《小狮子》、二年级下册的《卢沟桥的狮子》等，学生对狮子的形象有一些初步的认识。但这相对于狮文化来说还是粗浅的，学生需要系统地通过自己深入实践，查、找、看、比、写，感悟狮文化。另外，现在学生比较娇气、任性，缺乏狮子精神。

3. 学科实践手段

查资料写任务单、走访、写感受、创儿歌等。

4. 教学目标

（1）知识与能力：

收集中国狮文化的资料，交流并了解中国的狮文化。

（2）过程与方法：

自主学习中国狮文化内容，小组交流，提出问题。班内讨论，深入了解中国狮文化。

（3）情感态度与价值感：

通过学习，产生热爱中国狮文化的情感，懂得在面对危机和困难时，要做个"狮人"——坚毅、果敢、无所畏惧。

5. 实践过程

（1）实践活动前。

①填写任务单对中国狮文化有初步认识。

"子曰狮云"实践活动任务单

班级：   姓名：

活动前期
1.生活中，你在哪些地方见到过狮子的形象？ 2.狮子在中国已经有两千多年的历史了，狮子已经与中国文化密不可分，请你按以下三方面调查中国的狮子文化。 1）宗教　2）政治　3）民间 3.你觉得狮子的精神是什么？

②组织学生到卢沟桥、天安门、南锣鼓巷等地，实地感受狮子。

（2）实践活动中。

①针对任务单，课上进行中国狮文化的交流，加深对狮文化的了解。

②说一说对中国狮文化有什么新的认识。

③写一写通过学习对中国狮文化有哪些感受。

④谈谈对"狮人"的理解。说一说你知道的"狮人"。并说一下自己的

感受。

⑤创编歌词、儿歌进行朗诵。

（3）实践活动后。

通过学生后续对狮文化的学习和体验，更加了解狮文化，感悟狮子的精神，做一个坚毅、果敢、无所畏惧的"狮人"，更加热爱祖国。

（二）与美术相结合"美画石狮"

1. 学生情况分析

六年级学生们的美术基础不相同，对美术知识、技能的掌握程度也不同。大部分学生对色彩有辨别能力，把握物体形状的能力很强，乐于动手，对手工制作充满了极高的热情，对美具有较高的欣赏能力。

2. 学科实践手段

（1）搜集材料。

（2）实地参观。

（3）创作作品。

3. 教学目标

（1）知识与技能目标：

了解中国的狮子文化历史，掌握表现石狮的绘画方法和技巧。

（2）过程与方法目标：

通过自主创作有关狮子造型的线描画等，学习石狮文化。通过自主创作和临摹狮子造型等形式，表现中国石狮的美感。

（3）情感态度与价值感目标：

感受并了解中国民间狮子的应用意义。传承民族精神，加强孩子热爱中国的传统文化艺术，以及懂得在面对危机和困难时，要像狮子一样的坚毅、果敢、无所畏惧。

4. 实践过程

（1）实践活动前：

①填写任务单，对中国狮文化有初步认识。

"子曰狮云"实践活动任务单

班级：　　　　姓名：

活动前期
1. 生活中，你在哪些地方见到过狮子的形象？ 2. 搜集有关狮子形象的图片，拍成照片欣赏。 3. 你觉得狮子具有哪些精神？

②组织学生到卢沟桥、天安门、南锣鼓巷等地，实地感受狮子。

（2）实践活动中：

①展示自己的作品（版画、线描、剪纸）。

②介绍自己的创作经历。

③教师点评。

（3）实践活动后：

通过学生后续对狮文化的学习和体验，感悟狮子的精神，通过各种艺术形式的体验，加强孩子对中华传统文化的了解、学习和探究，从而达到让孩子们更深层次的了解卢沟桥本身以及中国的狮文化的意义。

①学生通过自己搜寻狮文化的资料，了解中国的狮文化，并形成自己的理解，培养学生自主学习能力。

②学生所创作的美术作品为实践活动中的展示的作品和展示册里的美术作品。

③使学生理解并热爱中国传统狮文化，愿意更进一步学习狮文化。

（三）与音乐学科结合"唱跳石狮"

1. 学生情况分析

参加此次的学科研究，承担表演的学生，前期在音乐教材中与狮子已经有过接触，例如三年级上册的《北京的桥》、三年级下册的《卢沟谣》。并且在学校组织的各项实践活动中都参观过卢沟桥，了解卢沟桥和"石狮"的相关资料，对于"石狮"的神态和动作能模仿，有自己独到的理解。另外，这些学生都是长期在我校参与各项活动的主干力量，不仅受过专业、系统的学习，而且还具有丰富的舞台经验。虽然孩子们在教材和活动中都学习过有关狮子的知识，但是这些对于"说、演、唱、跳"的综合表达，还需要更深入的了解和学习。

2. 学科实践手段

（1）搜集材料；

（2）实地参观；

（3）编写歌词；

（4）创编舞蹈。

3. 教学目标

（1）知识与技能目标：

了解中国的狮子文化历史，掌握表现石狮的表演技巧。

（2）过程与方法目标：

通过自主创编有关狮子的歌曲歌词和相关舞蹈，学习石狮文化。通过"说、演、唱、跳"等形式，表演出中国石狮的美感。

（3）情感态度与价值感目标：

感受并了解中国民间狮子的文化意义。传承民族精神，加强孩子热爱中国的传统文化艺术，以及懂得在面对危机和困难时，要像狮子一样的坚毅、果敢、无所畏惧。

4. 实践过程

（1）实践活动前：

①搜索有关中国石狮的相关资料，如歌曲、舞蹈、诗词等，鼓励学生通过资料进行自主创编歌词和舞蹈，进行二次创造。整合学生的创编，组织排练表演。

②组织学生到卢沟桥，实地感受狮子，实地表演。

（2）实践活动中：

①学生自己创编歌词的《说唱狮云》：

《说唱狮云》

那一天爷爷领我去把狮子看，

看见那石桥上面狮子真奇怪。

形态各异威风凛凛的脸，

仰天长啸一声喊：

哇呀呀呀呀，

好像炸雷，震天动地真像在耳边。

威武的雄狮似铁塔，

犹如天狮云端下。

淘气的幼狮，

端详的雌狮，

神奇又活现，

美佳佳——啊——啊！

②学生创编配乐诗朗诵，学生练习二胡演奏《卢沟谣》。

③学生创编有关狮子的舞蹈《滚绣球》。

（3）实践活动后。

通过学生后续对狮文化的学习和体验，更加了解狮文化，感悟狮子的精神，通过各种艺术形式的表演，加强孩子对中华传统文化的了解、学习和探究，从而达到让孩子们更深层次了解卢沟桥本身以及中国的狮文化的意义。

（四）活动预期后果

1. 理解中国的狮文化，产生热爱中国狮文化的情感。

2. 搜集学生作业，整理成册。

3. 学生有感而发创编的有关"狮文化"的诗和歌谣整理成册。

4. 进行创编比赛，并在年级中展示朗诵成果。

5. 学生通过自己搜寻狮文化的资料，了解中国的狮文化，并创编出自己的理解，培养学生自学习惯。

6. 学生所创编的歌曲、乐曲、舞蹈，排练为实践活动中的演出节目。

7. 学生所创作的美术作品为实践活动中的展示作品和展示册里的美术作品。

8. 使学生理解并热爱中国传统狮文化，愿意更进一步学习狮文化。

（五）活动效果评价

1. 文化知识

了解中国的狮子文化历史，感受中西方的不同，了解狮子在民间的应用意义。

2. 实践能力

根据中国狮文化，能够创编有关狮子的歌谣、儿歌、舞蹈、美术作品等。

3. 情感态度

热爱中国传统狮文化，愿意更进一步学习狮文化。懂得在面对危机和困难时，要做个"狮人"——坚毅、果敢、无所畏惧。

（适用于小学高年级，作者为刘敬、王莹、杜佳颖、王欣）

四、"子曰狮云"跨学科、跨学段展示课

（一）设计理念

跨学科、跨学段的校本教研已经成为新课程改革中一种新的教研模式。这种模式有助于形成不同学科之间的优势互补，特别是对九年一贯制学校，实现学科已有教学方式方法之间的大融合，有助于教师的相互学习，可以促使教师了解不同学段的目标及要求。

（二）设计思路

1. 与时俱进，借北京成功申办 2022 年冬奥会的契机，给"走进卢沟桥"课程提供更灵活多样的方式。

2. 围绕为冬奥会设计吉祥物的内容，串接各学科的内容。

3. 按照"狮中有画""狮中有话""狮中有化"的暗线，贯穿"狮子"的精神，即"狮魂"。

4. 师生共同完成研究任务。

（三）课的结构及步骤

三大板块（递进、分总）：

1. 狮中有画（图画）
2. 狮中有话（话题）
3. 狮中有化（文化）

（四）各学科研究和展示内容的初步设想

语文：狮文化的内涵与意义。

历史：不同历史时期狮文化的变迁与异同。

美术：版画等各种美术形式表现狮子形象。

生物：狮子的生物自然属性。

政治：中西狮文化异同对比。

英语：中西狮文化异同对比。

音乐：介绍和赞美卢沟桥狮子的歌谣、舞蹈。

体育：表现狮子特征的舞狮。

（五）实施过程

1. 情景导入

同学们，每一项课题的研究不仅要了解研究内容的历史文化知识，还要能够与时俱进，让课题研究关注现在，憧憬未来。"走进卢沟桥"的课题研究已经进行大半年了，卢沟桥石狮子的形象带给我们师生太多的思考，也带给我们很多的希望，而今这一形象已不仅代表卢沟桥，还代表丰台、代表北京。在我们心中，它已然成为一种文化，代表着中华传统的"狮文化"，"走进卢沟桥"课题研究又进入了一个崭新的阶段——"走出卢沟桥""走出北京""走向世界"，我们的课题研究的意义正在升华，今天就开始我们的子课题"子曰狮云"研究展示活动。

同学们，记得这样的一个日子吗？2015年7月31日是全中国尤其是北京人民欢庆的日子，这一天北京获得了2022年冬季奥运会的举办权。尽管现在离 2022 年冬奥会举办还有 6 年时间，但是作为北京人，我们一定要为冬奥会做些贡献。大家知道每届奥运会都会设计一个吉祥物，我们"子曰狮云"的课题又有了新的研究内容，希望为冬奥会设计一个以狮子为形象的吉祥物，为此同学们也积极地开展研究，献计献策。下面各组同学展示我们这次专为冬奥会主题进行的研究展示，说说设计"狮子"吉祥物的理由。狮子作为奥运会吉祥物的推荐形象，首先让我们先来了解一下。

2. 各学科成果展示

【生物学科】

链接生物学科学生成果展示。

结论：狮子在生物界可谓是"百兽之王"，在它身上体现着王者风范。在它身上的那种"威严的，有力量的，勇敢的保护弱者"的特性可以体现奥运的"相互了解、友谊、团结和公平竞争的精神"。所以从生物学的角度上，我们认为"狮子"形象是符合奥运精神的。

狮子，在中国与传说中的龙、凤、麒麟并列为四大灵物。虽然"狮子"是"外来"的事物。但是两千多年以来，它的形象已经深深印在中国人民的脑海里，深深地扎根在中华传统文化的沃土之中，承载着中华民族传统文化。作为奥运会吉祥物的推荐形象，它具有着中华民族传统文化的特质。

【语文学科】

（1）追根溯源

从汉字的演变来看：狮，犬生二子。——《广韵》

《尔雅·释兽》称之为狻麑（suān ní）。第一次描述了这种动物即狮子也。汉顺帝时疏（shū）勒王来献犎（fēng）牛及狮子。所献狮子，似虎，正黄有耏髯（ér rán），尾端茸毛大如斗。

《正字通》狮，牡者有耏髯，尾大如斗。怒则威在齿，喜则威在尾。每一吼，百兽辟易。一名白兽。又《广韵》犬生二子。

结论：

从记载看，狮子是相貌凶猛、勇不可挡、威震四方的百兽之王，被视为瑞兽。

（2）理解意象

①"狮子"是我们中华民族辟邪驱恶的吉祥物。

狮子取代老虎称为"百兽之王"，大约在东汉时期传入中国，随着佛教的广泛传播，狮子也成为人们信仰中的一种图腾，被视为辟邪驱恶的吉祥物，并与龙凤攀附在一起，成为威镇八方、唯我独尊的王权与胜利的化身。早在北魏时期，狮子作为"辟邪"的圣物就得到尊崇。因此，人们在修建宫殿、陵墓、桥梁、府第及房屋建筑时，总喜欢安放上栩栩如生的石狮子。

龙之五子狻麑，形似狮子，平生喜静不喜动，好坐，又喜欢烟火，因此佛座上和香炉上的脚部装饰就是它的形象。文殊菩萨的坐骑是虬首仙的青狮，其形象在供奉文殊菩萨的寺庙中均可见到，被视为降妖除魔的瑞兽，它经常跟着文殊菩萨云游四方、普度众生。

②狮子又表现出智慧的力量。

狮子的喉软骨发达，吼声大，传播远，具有特别的威慑力，所以狮子以吼声来宣示领地或庆贺胜利，表现出一种无所畏惧的气魄。佛教认为，唯有智慧威猛，方能无畏。所以佛经中又以狮子的威猛比喻智慧的力量，能作"狮子吼"，即是佛之智慧的外现。

（3）诠释文化

①狮子一直传承着吉祥如意、平安祥和的寓意。

民间石狮的传说可以说是无穷无尽，却都和吉祥、喜庆紧紧相连。在内地古镇，有这样耳熟能详的民谣："摸摸石狮头，一生不用愁；摸摸石狮背，好活一辈辈；摸摸石狮嘴，夫妻不吵嘴；摸摸石狮腚，永远不生病，从头摸到尾，财源广进如水流。"石狮被奉为"中国人的守护神"。石头本来是冰冷没有感情的，可用石头雕刻的狮子却一直传承着吉祥如意、平安祥和的寓意。

②狮子是守护神、尊严和地位的象征。

石狮既能作为艺术装饰的守卫之神，又能显示主人身份的高贵。一般门东边的狮子，脚边踩一只绣球，象征威力，为雄狮，俗称"狮子滚绣球"；门西边的则脚下抚一只幼狮，寓意子孙昌盛，为母狮，俗称"太狮少狮"，这已成为一般建制。但是，狮子头部的鬈毛疙瘩却不得随意雕刻，鬈毛疙瘩的数目，是象征封建官府等级的标志，其数量越多，则主人官位品级越高。一品官或公、侯等府第前的石狮头部有十三个鬈毛疙瘩，谓之"十三太保"，一品官以下的石狮鬈毛疙瘩，则要逐级递减，每减一品就要减少一个疙瘩，七品官以下人家的府第就不准安放这种石狮。狮子的形象在中国可谓已经形成了独特的"狮文化"。

小结：由此我们可以相信：狮子虽然是外来之物，但它的形象已经融入了中华民族文化之中，成为中国老百姓崇尚的图腾、寄托的信仰，是中华民族文化的代表，它是可以代表我们中国作为奥运吉祥物的。

（过渡）奥运会是世界的，也是民族的。狮子不仅承载着中华民族博大精深的传统文化，同时它也见证了中华民族近两千年的历史。尤其是卢沟桥的这些石狮子……

【历史学科】

链接历史学科学生成果展示。

小结："狮子"是坚毅的、勇猛的，在中华民族的历史上它是保家卫国的战士，在现在和将来，它也会继续为中华民族做出很大的贡献。

（过渡）多么厚重的历史，虽然"七七事变"仅仅只是历史长河中的很小一段历史，作为奥运会推荐吉祥物，却能够体现中华民族应英勇无畏的精神。

从历史中走来，狮子的形象已然成为家喻户晓的形象，无论是大人还是孩子，无论是在中国还是在国外。"美哉，我中国狮，与国不朽。壮哉，我中国狮，与天同存。"听：小学部的同学们要跟我们说：

【小学展示】

小结：正如孩子们说的：狮子是"百兽之王"，在中国这么受推崇，他的地位甚至比土生土长的老虎都高。足见我们中华民族对狮子的自强不息、锐意进取，意志坚定、勇往直前，专注目标、全力以赴，忠诚团结、睿智果敢精神的崇拜。这种精神正是奥运会所需要的。

（过渡）千年的历史一页一页地翻过去，人类文化的历史长河里，狮子不仅仅是动物，而且也是一个覆盖欧亚大陆的文化符号，它是民族的，更是世界的。

【英语学科】

链接英语学科学生成果展示。

（过渡）英语学科的同学们可谓是从外国人的眼光看狮子的形象，展示狮文化，让我们知道了中西方文化的不同，下面就有请政治学科的同学们从国人的角度再来解读一下中西方文化中的狮文化。

【政治学科】

链接政治学科学生成果展示。

从中西方文化中对狮子形象的解读来看，狮文化不仅有着中华民族的文化积淀，更有着广泛的世界文化的基础。狮文化有不同的理解，但是狮子的精神却是相同的。奥运会也何尝不是一个体现在不同之中求大同的文明盛会呢！

（过渡）曾经叱咤风云的法国皇帝拿破仑与曾是英国外交官的阿美士德有过这样的一段对话，阿美士德说："中国表面强大的背后是泥足巨人，很软弱。"但拿破仑认为，中国并不软弱，它只不过是一只睡眠中的狮子。"以今天看来，狮子睡着了连苍蝇都敢落到它的脸上叫几声。"拿破仑接着说："中国一旦被惊醒，世界会为之震动。"这句话出自拿破仑之口后，产生了极强的轰动效应，"一只睡着的狮子——中国"迅速传遍了欧洲和世界。

（过渡）如今这头沉睡的狮子已经醒了，正以势如破竹的气势驰骋世界。醒狮不仅是一种形式，更是中华民族艺术的魅力和自强不息的精神。这不正是奥运精神的体现吗？

【体育舞狮】

链接舞狮展示。

小结：多么有气势的舞狮，作为吉祥物它又有了更为创新的理由：以前奥运会的吉祥物一般是个玩具，而把狮子作为吉祥物则可以动态地表现出来。

（过渡）由文化的传承到保家卫国的战士、由民族信仰到东西方文化的符号，狮文化无不体现着狮子的自强不息、锐意进取，意志坚定、勇往直前，专注目标、全力以赴，忠诚团结、睿智果敢的精神，同学们，它的这些精神是不是很符合奥运精神呢？我们有太多的理由相信，狮子的形象可以代表中华民族的精神，可以作为奥运会的吉祥物。到此，我们是不是都很期待这个吉祥物的形象呢？下面就让我们来看看美术组的同学以狮子为原型设计的奥运吉祥物形象。

【美术设计】

链接美术学科学生成果展示。

同学们设计的形象好不好？这不禁让我想起北京奥运会，曾经设计的 5 个福娃吉祥物。今天看到同学们也设计了好几个形象，除了这些，我们是不是也可以设计出几种姿态的狮子呢？

（过渡）狮子的精神，狮文化的精髓我们了解了，形象我们也设计出来了，我们还需给奥组委写一封推荐狮子作为奥运吉祥物的推荐信。

【写推荐词链接语文学科】

格式：

①标题。可以写，也可省去不写。

②收信单位（或个人）名称。

③正文。所推荐者（狮子）的特点，推荐的理由（课题的内容、狮子的精神与文化），形象设计的名字、理念与意义。

④推荐单位（或个人）名称。

⑤日期。

3. **提升与感悟**

今天同学们从各自学科研究的角度展示了自己一年来的研究成果。可以说，同学们做的很出色，尤其是为冬奥会这个专题做的研究就更为出色。可以看出同学们的努力与付出，辛苦之余肯定有很多的收获，现在我想听听这一年来大家的心路历程、研究感受。

4. 课程总结

同学们都从各自的体验谈了自己一年来课题研究感受，从狮子所传达出的信息、表达的形象，认识了狮文化，"狮中有画、狮中有话、狮中有化"，进而了解了中华民族的传统文化和我们民族的生活态度及生活理念。同时借奥运会的主题也表达了我们的心愿。不管结果如何，"走进卢沟桥"的课程，让同学们能够学习狮子的精神，做一个"狮人"，丰富了同学们的知识与精神世界，同时也让同学们提升了从多角度看待问题、辩证分析问题、清醒解决问题的能力，完善了同学们的价值观取向，提升了审美情趣。我想这应该是我们课题研究的终极目的。

（适用于跨学段，作者为贾军）

五、初识"卢沟桥"，发现桥之美

（一）活动目的

活动过程中，培养家国情怀，从学生文明礼仪、行为习惯入手，提高学生自主管理意识；在课程参与中引导学生了解传统文化知识，培养勤于观察、善于思考的学习习惯，提升综合素养和实践创新能力。

（二）活动背景

《义务教育语文课程标准》中指出：语文课程是实践性课程，应着重培养学生的实践活动能力，在实践中体会、把握语文规律。拓宽语文学习和运用的领域，使学生在不同内容和方法的相互交叉、渗透、整合中开阔视野，提高学习效率，养成现代社会所需要的语文素养。

本次"四个一"走进抗战馆教育实践活动，帮助引导学生了解革命历史，继承革命传统，传承红色基因，培养家国情怀。

学生在活动过程中，在课程参与中引导学生了解文化传统知识，培养勤于观察、善于思考的学习习惯，提升综合素养和实践创新能力。

（三）学情分析

学生来自不同班级，兴趣爱好各有不同，对本区附近资源卢沟桥都比较熟悉，小学也学过一篇课文《卢沟桥的狮子》，但是对卢沟桥之美了解比较少，需要进一步查找资料、观察，指导提升，才能完成任务。

（四）活动的过程

1. 活动准备

根据自己的兴趣爱好分组：结构之美组，桥面及石狮子之美组，桥与河之美组，相关胜景之美组，相关诗文之美组。

2. 各组到卢沟桥，实地观察

数一数桥上的石狮子，观察一下石狮子有几种形状，踩一踩桥上的石板感受下历史的沧桑，看一看联拱石桥的结构，读一读桥头的石碑石柱的文字，了解相关历史，感受一下卢沟桥周围永定河的景物的和谐。

3. 分组完成任务，初步交流，每个人撰写走进卢沟桥的感受

4. 进行小组交流展示

卢沟桥的结构美

墩下面呈船形，迎水面砌作分水尖，外形像一个尖尖的船头，可以抗击流水的冲击。出水一面砌成流线型，形似船尾，可以减少水流对桥孔的压力。

桥拱上采用框式纵连式砌拱法，使整个桥拱组成一个紧密的整体。中心桥孔及两侧刻有吸水兽，具有压制洪水、防洪泛滥的寓意。在桥墩、拱券等关键部位，以及石与石之间，都用银锭锁连接，以互相拉联固牢。

卢沟桥的石狮子姿态各不相同。狮子有雌雄之分，雌的戏小狮，雄的弄绣球。有的大狮子身上，雕刻了许多小狮，最小的只有几厘米长，有的只露半个头，一张嘴。因此，长期以来有"卢沟桥的狮子数不清"的说法。据统计，望柱上有大石狮281个，小石狮211个，桥上石狮共492只，桥东端还有顶着栏杆的石狮，左右各1只。

卢沟桥的景色美

我倒是觉得，向晚的卢沟桥，别有一番韵味。夕阳下，河面浮光跃金，流光溢彩。两岸垂柳依依，轻抚永定河堤；蝉鸣声声，时有飞鸟掠过，平添了几分寂静。漫步桥上，脚下石板，满含着沧桑的印记。白色的桥柱，孔武的雄狮，正诉说着千年的传奇。我轻轻地抚摸着桥头乾隆皇帝亲题"卢沟晓月"的碑亭，仿佛听到了日寇隆隆的炮声，仿佛看见站在碑亭前日本魍魉狞笑的合影。此时，我的心中有一种撕裂的疼痛和伤感。好在，硝烟已经散去，卢沟桥畔又重新焕发出勃勃生机。永定河水，清流奔腾；卢沟桥上，游人如织。这真是："往昔卢沟月朗，八年驱虎豹；今朝永定河清，百里走龙蛇。"一座桥，奉献了满目锦绣，见证了沧桑巨变，也承载了家国情深。

卢沟桥的狮子美

石狮子，是中国传统文化中常见的辟邪物品，以石材为原材料雕塑成狮子的形象，是具有艺术价值和观赏价值的雕塑品。石狮子也是中国传统建筑中经常使用的一种装饰物，在中国的宫殿、寺庙、佛塔、桥梁、府邸、园林、陵墓及印钮上都会看到它。其造型并非我们现在所看见的狮子，可能是因为中土人士大多没有见过在非洲草原上的真正的狮子，但也有说法是西域狮与非洲狮体态不同的缘故。

有的狮子好像在仰望星空，寻找什么；有的大狮子的手放在小狮子身上，就好像母亲在无微不至地照顾孩子；还有的面部严肃，就好像发生了什么不得了的大事似的，令人气愤。这样的深情与这样的身姿配合在一起，我竟然看不出有一丝丝的违和感。

刚刚上桥的时候，我感觉到了有一些滑，差一点就摔着了，就观察了一下地面，看了看，地面并不是平坦的，而是有一点点的陡峭，那个时候我的脑海里出现了很多的画面，不知道以前是有多少人从这里经过，又有多少的风风雨雨，在这桥面上被冲刷、被洗涤，我想，一定发生过很多很多吧。

第四章 绝知此事要躬行——阶梯式语文综合实践活动

关于卢沟桥的诗歌

沁园春·七七卢沟桥怀古

毛泽东

永定西来，历尽尘沙，犹自怒喝。看宛平残壁，弹痕如雨；望中犹现，烽火连坡。大枣山前，似曾听见，战火硝烟燃铁戈。八千里，被魔蹄踏破，锦绣山河。英雄洒泪几何。更多少头颅抛热血。赞中华儿女，长缨在握，驱除虎豹，誓卫家国。未料今朝，钓鱼边岛，魍魉频将鬼掌磨。须何日，倚天凭利剑，去斩阎罗。

诗句感受：

写了在当时，我们中国受尽屈辱，在祖国最困难的时候，是一些正直勇敢、勇挑重担的人，为祖国奉献出自己的力量，奋勇抗战，英勇杀敌，抛头颅，洒热血，表现了当时英勇的战士，不惜一切去保卫国家，保卫人民。告诉我们今天的生活是来之不易的，我们要好好珍惜生活！

临江仙·忆"七·七"

张正皋

满腔怒火忆"七·七"，倭寇野蛮入侵。
卢沟桥畔起枪声。生灵遭涂炭，遍地起狼烟。
八年鏖战惊环宇，九州多是豪英。
军国主义赴黄泉。嗤跳梁小丑，振民族精神。

诗句感受：

回忆七七事变，日军贪婪地想要占领中国，给中华民族带来了巨大的创伤。我们中华民族团结抵抗外敌，历经八年之久，最终取得了胜利！这证明了中华民族出英雄！

卢沟桥的烙印

历史像一场长长的梦，
登空驾云，高山低谷，

意态万千，争奇斗妍，
奇特的梦幻，数不胜数，
但都是为了幸福的明天，
总不愿在梦乡中逍遥、白白的飘舞。
啊，我梦见了，梦见了——
卢沟桥这八百多岁高龄的历史老人，
手挽狂澜，忍受着硝烟弥漫的侮辱，
六十年前的风风雨雨，它不畏刀枪剑影，
六十年前的惊涛骇浪，勇往直前不迷路！

诗句感受：

卢沟桥早就闻名世界。元朝时，有一个意大利人马可·波罗来过中国，他的游记里，十分推崇这座桥，说它"是世界上独一无二的"，并且特别欣赏桥栏柱上刻的狮子，说它们"共同构成美丽的奇观"！今天，当我们走在民族复兴的道路上，我们应当谨记团结奉献的抗日精神，把满腔的爱国情怀化为学习和工作的动力，为中华民族伟大复兴而奋斗。我们不能忘记那段历史：落后就要挨打。

（五）活动成果

本次活动，借助"四个一"活动，利用有价值的资源让学生去观察实践、体验感悟，在查找资料中完善知识，提升认识，在合作交流中锻炼学生的沟通、交流能力，学生获得听说读写等多方面的收获。同时在区级展示交流中，获得区校领导和兄弟学校的好评，学生李菲菲朗读《我是卢沟桥》曹灿杯市级比赛中获最具潜质奖。

师：这个学期，我们年级组织了初识卢沟桥的实践活动，让我们走进卢沟桥，我们发现了它精致的外观美，严谨的结构美，感受到它厚重的历史文化美，情怀美。它凝聚了一段胜利与失败的铁血回忆，七七事变发生在这里，人民的保家卫国的情怀由此而生，古老而又质朴的它，拥有着一份不同寻常的美。无数文人墨客讴歌它的美，请欣赏当代著名剧作家、文学家、诗人苏叔阳的诗《我是卢沟桥》。

第四章　绝知此事要躬行——阶梯式语文综合实践活动

我是卢沟桥

一

是的　我是卢沟桥
我就是那历经千年风雨
也未曾垮掉
用石头铺就铁链串起的
联拱的大桥

十七孔桥洞下任永定河水
浊浪滔滔
三百米桥面上让历史辰光
飞驰奔跑

我见过金元明清曾有多少顶
皇冠落地
我听过辛亥革命和新中国诞生
那嘹亮的军号

曾有无数商贾贩夫举子秀才
匆忙地踏过我这古老的石桥
豆青色的晨雾和朦胧的月光
把纷杂的脚印镌刻在我的走道

二

是的　我是卢沟桥
我有资格告诉世界
那个夏天夜晚和凌晨的故事
要用鲜血
写进中华民族的史册
要用钢刀

刻在共和国的每一块界标
1937年7月7日
这个永远发烫的日子
当夏夜的繁星笼罩着宁静的宛平
城外忽然闯来一队凶残的日本兵
借口寻找一个演习失踪的士兵
硬要进入睡梦中的宛平城
在遭到应有的拒绝之后
日军发起了对卢沟桥的进攻

三

是的　我是卢沟桥
我连接了太多的泪水和欢笑
我喜欢今天所有明亮的日子
润湿了睫毛的爱情
相顾无言的倾诉
都在我不老的心中扫描

但是我告诫我自己
那些悲惨的往事不能忘记
被人欺凌的岁月刚过去不久
中华民族依然是最危险的时候

在有血有肉的大地上出生的我们
做战胜无数挫折的先辈们的子孙
注定了要一生睁大眼睛
不让祖国的江山消瘦一寸一分

听取赞歌的日子还很迢遥
这短暂的和平与安宁
这刚刚迈出一小步的辉煌

真不值得我们低廉的骄傲
"大同世界"是我们奋斗的理想
终生的长征就该是我们的目标

不错　我们有"卢沟晓月"
这风景会让你一生品味
在星月晨昏与山峰云海的交融中
幽思无尽　神魂逍遥
这大自然美景中的禅意
让人忘却世间的诸般烦恼

我想做一架人们心灵之间的金桥
让人们的心意彼此知晓
不要有那么多诡计
不要那么多的造谣
让真诚成为赞美的美德
"己所不欲，勿施于人"成为万世的信条

我多想做一架连接世纪的金桥
让贫穷连接富饶
把苦恼通向欢乐
把"和而不同"的信条
撒向天涯海角

但我知道
想做霸主的蠢货也有不少
总想把我们"围剿"
我要借诗人的号角
向世界宣告
梦想欺负我们的人来吧
我们有永不生锈的枪炮。

师：说到美，我们语文组这次实践活动的题目便是去感受"桥之美"。这座百年老桥，美的地方太多。看，光是桥两边那数也数不清的狮子就给这桥添了几分庄严的美感。这些狮子可是文人墨客最爱描绘的，一看到他们，仿佛便想起了小学课本上那句："卢沟桥的狮子——数也数不清。"下面请同学为我们带来关于卢沟桥的美文以及感悟。

桥之美——卢沟桥的结构

朱鸿佳

我们年级在晴空万里的下午来到了卢沟桥，我惊叹于她的造型优美、结构精巧、历史悠久，当天写下这首小诗，抒发我的感受，现在与大家分享：

啊！卢沟桥！一座拥有着许多故事的桥！
行走在坎坷不平的桥面上，
"瞧！这是马车痕！"
"看！那是人走平的！"……
此起彼伏全是破解历史留下痕迹的声音。

一阵微风吹过，
把我的思绪带到金朝，
看见许多民工在辛勤地搬运石块，
他们将汗水一滴一滴地滴在石块之间。

又是一阵微风，
把我带到了明朝，
听到皇帝们下令将桥修缮，
民工们将石锤一下一下地砸在桥上。

微风仍不停止，
把我带到了清朝，
看到乾隆亲自提笔的"卢沟晓月"，

他将四字一撇一捺地书写下来。

微风还不罢休,
把我带到了"七七事变"的现场,
闻到日本侵略者罪恶的硝烟,
他们将炮弹一颗一颗地射向军民。

微风将我送了回来,
桥两边石栏上的石狮子向我呐喊:
胜利来之不易!
天下并不太平,
要警钟长鸣,
要努力学习!
只有这样,
国家才能富强!
民族才能昌盛!

卢沟桥,一座让人永远奋进的桥,同我们展望着未来……

游卢沟桥,观抗战纪念馆有感

李菲菲

卢沟桥,你涉过漫长的岁月,
历尽沧桑,
横跨在永定河上。
那"数不清"的石狮虽然披上了岁月的风霜,
但形态依然是那样的顽强健壮。
每一个石狮,每一根石桩,
都凝聚着打扮梳妆,迎来送往;
夜晚,你伴着北斗星光,忧国哀伤。
卢沟桥,你是昨天和今天沟壑的接壤!

卢沟桥,你是历史的见证人,你身上侵染着抗日将士的鲜血。
你像一位身经百战的老将军,受到人们的爱戴和敬仰;
你不断向人们讲述当年那段历史,时时告诫后人
"前事不忘,后事之师"
"落后就要挨打"。
你激励中华子孙永远奋发图强。

(六)评价反思

《义务教育语文课程标准》指出:语文课程是实践性课程,应着重培养学生的语文实践能力,而培养这种能力的主要途径也应是语文实践。语文教学应激发学生的学习兴趣,培养学生自主学习的意识和习惯,引导学生掌握语文学习的方法,为学生创设有利于自主、合作、探究学习的环境。应尊重学生的个体差异,鼓励学生选择适合自己的学习方式。

本次活动采取的学习方式是自主合作探究的方式,学生根据自己的兴趣、爱好、特长,分组合作,在搜集整理资料、展示交流中,通过朗诵、作诗、写感悟等形式,锻炼听说读写以及口语交际、沟通、协作能力,有利于培养学生主动探究、团结合作、勇于创新的精神,全面提高学生的语文等综合素养。活动中进行多方面评价,保证了活动的有效以及目标的落实,既充分调动学生的积极性,又发挥了学生特长,培养了学生综合实践能力。活动展现了学生的创新活力。

(适用于七年级,作者为张珍娟、冷冰、孙非)

六、"走进卢沟桥"之"月"文化

(一)活动背景

卢沟桥和卢沟桥抗战纪念馆是北京市丰台区对学生进行爱国主义教育最近的基地,结合"四个一"工程,学校开展"走进卢沟桥"系列活动,语文学科也结合学科特点,选定与卢沟桥有关的文化内容,带学生实地考察、感

受卢沟桥的人文特点和历史内涵，同时又让学生感受语文学科的魅力。

（二）教学目标

1. 了解"卢沟晓月"内涵与来历。
2. 领会诗歌意象之美。
3. 学会运用意象写简单的离别诗。

（三）教学重难点

1. 实地考察，引证"卢沟晓月"内涵与来历的知识。
2. 了解关于"卢沟晓月"的诗词，体会诗歌的意象美。
3. 学写离别诗。

（四）实践活动方法

1. 实地考察：通过实地考察卢沟桥，观察卢沟桥的美景，并体会古代文人所写诗歌的意境。
2. 查阅资料：上网查阅资料，结合自己实际所得，对"卢沟晓月"的诗意有具体的了解和新的感悟。
3. 交流展示：运用意象写一首离别诗，相互交流展示。

（五）教学活动过程

1. 导入新课

悠悠千古明月，曾牵动过无数文人墨客的种种情思，留下了难以数计的名篇佳作。人们吟咏边关冷月、卢沟晓月、床头明月、"杨柳岸，晓风残月"；人们写月形月影、"缺月挂疏桐"、"飞镜又重磨"；写月色月波，"滟滟随波千万里"，"梨花院落溶溶月"……"月诗月文"浩如烟海，各出机杼，以至于令后人望月而兴叹。

"卢沟晓月"不仅仅是作为美景令人向往，更可以有牵动人文情怀的感受之地。源于此，本次"走进卢沟桥"的"四个一"工程社会实践活动，语文学科将活动定位为"'卢沟晓月'与离别诗"。

2. 行前准备

（1）利用校本课时间进行动员

卢沟桥作为见证北京城几百年风雨飘摇的历史建筑，已经成为北京一个独特的文化符号，它不仅仅形式优美，结构坚固，而且具备很深的文化内涵。这次去探访卢沟桥，是我们同学初次到卢沟桥进行实践活动。作为初识卢沟桥，我们要对卢沟桥有一个最基本的认识，并且对它所蕴含的文化内涵有一个初步的了解。这一次，我们主要结合燕京八景之一"卢沟晓月"的景色和其蕴含的文化现象为切入点，走进卢沟桥，了解中国古代的离别文化。

（2）布置任务单

①查阅资料，了解"卢沟晓月"的由来、历史典故和文化记忆。

②卢沟桥作为进出京城的要道，见证了人们的分别和团聚，查阅资料，了解古代人离别都有什么风俗习惯。

③离别的情感虽然都是伤怀，但情绪的表达会因人而异。检索送别诗词，看看古人对于离别的基本观点，你认为哪些古诗最能够打动你。

3. 行中考察

在卢沟桥头，乾隆御笔亲书的"卢沟晓月"石碑前，同学们分享了乾隆皇帝和卢沟晓月的故事，同时李琛老师给大家讲解了石碑的字体、燕京八景的典故和"卢沟晓月"所蕴含的离别情景。随着实地考察卢沟桥，同学们一路走，一路看，一路将自己查询到的离别诗一一朗诵，让大家对离别的习俗——折柳、饯行有所了解。

4. 行后总结

学生针对实地考察和自己所查资料的内容，整理本次活动的收获，并写一首离别诗。

（适用于七年级，作者为李琛、陈玉艳、贾军）

七、八年级再探"卢沟桥""河"文化

（一）活动背景

《义务教育语文课程标准》中指出：语文是一门实践性很强的学科，应着重培养学生的语文实践能力，让学生在大量的语文综合实践活动中学好语文，以提高学生的语文综合素质。语文学科结合让学生走进社会大课堂，认知大自然，从大自然中获得价值观提升的"四个一"工程，开展这次"走进卢沟桥　抚今追昔论成败"的实践活动。

（二）教学目标

1. 了解有关卢沟桥抗战的历史和意义，体会议论文文体特点。
2. 借用"七七事变"史实，初步了解论点提出的方法。
3. 课内外知识衔接，结合《曹刿论战》中的"何以战"的内容，感悟"取信于民"的思想。

（三）教学重难点

1. 了解议论文的基本写法。
2. 学写简单的议论文。

（四）教学活动过程

1. 导入新课

《曹刿论战》中有这样一句话"何以战"，这句话体现了曹刿在国家危亡的时候，挺身而出，与鲁庄公讨论如何打赢一场"以弱胜强"、保家卫国的战争。

80年前在卢沟桥也打响了一场保家卫国的战争。为什么齐鲁长勺之战鲁国可以胜，而"七七事变"的结果就是令国人感到耻辱呢？同学们，如果你处在80年前，你认为我们有可能打赢这一仗吗？

2. 行前准备

（1）再读《曹刿论战》，熟悉内容，理解主旨。

（2）查阅有关卢沟桥事变的历史资料，了解事件的背景、经过和中国战败的原因。

（3）查阅有关永定河的变迁资料、永定河卢沟桥一段的地貌资料等。

3. 行中考察

（1）实地考察。

（2）汇总资料、分析资料。

（3）写一篇以"何以战"为话题的议论文。

4. 活动后的讨论

围绕"何以战"话题展开讨论，如果再有外敌来侵，我们要再打一场类似"七七事变"的仗，要打赢，需要哪些条件。

（五）实践活动的效果与评价

通过实践活动，让同学们能自主了解"七七事变"的相关史实，查阅与永定河、卢沟桥相关的人文历史知识，归纳总结出影响战争成败的要素并加以论证。锻炼学生从资料出发，形成自己观点并借助资料内容论证观点的能力。

1. 活动效果

（1）以多种形式训练学生的语文思维。

（2）写作与实践活动紧密结合，不仅让语文学科的知识很好的渗透于活动之中，也使实践活动的形式更丰富。

2. 活动评价

（1）学生能够写一篇比较标准的、完整的议论文。

（2）能够从历史的角度，结合时代的特点、国家的命运表达自己的观点。

（适用于八年级，作者为贾军、李琛、陈玉艳、黄辉）

附录一　清华附中丰台学校小学部个人阅读情况调查

第1题　你是（　　）年级学生 ［单选题］

选项	小计	比例
A. 一年级	99	23.74%
B. 二年级	81	19.42%
C. 三年级	56	13.43%
D. 四年级	35	8.39%
E. 五年级	94	22.54%
F. 六年级	52	12.47%
本题有效填写人次	417	

第2题　你喜欢阅读吗？［单选题］

选项	小计	比例
A. 非常喜欢	173	41.49%
B. 比较喜欢	156	37.41%
C. 一般	82	19.66%
D. 不喜欢	6	1.44%
本题有效填写人次	417	

第3题　你平时在什么情况下读课外书？［多选题］

选项	小计	比例
A. 我每天会自觉阅读课外书	203	48.68%
B. 我只在老师要求或家长监督时才读课外书	96	23.02%

续表

选项	小计	比例
C. 我喜欢阅读图书的种类很多	210	50.36%
D. 作业太多，我根本没时间看课外书	44	10.55%
E. 我很难连续 10 分钟以上安静地坐着看书	20	4.8%
F. 我从没有完整地读过一本书	10	2.4%
G. 我只喜欢阅读一些好玩的书	101	24.22%
本题有效填写人次	417	

第 4 题　你喜欢用什么样的方式获得知识？［单选题］

选项	小计	比例
A. 读书籍	303	72.66%
B. 读报刊	6	1.44%
C. 网络阅读	50	11.99%
D. 其他	58	13.91%
本题有效填写人次	417	

第 5 题　你经常读哪一类的书？［多选题］

选项	小计	比例
A. 科普类读物	230	55.16%
B. 漫画类读物	215	51.56%
C. 学习辅导类	95	22.78%
D. 童话、故事类读物	302	72.42%
E. 历史小说、人物传记类读物	146	35.01%
F. 其他	72	17.27%
本题有效填写人次	417	

第6题　你喜欢读什么样式的书？［单选题］

选项	小计	比例
A. 全是文字	33	7.91%
B. 文字为主，配一些图画	306	73.38%
C. 图画为主，只有很少文字	73	17.51%
D. 全是图画	5	1.2%
本题有效填写人次	417	

第7题　你是否利用词典等工具书帮助阅读？［单选题］

选项	小计	比例
A. 能	133	31.89%
B. 有时能	188	45.08%
C. 不能	96	23.02%
本题有效填写人次	417	

第8题　你能经常和别人谈论甚至争论书中看到的人和事吗？［单选题］

选项	小计	比例
A. 能	157	37.65%
B. 有时能	225	53.96%
C. 不能	35	8.39%
本题有效填写人次	417	

第9题　阅读时，你能对书中不理解的地方提出疑问吗？［单选题］

选项	小计	比例
A. 经常	163	39.09%
B. 有时能	230	55.16%
C. 不能	24	5.76%
本题有效填写人次	417	

阅读素养是这样培养的：九年一贯制阶梯阅读实践

第 10 题　课外阅读时，你有没有下列的阅读习惯［多选题］

选项	小计	比例
A. 我会摘抄好词佳句，有时会写读后感	154	36.93%
B. 我会在读后跟朋友或家人分享阅读的经验和感受	247	59.23%
C. 遇到不理解的内容，我会停下来查资料把它弄清楚	104	24.94%
D. 读书时，我会联系自己的生活展开想象，甚至觉得自己就是里面的某个人物	185	44.36%
E. 我会努力记住书中的关键人物和情节	213	51.08%
本题有效填写人次	417	

第 11 题　你觉得哪些因素会影响你的阅读兴趣？［多选题］

选项	小计	比例
A. 看不懂	197	47.24%
B. 没有足够的书和没有喜欢的书	132	31.65%
C. 没有良好的阅读环境	96	23.02%
D. 没有老师引导，不懂怎么去阅读	41	9.83%
E. 书的吸引力不够，没有电视好看	129	30.94%
F. 老师父母要求太高，不能自己选择	56	13.43%
G 其他	74	17.75%
本题有效填写人次	417	

第 12 题　对你的阅读兴趣影响较大的是谁？［多选题］

选项	小计	比例
A. 父母家人	285	68.35%
B. 老师	213	51.08%

续表

选项	小计	比例
C. 同学朋友	178	42.69%
D. 网络、电视	83	19.9%
E. 其他	41	9.83%
本题有效填写人次	417	

第 13 题　每天课外阅读的时间为多长？［单选题］

选项	小计	比例
A. 半小时以内	197	47.24%
B. 半小时至 1 小时	166	39.81%
C. 1 小时以上	42	10.07%
D. 无	12	2.88%
本题有效填写人次	417	

第 14 题　你每天的阅读量为［单选题］

选项	小计	比例
A. 200 字左右	81	19.42%
B. 500 字左右	165	39.57%
C. 1000 字以上	171	41.01%
本题有效填写人次	417	

第 15 题　你每年的阅读量是多少本书？不包含语文课本和学校要求的阅读书籍。［单选题］

选项	小计	比例
A. 0 本	8	1.92%
B. 1~2 本	72	17.27%

续表

选项	小计	比例
C. 3~6 本	157	37.65%
D. 7~12 本	94	22.54%
E. 12 本以上	86	20.62%
本题有效填写人次	417	

第 16 题　你的家人在家里阅读书报吗？［单选题］

选项	小计	比例
A. 经常	123	29.5%
B. 有时	258	61.87%
C. 从不阅读	36	8.63%
本题有效填写人次	417	

第 17 题　你的家人（不包括你自己）每周平均阅读时间是多少？［单选题］

选项	小计	比例
A. 0~1 小时	133	31.89%
B. 1~5 小时	183	43.88%
C. 5~10 小时	66	15.83%
D. 10 小时以上	35	8.39%
本题有效填写人次	417	

第 18 题　你和家人每年一起去图书馆的次数？［单选题］

选项	小计	比例
A. 0 次	84	20.14%
B. 1~6 次	255	61.15%

续表

选项	小计	比例
C. 7~12 次	32	7.67%
D. 每月至少一次	36	8.63%
E. 每周至少一次	10	2.4%
本题有效填写人次	417	

第 19 题　你觉得读书给你带来了哪些变化？［多选题］

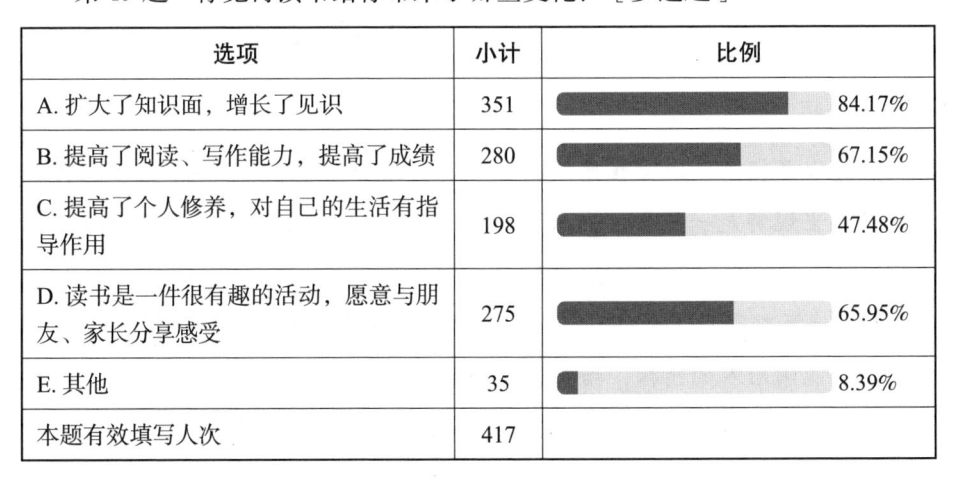

选项	小计	比例
A. 扩大了知识面，增长了见识	351	84.17%
B. 提高了阅读、写作能力，提高了成绩	280	67.15%
C. 提高了个人修养，对自己的生活有指导作用	198	47.48%
D. 读书是一件很有趣的活动，愿意与朋友、家长分享感受	275	65.95%
E. 其他	35	8.39%
本题有效填写人次	417	

第 20 题　你的家长觉得阅读书籍后，你有哪些变化？［多选题］

选项	小计	比例
A. 孩子扩大了知识面，增长了见识	337	80.82%
B. 孩子的阅读、写作能力提高了，成绩提高了	276	66.19%
C. 孩子的个人修养提高了，能用书中学到的内容解决生活中的问题	211	50.6%
D. 孩子觉得读书是一件很有趣的活动，愿意与家长分享感受	269	64.51%
E. 其他	41	9.83%
本题有效填写人次	417	

附录二　清华附中丰台学校小学部学生阅读后的变化反馈

读书后我的变化

五（二）班　曹羽佳

我觉得读书使我受益很多，培养了我的写作能力。在写作的时候，我可以运用书中的好词好句和生活哲理。通过读书积累，我文章书写得更加流畅，如行云流水，一气呵成。

我发现多读书，能使我更加快乐。读书也是一种休闲、娱乐的方式，在书的海洋里遨游是一件十分快乐的事情。用读书来为自己放松心情也是一种休闲。

现在我已经养成了一种习惯，每天晚上总会抽出时间来读书。

读书能陶冶人的情操，增长知识和智慧。所以，我们应该多读书，为我们以后的人生道路打下好的、扎实的基础！

【家长评价】

曹羽佳是个爱读书的小姑娘，从上幼儿园起就喜欢阅读，步入小学之后，学校开展的小学生必备古诗词学习、中秋诗会、记录《学生阅读成长记录手册》、到图书馆阅读等丰富多彩的读书活动，更是潜移默化地影响到她。曹羽佳因此养成了读书习惯，每天回家做完作业，就拿起自己喜欢的书，一看就是一两个小时，还定期和妈妈到图书馆吸收知识，不断充实自己。在学校，她三年级开始独立带领全班同学晨读，至今已经坚持了两年。寒假期间，她自己通过阅读《思维导图》独立完成了数学老师布置的思维导图作业，并且获得了老师的夸赞。通过读书，曹羽佳逐渐成为一个自立、自信、自强的小学生。

读书带给杨子鋆的改变

杨子鋆妈妈

格言中常说,"书是人类进步的阶梯""腹有诗书气自华"……作为家长,我们殷切地盼望孩子能够爱读书、善读书,希望她能遨游书海、博览群书。然而,杨子鋆同学一开始并不喜欢读书,每每都是在家长的催促下才会拿本课外书来读,这曾经让我们很困惑,该如何激发孩子读书的热情呢?

上了四年级后,学校组织了语文阶梯阅读活动,帮孩子们制订了阅读计划,要求孩子们每天读半小时书,做读书摘抄、写读书心得。于是,每天晚上都可以看到杨子鋆同学伏案读书,并且会做读书笔记、摘录好词好句。一开始也许是为了完成任务,但久而久之,读书变成了她的习惯。有时候,她会跟我们讨论书中的人物,聊聊她对书中某位人物或某件事的看法;还会在看完一段令她感动的故事后悄悄抹眼泪和沉思。

一个显而易见的变化是,阅读让杨子鋆同学的作文能力得到了提高。以前杨子鋆写作文时会冥思苦想,迟迟难以下笔。自从坚持读书、做笔记后,她写作文的速度明显加快了,作文中也会用到平时积累的好词好句,基本可以做到文字流畅、情感表达准确,这些进步都是坚持阅读带来的。

还有一个让我们欣慰的变化——阅读让杨子鋆更宽容、更友爱、更看重手足之情。这个变化发生在读完《青铜葵花》这本书之后。还记得,她读完这本书之后流眼泪了,她给我们讲述了青铜和葵花的故事,讲述了自己对于青铜和葵花兄妹之情的理解和感动。从那以后,子鋆对于自己"讨厌"的弟弟越来越有耐心,越来越友爱。因为一本好书,令孩子体会到了身处其中而不自知的亲情,这就是书的力量。

孩子的变化令我们感受到,读书,读好书,的确对孩子的心灵和思想产生了潜移默化的影响,开启了孩子的"智慧之门"。

我们要努力陪孩子一起读书。

读书后的感受

五（一）班　董钰孜

高尔基曾说，"书籍是人类进步的阶梯"，没错，只有读书才能使我们增长知识。每当读书的时候，我就感觉自己身临其境，读完一本书后，我也有深刻的感受。

读《百科全书》，我会增长很多见识。读太空百科时，我感觉自己在宇宙里遨游。多读百科，在课堂上也会占一定的优势。在科学课上，老师提出有关恐龙的问题，我瞬间想起恐龙百科里的内容，对老师的问题便脱口而出，特别自信。

《三国演义》令我印象最深的便是周瑜这个人物。我想大家都知道"三气周瑜"这个故事，从故事中我了解到周瑜是一个心胸狭隘的人，心里完全就容不下一个比他还要优秀的人，这种人将来肯定成不了大器。所以，我们做人不能像周瑜那样，别人的三两句话就把自己气死，我们要学会宽容别人，不要因为一点小事，就让别人把自己给气坏了，更不能对他人时时刻刻有嫉妒之心，那样会让自己更不开心从而陷入一个死胡同。这就是我读完三气周瑜后的真实感受。

读书不仅能让我们增长知识，还有助于提升我们的表达能力。读完一本书之后，往往我们平常所说的话都会有所改变。比如我有一个同学，她平时酷爱看关于魔法的故事书，也正因为如此，她的日常交流，多少要和魔法扯上点儿关系。看来看什么书对一个人思想影响很深。再说说我，我平时就喜欢看一些悬疑推理小说，所以我跟朋友聊天时，也时常会聊到一些作案动机、罪犯受到的法律制裁，她们不得不佩服我对法律的了解。

在读书的过程中，我们不光可以增长知识、领悟人生的道理，还可以享受读书带来的乐趣。可见读书是多么有意思的一件事啊！

【家长评价】

人们经常说，读书能够增长才智，也能够陶冶心灵，开导灵魂，提高和强化人格，激发人们的美好志向。我一直这么认为：孩子需要每天阅读！不管孩子的作业有多少，不管家长有多忙，不管生活的压力有多大，孩子都应该坚持每天阅读，就像他们每天都要吃饭一样。我们家小孩同学没有大量阅读之前经常会有一些小毛病，比如心态浮躁、爱斤斤计较、思想幼稚、说话用词逻辑混乱等。后来经过一段时间的阅读，她的变化还是挺大的，在此给大家分享几点她读书后的改变和优点。

第一，读书能够使她的心静下来。每次看她读书时，总能感觉到她的心态很平静，不再浮躁不安。一旦静下来，她就能更加专注地做好每件事情，并且效率很高。比如看一会儿书再写作业，写的字工整，做题的错误率也很低。

第二，更强大的分析和思维能力。当孩子读的书越来越多，孩子就能够通过阅读细节分类，进行批判性的思维分析工作。比如她读《三国演义》《水浒传》等一些名著时，经常会对一些人物提出自己的批判和评价，有时我认为她说的很有意思，或许站在一个孩子角度看到的，用成人角度看则是另外一种新意。她对故事角色的特点、故事情节是否合理、故事的逻辑是否正确，都能够清楚地陈述自己的意见，我觉得这是非常好的。她能与我们高谈阔论她所思考到的方方面面，并且能够辩证地看问题，清楚地表达自己的观点，找出一堆理由来批判你的提议，我觉得这些是孩子在未来竞争中获得优先权的重要的能力。

第三，更好的写作技巧。孩子的写作能力与词汇量的扩展是紧密联系在一起的，当一个孩子有大量的阅读之后，她就会积累更多的写作技巧，写作的风格也会受到很多作家的影响，从而形成自己的风格。以前写作文总觉得是很难的一件事，后来读的书越多，她的写作能力突飞猛进地提高很快，逻辑性也越来越强，我都很惊讶。有时也能更好地表达自己饱满的内心世界。

当然，每天都在坚持阅读的孩子，能够有更为巨大的内在的平和，这种平静的感觉可以帮助孩子放松各种压力。要知道现在的孩子学习压力都不小，帮孩子减压的方式，首选阅读和运动。

希望她能够一直坚持下去！

附录三　清华附中丰台学校初中部读书情况个人调查

第1题　你是（　　　）年级学生［单选题］

选项	小计	比例
七年级	206	52.55%
八年级	119	30.36%
九年级	67	17.09%
本题有效填写人次	392	

第2题　你喜欢阅读吗？［单选题］

选项	小计	比例
A. 非常喜欢	106	27.04%
B. 比较喜欢	174	44.39%
C. 一般	99	25.26%
D. 不喜欢	13	3.32%
本题有效填写人次	392	

第3题　你平时在什么情况下读课外书？［多选题］

选项	小计	比例
A. 我每天会自觉阅读课外书	148	37.76%
B. 我只在老师要求或家长监督时才读课外书	81	20.66%
C. 我喜欢阅读图书的种类很多	203	51.79%
D. 作业太多，我根本没时间看课外书	62	15.82%

续表

选项	小计	比例
E. 我很难连续 10 分钟以上安静地坐着看书	20	5.1%
F. 我从没有完整的读过一本书	11	2.81%
G. 我只喜欢阅读一些好玩的书	137	34.95%
本题有效填写人次	392	

第 4 题　你喜欢用什么样的方式获得知识？［单选题］

选项	小计	比例
A. 读书籍	196	50%
B. 读报刊	14	3.57%
C. 网络阅读	137	34.95%
D. 其他	45	11.48%
本题有效填写人次	392	

第 5 题　你经常读哪一类的书？［多选题］

选项	小计	比例
A. 名著类读物	187	47.7%
B. 科普类读物	186	47.45%
C. 诗歌类读物	58	14.8%
D. 学习辅导类	91	23.21%
E. 童话、故事类读物	140	35.71%
F. 历史小说、人物传记类读物	164	41.84%
G. 漫画类读物	173	44.13%
H. 其他	102	26.02%
本题有效填写人次	392	

第6题　你认为看下列哪类文章对语文学习帮助最大？［多选题］

选项	小计	比例
A. 发人深省的哲理性文章	190	48.47%
B. 语言优美的散文	241	61.48%
C. 感人至深的故事	187	47.7%
D. 情节曲折的小说	192	48.98%
E. 知识丰富的科普类书籍	175	44.64%
F. 其他	57	14.54%
本题有效填写人次	392	

第7题　你能经常和别人谈论甚至争论书中看到的人和事吗？［单选题］

选项	小计	比例
A. 能	133	33.93%
B. 有时能	228	58.16%
C. 不能	31	7.91%
本题有效填写人次	392	

第8题　阅读时，你能对书中不理解的地方提出疑问吗？［单选题］

选项	小计	比例
A. 经常	82	20.92%
B. 有时能	277	70.66%
C. 不能	33	8.42%
本题有效填写人次	392	

第9题　课外阅读时，你有没有下列的阅读习惯？［多选题］

选项	小计	比例
A. 我会摘抄好词佳句，有时会写读后感	111	28.32%

续表

选项	小计	比例
B. 我会对精彩词句或段落写出自己批注赏析	124	31.63%
C. 我会努力记住书中的关键人物和情节	263	67.09%
D. 遇到不理解的内容，我会停下来查资料把它弄清楚	123	31.38%
E. 读书时，我会联系自己的生活展开想象，甚至觉得自己就是里面的某个人物	181	46.17%
F. 我会在读后跟朋友或家人分享阅读的经验和感受	148	37.76%
本题有效填写人次	392	

第 10 题　你觉得哪些因素会影响你的阅读兴趣？［多选题］

选项	小计	比例
A. 看不懂	133	33.93%
B. 没有足够的书和没有喜欢的书	167	42.6%
C. 没有良好的阅读环境	156	39.8%
D. 没有老师引导，不懂怎么去阅读	35	8.93%
E. 书的吸引力不够，没有电视好看	104	26.53%
F. 老师父母要求太高，不能自己选择	66	16.84%
G. 其他	78	19.9%
本题有效填写人次	392	

第 11 题　对你的阅读兴趣影响较大的是谁？［多选题］

选项	小计	比例
A. 父母或家人	154	39.29%
B. 老师	152	38.78%

续表

选项	小计	比例
C. 同学和朋友	185	47.19%
D. 网络或电视	133	33.93%
E. 其他	76	19.39%
本题有效填写人次	392	

第12题 你是根据什么来选择阅读书的？［多选题］

选项	小计	比例
A. 别人看什么就跟着看什么	49	12.5%
B. 老师	139	35.46%
C. 家长推荐	85	21.68%
D. 根据自己的爱好	341	86.99%
本题有效填写人次	392	

第13题 每天课外阅读的时间为多少小时？［单选题］

选项	小计	比例
A. 半小时以内	133	33.93%
B. 半小时~1小时	163	41.58%
C. 1小时以上	64	16.33%
D. 无	32	8.16%
本题有效填写人次	392	

第14题 你每天的阅读量为［单选题］

选项	小计	比例
A. 200字左右	47	11.99%
B. 500字左右	120	30.61%

续表

选项	小计	比例
C. 1000 字以上	225	57.4%
本题有效填写人次	392	

第 15 题　你每年的阅读量是多少本书？［单选题］

选项	小计	比例
A. 0 本	15	3.83%
B. 1~2 本	76	19.39%
C. 3~6 本	171	43.62%
D. 7~12 本	80	20.41%
E. 12 本以上	50	12.76%
本题有效填写人次	392	

第 16 题　你的家人在家里阅读书报吗？［单选题］

选项	小计	比例
A. 经常阅读	92	23.47%
B. 有时阅读	248	63.27%
C. 从不阅读	52	13.27%
本题有效填写人次	392	

第 17 题　你的家人（不包括你自己）每周平均的阅读时间是多少？［单选题］

选项	小计	比例
A. 0~1 小时	140	35.71%
B. 1~5 小时	185	47.19%
C. 5~10 小时	51	13.01%

续表

选项	小计	比例
D. 10 小时以上	16	4.08%
本题有效填写人次	392	

第 18 题　你和家人每年一起去图书馆的次数？［单选题］

选项	小计	比例
A. 0 次	91	23.21%
B. 1~6 次	237	60.46%
C. 7~12 次	24	6.12%
D. 每月至少一次	25	6.38%
E. 每周至少一次	15	3.83%
本题有效填写人次	392	

第 19 题　你觉得读书给你带来了哪些变化？［多选题］

选项	小计	比例
A. 扩大了知识面，增长了见识	325	82.91%
B. 提高了阅读、写作能力，提高了成绩	250	63.78%
C. 积累了大量古诗文的知识，提升了欣赏品位	177	45.15%
D. 提高了个人修养，对自己的生活有指导作用	249	63.52%
E. 朗读、表演等读书实践活动是很有趣的，我愿意和老师同学分享收获	131	33.42%
D. 读书是一件很有趣的活动，我愿意与朋友家长分享感受	182	46.43%
F. 其他	74	18.88%
本题有效填写人次	392	

第 20 题　你的家长觉得阅读书籍后，你有哪些变化？［多选题］

选项	小计	比例
A. 积累了古诗文，成绩进步了	149	38.01%
B. 孩子的知识面扩大了，增长了见识	249	63.52%
C. 孩子的阅读、写作能力提高了，成绩提高了	179	45.66%
D. 孩子的个人修养提高了，能用书中学到的内容解决生活中的问题	185	47.19%
E. 孩子在参加朗读、交流、表演等读书实践活动中增长了自信，提高了表达能力	135	34.44%
F. 孩子觉得读书是一件很有趣的活动，愿意与家长分享感受	143	36.48%
G. 其他	59	15.05%
本题有效填写人次	392	

附录四　清华附中丰台学校初中部学生阅读后的变化反馈

书，改变一生

初二（一）班　王典

人们常说，书是夜晚幕布上明亮的星星；书是波涛骇浪中指明方向的灯塔；书是茫茫沙漠中傲天飞翔的孤鹰。在这宝贵的初中阶段中，云卷云舒、斗转星移，那清淡的书香已伴我走过了不知多少个日日夜夜！它正一点一点，改变着我对学习的认知。

在我读过的书籍中，名著《钢铁是怎样炼成的》最令我印象深刻。《钢铁是怎样炼成的》是苏联作家尼古拉·奥斯特洛夫斯基所著的一部长篇小说。故事讲述生活在苏联社会底层的保尔·柯察金从一个不懂事的少年到成为一个忠于革命的布尔什维克战士，再到双目失明却坚强不屈创作小说，成为钢铁般坚强的作家的故事。保尔所表现出来强烈的爱国精神深深感动着我。是呀，瘫痪、失明是多么大的打击呀，但保尔还是毅然地拿起了笔，付出了艰苦的劳动。保尔，您是一位让我敬佩的战士！其中还有一个场景：保尔在大街上碰到了被抓住的导师朱赫来并没有逃避，而是遵循自己想反抗的意识勇敢地救了朱赫来。

这个情节像一颗饱满的种子在我的心中发芽。之前，为了得到一个好成绩，我几乎花了所有的娱乐时间来学习。为得到老师、父母的表扬以及同学的称赞，我埋头苦干。但我害怕因成绩下滑其他人对我失望，我越来越害怕，注意力越来越分散，不知不觉中成绩逐渐下滑……当我读了保尔的故事后，明白了要遵循自己的想法，不要去在意他人的想法。

就这样我阅读了越来越多的书籍来改变自己的认知。"人生自古谁无死，留取丹心照汗青"，文天祥以他的赤胆忠心让我懂得了应在人生的道路上临危不能惧。"生于忧患，死于安乐"，孟子凭借自己的先见之道让我明白，生活中没有阳关道，只有靠自己的努力才能闯出一片艳阳天。阅读改变了我为人处事的方式：要为自己而学习，不要被苦难所打倒。

像是沙漠里的一片绿洲，像是夏夜里的一点疏星，我被这片散发着墨香的乐土所吸引。通过阅读，我发现自己的写作水平在不断地上升，学习能力也在不知不觉中提高，竟能读懂从前只字不明的文章，这是前所未有的改变啊！

【家长评价】

我的孩子从小就喜欢阅读，从侦探小说到历史传记，无所不爱。小学的时候，他对作品的故事情节非常入迷，看完任何书之后，都秒变十万个为什么。进入初中后，学习科目增加，孩子接触的知识面也越来越广。青春期的孩子总有他自己的想法，有他自己认为对的和重要的事情。家长不太容易走进孩子的内心，家长的意见孩子也不是马上就能接受。通过日常的学习和阅读，孩子有了家国情怀；通过阅读，孩子也有了打开心灵的钥匙。希望我的孩子，能够多抽时间阅读，拓宽他的视野，丰富他的情感，增加与他人相处的能力。

书香，伴我成长

初二（一）班　王耀曈

从我认字起，书便伴随在我的左右。从童话到小说，从小说到名著。我在书的海洋里尽情地遨游，接纳着这精神的食粮，享受着这精神上的趣味。

每一本书，因亲情、梦想、爱国、挫折等主题而散发着美丽的色彩，散发着沁人心脾的书香，教会我一个又一个耐人寻味的哲理，滋润了我的心田。有时，书中的一些内容，会让我思考良久，不断汲取宝贵的精神食粮。在我阅读的众多书籍中，《青铜葵花》给了我很大的启迪。

最初我读这本书时，也许是阅历的缺乏，使我对这本书的价值无法有着特别深刻的体味与理解。我仅仅了解了大致的情节便把它放在了书柜的一角。我并不知道，这本书对苦难的诠释是多么的珍贵。直到我再次捧起它时，我才感受到这本书绚丽的光彩。

小学六年级的最后一次期末考试给了我很大的打击。成绩名落孙山的我引来了同学的嘲笑，老师的失望和家长的训斥，让我跌入了低谷。就在我颓丧之时，我突然有了看书的念头。打开书柜，那本《青铜葵花》映入了我的眼帘。翻开它的扉页，一缕书香也随之扑面而来。这缕香气，在每一个章节里来回穿梭着，让我如饥似渴地往下读着。我感受到那些内容，又有了新的色彩。这本书中，像是有一位老师，在教给我什么。我沉醉在那一个个感人的情节中。最终，这本书，只剩下一个耐人寻味的省略号。

  面对接踵而至的苦难，你会怎么做？青铜一家就面对着这样的问题。或许大多数人会选择迷茫、退缩。但普普通通的他们却选择了面对。多么大的灾难，都无法将他们打倒。不管前方的路多么泥泞，也无法让他们失去前进的信心。他们，用勤劳的双手、坚定的意志，一路走了下来。即使他们经受了很多痛苦，但他们，用他们身上令人敬佩的韧性，走了下来。的确，人生之路是充满坎坷的，只有有着像他们一样的精神，不畏艰难，勇往直前，才能柳暗花明，走向成功，走向幸福。这时，我发现这缕书香给予了我很多很多，使我不再失落，使我对前途又有了信念。我，也像青铜一家一样，受挫后，勇敢地站了起来。

  这缕书香，一直陪伴着我，熏陶着我。每当我遇到困难时，每当我颓唐迷茫时，每当我想要退缩时，那缕书香，便会在我的鼻翼间环绕，使我想起那个坚韧的家庭，想起他们坚定的意志，激励我再次燃起前进的信心，让我迈过坎坷，战胜挫折。

  这，就是书香所带给我的。

【家长评价】

  学习是一个人的看家本领。而我们通常所说的学习往往是从读书开始的。

  孩子小的时候，过惯了衣来伸手、饭来张口的生活，和外人说话也不大注重礼节。到了小学三年级，每天还要家长催着起床。

  家乡的超市里有个图书角，顾客可以在那里买书，也可以在那里看书。有一次，我和爱人带孩子逛到了图书角。一本叫《根鸟》的书，吸引住了孩子。翻开书后，他像着了魔般，久久不愿离去。之后，每次去超市，他就直奔图书角。从《狼王梦》到《男生日记》，从《火印》到《鲁滨逊漂流记》。小学六年，在图书角，孩子读的书不下 30 本。后来，我在图书馆为他办理了借书卡，基本上每周要换一本。在家里看书时，每当看到精彩的情节，他都要给我和爱人讲述一番。在讲过后，他还要提问，看你有没有认真听！

慢慢地，我们发现，孩子的书包不再让我们收拾；课桌上不再像之前乱七八糟；饭后会主动提出去洗碗；就连自己的衣服也不让我们帮着洗了。进出小区时向门岗问好，路遇需要帮助的人会第一时间跑上去搭把手……在书的陪伴下，孩子有了很大的变化。

从小学到中学，书是孩子最铁的"玩伴"，也是最忠实的伙伴。书，让孩子的思想美丽。而我要说，读书的孩子也是美丽的！

大千世界，唯有书可常作伴

初二（二）班　向辅雅

可曾见那钓鱼人？晨，踩着第一缕阳光出门；晚，拖着疲惫的身体，拎着空空的鱼篓回家，但即便这样，一路上也是快活地哼着小曲——这，是属于他们的乐。那我的乐呢，究竟是什么？我寻觅许久，终于找到了答案。那便是书。

岁月交织，云卷云舒。在时间的长河里，我成长了很多，由一个稚嫩无知的娃娃，变成了一个热爱书卷的女孩。我遇到书，就如同遇到知音，终成莫逆……

"昔我往矣，杨柳依依。今我来思，雨雪霏霏。"每当耳畔萦绕着这样的吟咏，期间散发的缕缕墨香会让我浮想联翩、思绪纷飞，穿越时光的隧道，灵魂随着书中的意境憧憬陶醉。这些精妙的文思，常常让我心扉洞开，获得美的享受和灵魂的洗礼。

小时候，当我对一切充满好奇，充满求知时，书，带我去走进、去认识这缤纷多彩的世界。捧着些童话书、故事书，感悟人间的真善美：那里有大灰狼追逐小白兔，有丑小鸭蜕变成白天鹅，也有七个小矮人和白雪公主……我还常常依偎在妈妈的怀中，享受着我的"童趣宝地"。

长大后，书籍又带我去了解祖国，了解世界。通过它的讲述，我了解了施耐庵笔下的一百零八条好汉是如何伸张正义、除暴安良，彰显英雄本色的；我知道了鲁迅是如何弃医从文，以笔代刀，讨伐反对派，维护民族尊严的；我明白了鲁滨逊是怎样在荒岛上发挥聪明才智，绝地求生的；我也学到了保尔的坚强乐观，让我不再畏惧，接受现实，继续努力！归隐田园的陶渊明、悬梁刺股的苏秦、卧薪尝胆的勾践、精忠报国的岳飞……一个个鲜活的形象在她的带领下穿越时空，来到我的面前，让我的灵魂在他们的光辉中得到升华！

现在的清晨或者午后，在那小小的阳台上，在那幽静的亭台中，在那茂密的树阴下，总会停留着一个人的身影。她捧着书，时而愤怒万分，时而哈哈大笑，时而低头沉思，时而又皱紧眉头……那便正是享受阅读时的我。

书中的情节让我体验了人生的喜怒哀乐，感受到了生活的快乐；让我自信，令我自强！

一本书，促成了一段历史，形成了一个民族，创造了一个奇迹，造就了一个世界，也改变了一个我……

与书相遇，是今生的缘分。

【家长评价】

高尔基说过："书籍是人类进步的阶梯"，我是十分认同这一观点的。把书籍当做人生路上的垫脚石，一步一步，脚踏实地，这样才会走得更远！同样，在我女儿身上也体现出了这一点。当然，这里所说的进步，绝不仅仅是指学业成绩，更多的是反映一个人由内到外的言谈举止、气质和品质等。

书籍带给我女儿什么呢？在我看来，首先，能够带给她快乐。每个家长都希望自己的孩子快乐，其实，要培养这样的孩子很简单，就是让孩子阅读、培养孩子阅读的好习惯。因为她徜徉在书海中时，她能够感受到大自然一花一木的奥秘；感受到人情世故的变通；也能感受到世间的真情，教会她感恩……有了这些，便能净化她的心灵，何尝不能令孩子的嘴角上扬？其次，拓宽了孩子的视野。当下的世界，科技发达，条件优越，更需要新一代青年们拥有大量的知识储备，才足以在社会立足。那么，光靠课本上的知识显然是不够的，这时候，阅读的重要性便体现出来了。最后，可以让孩子自信。不难发现，读书多的孩子和读书少的孩子有着显著不同。读书多的孩子，从内而外地散发着不一样的气质，这是其他人再怎样修饰自己的外表也表现不出来的。就像她在年级卢沟桥展示活动的英语主持和年级元旦联欢会上的主持，大方自然。如果不是亲眼所见，我也不相信她竟会说一口如此流利的英语。我想，这种自信也是读书所带给她的。

那么在孩子阅读时家长应该做什么呢？我想，应该是作为我们家长的陪伴。家长的言传身教会在无形中影响到孩子。我就是如此，和女儿一起阅读，总会有着不一样的收获。

读书，本就是一个长期的过程。最重要的是需要给孩子一个环境的熏陶，让他从心底，爱上阅读！

阅读伴我成长

初二（二）班　李康旗

书，引领我走进了一个充满知识、充满情趣的世界，让我领略到大自然的奇妙，海洋的美妙；让我了解到科学技术的高超，浩瀚宇宙的奥秘。书就像一股强劲的动力，激励着我不断地去挖掘，不断地去探索，同时也在不断地伴随着我的成长，让我更好地去明白人生的哲理。

尚在我牙牙学语之时，书就走进了我的生活，从未离去。在小时候，我是听着爸妈的读书声长大的，那时的他们总会给我念一些故事。时常，我自己也会看一些带拼音的图画书，看着那些幼稚漂亮的图画，总能使小小的我感受到莫大的满足。

随着时光的流逝，我步入了小学的大门。在那里，我的读书范围从幼稚的童话书变为了一个个富含哲理的寓言、小说等。那时，书就是我的好伙伴，它总能在我不知该何去何从的时候通过这种特殊的方式给我指引方向。我也从那时候开始懂得什么叫宽阔的胸怀，什么是真正的快乐，我们到底应该去为自己的未来做些什么，到底该如何为人处事、与朋友相处，这些都给我现在的生活造成了莫大的影响。

时光飞逝，眨眼间，我已经成了一个懂事、成熟的女孩。我的阅读已不再局限于那些好玩好笑的小说与童话，我捧起了世界名著，读起了经典散文，聆听起大师的教诲，与名家促膝谈心。读《简爱》，我懂得了一个人，不管怎样的卑微，怎样的贫穷，怎样的丑陋，都有权利去追求成功，追求属于自己的爱情。读《一个人的村庄》，我从刘亮程深邃的目光中读出了对故乡的深深眷恋，并被它朴实却震撼人心的文字所深深折服。读《童年》，我看到了阿廖沙所处的年代，人们勾心斗角，到处充斥着丑恶、辱骂，我不禁感叹万千。从这些书籍中，我得到了许多许多，他们交汇在一起拧成一股色彩，深入我心灵的空白，使我的成长更加多姿多彩，更加丰富。

阅读促进了我的成长，当挫折来临时，它鼓励我勇敢面对，学会在困难面前不退缩，不逃避，让我真正感受到人间的喜怒哀乐，而对于正在成长道路上的同学来说，书籍也是引领他们走向光明、希望和仁爱的人生手册。

【家长评价】

正所谓，书是人类进步的阶梯。在家中，不但孩子喜欢读书，我也喜欢读书。因为一本好书蕴藏着丰富的知识和完美的情感。阅读一本好书，就是跨越时光和空间，同睿智而高尚的人去对话。这可以让我们受益匪浅，不但能开拓我们的眼界，还可以增长我们的才干。我也经常鼓励孩子去读书，因为书不是枯燥的、呆板的，而是如同一个人一样生动。一本好书是良师，更是益友。我们要与孩子共同学习、共同进步、共同成长。改变以往的方式、方法，多去陪伴孩子阅读。要求孩子做到的，自己首先做到，学会倾听孩子的心声，充分表露自己的情感。要抽出更多的时间去了解，去交流读书心得。希望我们以后能有更多的机会去交流阅读的感受，让我们共同提高。

书中啜芳华，渐而行沐春

初二（二）班　史航

书卷多情似故人，晨昏忧乐每相亲。

自髫年之时，一册书卷，就一直伴我左右，陪我成长。

小时候，我只是喜欢"夜阑风静欲归时，唯有一江明月碧琉璃"中月夜江面的明澈如镜、温和静谧，"日日露荷凋绿扇，粉塘烟水澄如练"中粉荷碧叶的清雅明快，韵味无穷，"玉阶生白露，夜久侵罗袜"中水晶秋月的清冷高洁，幽微蕴藉。这些辞致雅赡、缀玉联珠的雅句使我从小便对五光十色的大千世界想入非非，饶有兴趣，它们赐予我一双与美有着千丝万缕关联的明眸。

稍稍年长，我更欣赏起了"君埋泉下泥销骨，我寄人间雪白头"中不渝友情的情深潭水、志同道合。"赌书消得泼茶香，当时只道是寻常"中琴瑟调和的伉俪情深、悲不自胜。"尊前慈母在，浪子不觉寒"中感人母爱的亘古不变、无微不至。这些动人心魄、文采斐然的名篇让我淋漓尽致地感受到了人间世俗的众生百态，滚滚红尘，它们给予我一颗对美好而丰富的情感敏感探求的内心。

光阴荏苒，如今的我，更惊叹于"已识乾坤大，犹怜草木青"中大彻大悟的千帆过尽、赤子之心；"问渠哪得清如许？为有源头活水来！"中的探根寻源的深思熟虑、登高望远；"祸兮福之所倚，福兮祸之所伏"中福祸相依的相依相存、吉凶同域。这些阐幽明微、词严义密的真言令我窥见了人生意义的冰山一角，它们赋予我，胸有乾坤、高瞻远瞩的思维方式，对我漫长的人生之路大有裨益。

吹灭读书灯，一身都是月。

【家长评价】

古人云，读万卷书，行万里路，有哲人也曾说过，书籍是人类进步的阶梯，培养孩子阅读的习惯，除了增长语文基础知识，还可以学会对家人和朋友的爱的方式，做到懂事理，知感恩。因为孩子在学校主要是学习课本基础知识，知识结构比较单一，阅读有益的课外书籍，有助于开拓孩子的视野，培养他们多方面的兴趣爱好，学到为人处事的方式方法，更能够增长见识，做到秀才不出门，便知天下事。读书也有助于孩子形成良好的品格，如阅读沈石溪的动物小说，会增加孩子对濒危动物的保护意识，从乌鸦的反哺之情，反思自己是否孝敬长辈。读《钢铁是怎样炼成的》，会让孩子直面自己，去努力学习，奋力拼搏，成为祖国建设的栋梁之才，这些积极向上的道德品格的形成，都和读书、读好书有很大的关系。人生不可能一帆风顺，有鲜花，更有坎坷，读书会让人祛除内心的浮躁，给自己的内心以抚慰和营养，读书会让人在知识的海洋中渐渐丰盈充实起来，书中的知识会让人摆脱无奈和茫然，在枯燥的学习中，孩子们会利用在书中学到的知识分析问题，解决问题。从依赖家长和老师，转变成有自主学习的良好性格，有读书的习惯，将使孩子终身受益，怎样让孩子爱上读书呢？分享一下个人的做法。因为每个家庭环境不同，所以仅供参考。培养孩子的读书习惯要趁小趁早，读书要有良好的家庭氛围，要保证每天有一定的读书时间，经常和孩子分享无数的心得和乐趣，时间长了，孩子就会爱上阅读。

读书给孩子带来的变化

初二（五）班　尹偌妍家长

古人云："读万卷书，行万里路。"哲人也说："书籍是人类进步的阶梯。"当有一天孩子爱上了阅读，读的书多了，"她的内心一定能开出一朵渴望着美、善良和爱的花朵"。说起读书给孩子带来的变化，首先要说的是读书习惯的养成。孩子有好的阅读习惯不是一朝一夕养成的，需要有一个过程，循序渐进。在培养孩子阅读习惯的过程中，我深有感触，总结了以下几个方面：

其一，给孩子提供一个好的阅读环境。阅读需要有氛围，家庭的阅读氛围对孩子有着很重要的影响，家长经常在家阅读，孩子也会跟着模仿，久而久之孩子就会慢慢爱上阅读。我和孩子经常坐在一起看书，看各自喜欢的书，哪怕只是看报纸。相反，家长成天看电视，那你的孩子也就跟着一起看，久而久之就成了"电视迷"。很多家长都抱怨孩子不爱读书，成天看电视，其实这不能全怪孩子，电视确实精彩，因为大人看了都会着迷，更何况孩子呢？自从孩子爱上阅读后，我们家的电视基本上就是个摆设，一年开不了一两次，想要让孩子做得好是需要家长身体力行的，家长的榜样作用很重要。

其二，选择适合孩子的书籍。在书籍的选择上也是要根据孩子的年龄变化进行调整。如果老是那几本书，天天看，孩子早就腻了。书籍除了经常更新外，还要注重图书的多样性，选择像童话类、百科知识类、历史故事、中外名著、儿童小说、漫画等不同系列，这样可以拓宽孩子的阅读领域，让孩子兴趣广泛，知识面广。

其三，让孩子选择自己喜欢的阅读方式和书籍，同时家长给予适当的引导。

一旦孩子逐渐养成阅读的习惯，各种变化及收获会非常明显。通过读书，孩子认识了许多字，识字越多，孩子更喜欢读书，更自主地阅读，不用依赖父母，有更大的阅读空间，形成良性循环。著名作家北大教授曹文轩，曾经在央视《开讲啦》节目里说过一句让我记忆深刻的话，他说："写作是支箭，阅读是把弓。"阅读帮助孩子积累丰富的知识，随着阅读量的增加和阅读面的拓宽，孩子的知识积累就会不断地增加，量的积累就会达到质的变化，最终能体现在写作上，会运用好词好句，以及恰当的比喻为文章增色。

阅读也能帮助孩子养成良好的行为习惯。《儿童画报》上的故事很多都渗透有品德教育、习惯教育，通过阅读孩子懂得了礼貌、关爱、谦让、分享等品行，比起我们枯燥的说教有着意想不到的效果。阅读让孩子受到了品德教育，孩子讲道理了，良好的行为习惯也就形成了。孩子在习惯养成的阶段，就像一张白纸，家长是孩子的启蒙老师，家长的身教胜于言传，好的家庭教育让孩子养成好的习惯，好的习惯让孩子受益一生。我们每个家长都应从自身做起，做孩子的好榜样，成就孩子的未来。

读书是我们全家共同的爱好和兴趣，读书陶冶我们的情操，读书丰富我们的知识，终身阅读是我们的追求。读书伴随孩子的成长，也将改变她的人生。

书，伴我这一生

初二（一）班　沈泳

在我的脑海里，书总是伴着我成长，它教会了我很多，有人间的无数爱恨情仇，有骚客们无数佳词妙赋。书，似乎与我有着某种羁绊一样，一直与我绑在一起，也不知是前世的孽缘，还是无端的巧合。在与书相伴的过程中，它给我了许多令我苦思冥想的谜题，也给了我许多难以忘怀的故事。

自打我学说话起，爷爷就开始教我识字，因此，我几乎是学会说一个字就学会认一个字，当我认得差不多了，爷爷就开始从各处找来文字让我读，因此，我对"书"的概念最早也便定格到了：注音的书籍、报纸和杂志。当然，当时的我还不能完全认读那些东西，遇到一些难懂、难读的字，爷爷一定会跳过去，去教我那些好读的字。就这样到了育儿园，同龄人学习时免不了去找老师问问："老师，这个字怎么读？"而这个队列里，从来就没有我，连老师都深感惊讶，忍不住问我爷爷："这小孩怎么认得这么多字？"

小学的时候，我在班里也算得上读书多的了，但是是在被动式读书。爷爷也说了："先把课内的基础打实了，再去考虑额外的。"的确，我那时的语文成绩虽然不突出，却也不太差，从一年级到五年级，一直处于中上游。原

阅读素养是这样培养的：九年一贯制阶梯阅读实践

因便是基础打得牢，可是在作文、诗词方面却不尽如人意。五年级开始，凡班中展示作文，一定没有我，原因很简单：抄的。古诗背诵也很费我的时间，经常让我感到有些力不从心。当时的我还不以为然，认为没什么。但到六年级，随着知识产生了质变，我也一定程度上明白：该拓展自己了！于是那时候，我便开始了真正的寻书之旅。主动式的读书开始了。

六年级上学期，我迷上了古诗古文，尤其唐诗宋词最得我喜爱。有一次，爷爷带我上牛街，我便等不及，要去找书店。进了书店，我直奔古代诗词区，拿上一本唐诗宋词。我回去仔细地翻阅，遇到自己喜欢的诗句，总不介意花点时间背下来。久而久之，我的语文背诵能力比别人快，一首七言律诗，我读三遍，就能背个大概。到初中，这种背诵能力不仅影响我的语文，更影响地理和历史的背诵，虽说知识点很多，但在我看来也还是游刃有余。细想来，跟我那时不经意的练习一定也有关系吧。

到初中，我所接触的书的种类就更广了，先是在课上接触到了鲁迅先生的散文，自此便开启了我的散文和小说天地。我依旧去我熟悉的书店，翻阅我看得上眼的小说、散文。就这样，在文学的又一大领域，我认识了太宰治、列夫·托尔斯泰、沈从文等各国文学大家。通过这些文化的熏陶，我在写作上突飞猛进，经常在班中展示自己的作文。其实，偶尔有一些特别好的词句，我在日常生活中，也常常在不经意间默念几遍，品读它的情感。更重要的是：怎么读出这情感呢？要不断地去练习，虽然细想来是挺好笑，但这又培养了我另一项特长：朗诵。学校的朗诵展示、交流会主持，我常常参与，这与书带给我的财富密不可分。书真是我的良师益友！

这之后，我不断超越自己，更确切来说是挖掘自己的兴趣。比如，读了《庄子》，我体会到道家奇妙的处世之道："大言总不辩""曳尾于涂中""人故无情乎"，真个"道通天地无形外，思入风云变态中"。书，成了我生活中不可分割的一部分。

是啊，书是我们的精神食粮，它富含营养，能滋润我们。但就像有人总爱挑食一样。有营养的东西，往往没那么多人爱吃。很巧，我正是与这些人完全相反的那一类，因为明白了有营养的食物有利于自己，所以不断地去汲取，书给了我太多的改变，他对我的影响永远只有进行时。我也将永远让其陪伴在我左右，珍惜这给予我一片精神沃土的宝贵财产。在它的滋润下，不断地成长，不断地进步！

读书给我带来的变化

初三（一）班　朱雨晗

书籍如良师，给予我远见博识；书籍如益友，拂去我平日的忧愁；书籍也如家人，陪伴着自己从知识到态度的不断变化，慢慢成长。

与书相识

"读书破万卷，下笔如有神"这句名言不知在耳边被老师和家长重复了多少次，但自己总是两耳禁闭，不听取丝毫建议。我独自坐在书桌前冥思苦想地写作文，突然"砰"的一声从身后传来，我急忙扭过头去才发觉，一本一本的书早已叠成一大摞等着我去阅读。"这些都是你们老师推荐的书，写完作业就赶紧看吧"，妈妈说完之后拍了拍手上的尘土。我原本不以为然，却发现母亲一直坐在身旁监督并催促着我看书，我露出一副爱搭不理的表情翻开《朝花夕拾》，一页停留四五秒便糊弄过去，满脑子都在想着如何写作文，作文的框架是什么……母亲看出了我的小心思与不认真，再加上我的几句火上浇油的话便生气地摔门而走，留我一个人与书相识。读书最初的目的一定是为了探寻书中陌生的知识，却从未发现知识深处是一片色彩斑斓的海洋。

与书交谈

无论是他人还是自己，总想在习惯中培养兴趣，却没想到在眼泪打湿书本时与书友进行交谈。几个小时过去之后，作文仍是只写了一个题目，我两眼直勾勾地盯着它，生怕有什么奇思妙想偷偷溜走，渐渐地我失去了耐心，一分钟内换了十几个坐姿，心中充斥着对作文这项作业的不满，我摇头晃脑地搜寻着素材，那本《朝花夕拾》散发着阵阵墨香，仿佛在向我招手，我翻开第一章，奇特的文风吸引着我，一个个真实的自传故事使我身临其境，作者儿时酷爱《山海经》的故事令我自愧不如，读到情深意切之时便拿起黑笔在一旁批注，渐渐的它不再是任务，我也不再苦恼，而是变成了那个愿意向书籍敞开心扉的少年。

与书同行

"书中自有黄金屋，书中自有颜如玉。"读书收获的不仅仅是知识与思想上的提升，更是教会了我们如何改变自己的态度。我不舍地合上《朝花夕拾》，闭上眼睛细细品味着刚刚的阅读之旅，我右手执笔在稿纸上写下我的感受，文章犹如泉涌般一发不可收拾，不到四十分钟我的作文便完成了，我放松心情打算玩会游戏时，从书籍旁路过时便回心转意，坐在地上，坐在书堆里畅意悠闲地阅读了起来，妈妈在身旁放了一杯茶水便扬长而去，我左手扶着书本，右手端起茶杯，咂摸了一口茶，茶香浓郁，书香持久，二者结合让我偷得浮生半日闲，那些书籍成为我的密友，我认真地将他们排放在书架上，唯独那本《朝花夕拾》放在了书桌上，一直静守着那片阅读天地。

读书带给我的变化并非是写作水平提升，也不是我和母亲心心相印的桥梁，而是乐观接受的态度，一些事情就如同读书，最初的我想要逃避，要隐瞒，而现在的我可以像刘禹锡"斯是陋室，惟吾德馨"那样坦然面对，在书海中徜徉。

读书给予我的变化

初三　张静怡

俗语说："书读百遍，其义自见。"每次指腹间的掀起、落下，都意味着情节将展现着新的篇章。不只是情节的起伏，我的心态也会随着阅读悄然而变。

读书给我带来了新的看法。未读《水浒传》前，我只听他人之言，便觉得鲁智深是个空有一身武功，却无任何脑力和善意的"粗人"。但当我翻开《水浒传》后，重新定义了鲁智深这个人物，明白原来空靠着别人的看法而活的"粗人"是自己。还记得鲁智深出场便给了我莫大的惊喜。眼见金翠莲父女被恶霸欺压毫无反抗之力，我恨不得钻到书里去为他们报仇雪恨。这时，鲁智深就像个绝世英雄般降临，用计刁难郑屠，使郑屠先吵出声，给围观的百姓营造出一副"奸商"的观感。三拳打死郑屠后，心中慌忙之余却不忘大声说恶霸是在装死以推脱责任。为金翠莲父女报仇后，还凑齐了银两交于其来另寻新地。这一切都使我狠狠地鞭挞之前我对鲁达的看法，他是一个多么智慧而又善良的人儿啊。读书，教予我做人不能在没有自我思考前轻信别人的话语而受他人蒙蔽。

读书给我带来了新的思考。金翠莲父女的解脱无疑使我为他们而喜悦，但鲁智深三拳打死人的后果却让我为他担忧不已。果然，鲁智深得知自己打死人后就连忙逃脱出了阵地。正当四海为家、无所事事时，鲁智深又遇到了金翠莲父女。金翠莲父女没有忘恩负义，对鲁智深很感激，眼看鲁智深逃脱无门，便将鲁智深带到了寺庙中当和尚，替鲁智深找到了后路。这也是鲁智深之后一切经历的起点。我不禁感叹到这其中的奇迹。鲁智深的善良和金翠莲父女的报恩也使我感动不已。读书，教予我只要做善事，就一定会有善果。

情节的起伏带动着人物的发展，而读书给予我的变化就犹如蚕蛹，只有不停奋斗，才能破蛹而出，破茧成蝶。只有增长自己的阅读水平，才能获取新的知识，经历思想的变化，更上一层楼。

读书给我带来的变化

初三（一）班　张博远

董其昌说："读万卷书，行万里路。"宋朝皇帝赵恒曾说："书中自有黄金屋，书中自有颜如玉。"周恩来也曾说："为中华之崛起而读书。"这些都告诉我们应该全面吸收书本知识，使自己具有渊博、扎实的文化素养，这样才能做到"读书破万卷，下笔如有神"。

读书让我学会处世的心态。午后的阳光下，我坐在窗边，捧着那本《三国演义》，读到诸葛亮三气周瑜的桥段，明白正是因为周瑜的心胸狭小，嫉妒孔明的才华，才有了"既生瑜，何生亮"的语句。这告诉我们做人不能嫉妒别人，就像我们在考试中与同学竞争，想的不应该是怎么胜过对方，而是应该和他比肩前行、共同进步。

读书让我学会学习的态度。外面的风呼啸，窗外的雨下着，翻着那本《钢铁是怎么炼成的》，保尔不向命运低头，敢于面对，在疾病缠身的情况下，写出《暴风雨中所诞生的》这本书。懂得真正的勇士不是不会生病，而是在病态下不断向前，这也告诉我在学习的路上总会面对苦难，但面对才是最好的解决方案。

读书让我明白今天的生活来之不易。回想当时在四川所看到的白公馆和渣滓洞，再次打开《红岩》，江姐、许云峰、龙光华他们在监狱中并未求饶，忍受了无尽的痛苦，但没有透露出一点秘密，这让国民党对共产党毫无办法，是这样共产党才成功建立了今天的新中国，是他们的牺牲换来了我们今天的美好生活。这也让我意识到，作为将来祖国栋梁的我们，在如今应该好好学习，将来报效祖国，为我们的子孙后代留下一篇最美的画卷。

发愤识遍天下字，立志读尽人间书。这是苏轼给自己下定的目标，作为新时代的我们，在意识到读书带给我的变化之后，难道不应该向他学习吗？